王振忠著作集

从徽州到江南

明清徽商与区域社会研究

修订版

王振忠——著

上海人民出版社

江南水乡

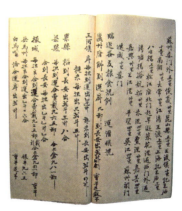

徽州商业书中的江南（《商贾便览》抄本）

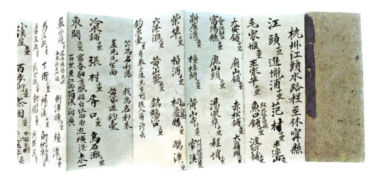

商编路程手折

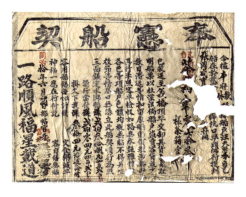

从徽州到江南的船票

从徽州寄往上海的书信

《典业须知》等四种秘籍（美国哈佛燕京图书馆收藏）

典当业文书

清同治年间南汇典商的
诉讼案卷

苏州的木客会馆与徽州茶漆店
（法国国家图书馆藏
《苏州市景商业风俗图册》）

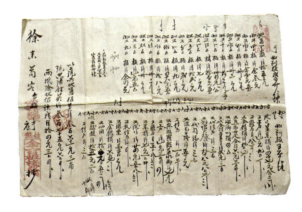

苏州木商文书

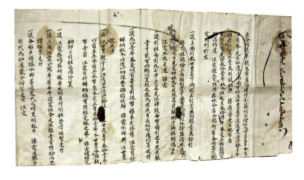

清乾隆年间徽商
汪启淑的盐业合同

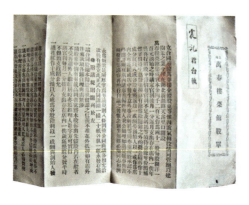

民国时期上海的徽菜馆股单

徽商在江南的茶叶贸易

上海《徽宁思恭堂征信录》

总　序

（一）

2017 年，中西书局出版的"六〇学人文丛"，收录拙著《社会历史与人文地理：王振忠自选集》。当时，我在自序文末写道：

> ……光阴荏苒，转眼已知天命，或许应当对既往的学术研究多所反思，以便重新出发，在这个功夫多在学问之外的年代依旧摒弃杂念，"进取不忘其初"，做些自觉有趣、也更为重要的学术探索。

从那时起，流光渐过，转瞬之间又历经了六七个寒暑……梳理这六七年来的工作，或许可以对自己的学术研究看得更为清楚一些：从史料出发搜集、整理和研究，这充满挑战与乐趣的三部曲，是日常工作的主要内容。而寒来暑往去到田野乡间的访谈、寻觅，则让历史的图像与现实之场景沟通相连，带来种种史学研究者的鲜活体验。

史学研究的重要基础是文献史料。我一直认为：徽州遗存有目前所知国内为数最多的契约文书，其学术价值为同时代其他任何区域的民间文献所难以比肩。自从1998年我在皖南意外发现大批徽州文书之后，收集、整理和研究民间文献，便成了个人学术生活中最为重要的工作之一。在我看来，20世纪90年代以来徽州文书之再度大规模发现，各类稿本、抄本及散件已由此前普通人难以企及的珍稀文献，一变而为明清史研究者案头常备的一般史料。不过，在这方面仍有大量的工作尚待展开。在那部自选集出版前后，我即着手主持编纂《徽州民间珍稀文献集成》。编纂这样一套资料丛书，是本人长久以来的夙愿。经过多年的努力，受国家出版基金项目资助，《徽州民间珍稀文献集成》30册于2018年由复旦大学出版社推出。该丛书在更为广阔的学术视野中，收录日记、商书、杂录、书信尺牍、诉讼案卷、宗教科仪、日用类书和启蒙读物等，其中绝大多数都是首度向学界披露的珍稀文献，对于明清以来中国商业史、社会史、法制史、历史地理以及传统文化与遗产保护研究等方面，皆具有重要的学术价值。

迄至今日，已被发现的徽州文书总量多达百万件（册），其类型多样，内容丰富，持续时间长久。第一手新史料之收集、整理，始终是推进学术发展最为重要的基础。2017年以前，我曾出版过《水岚村纪事：1949年》《（新发现的徽商小说）我之小史》等。前者透过"站在历史和地理边缘"的一个山村少年的经历，展示了徽州地域文化之传承与嬗变，亦折射出1949年前后的风云变幻，为学界提供了了解徽州乃至传统中国基层民众日常生活情节的珍贵史料。后者原系来自民间未刊的两种珍稀稿本，是目前所知唯一的一部由徽商撰写、自叙家世的章回体自传，类似于此长达40余年、多达20余万字的连续记录，是民间文献的一次重要发现，对于中国的历史和文学研究具有多方面的学术价值，是当年徽州新史料发掘过程中最令人振奋的重要收获之一。此外，我对徽州日记、排日账和民间日用类书等的整理和研究，亦受到学界同行较多的关注。《明清以来徽州日记的整理与研究》一书，共整理了16部徽州日记，并从宏大历史事件的微观记录、社会实态之生动叙事、城乡景观和风俗民情的展现以及徽人性格特征的形象揭示等诸多侧面，阐述了徽州日记的学术价值。该书于2012年获国家社会科学基金项目资助，后收入"徽学文库"，于2020年底出版。《晚清一个徽州市镇的商业与社会生活——〈新旧碎锦杂录〉校订本二种之整理研究》一书，则聚焦于新安江畔一个市镇的日用类书，并加以较为细致的整理和研究。该成果此前已提交中西书局，将于近期出版。这些当然还只是一个开端，我希望将来能形成"民间历史文献整理与研究丛刊"系列，在今后数年乃至十数年内持续出版，为学界奉献一批第一手的新史料，多角度地展示鲜活的民间日常生活。

（二）

对徽州文书的收集、整理和出版，是徽学研究的基础工程，而在此基础上的进一步探索，则有助于南宋以后（特别是明清时代）中国史研究的拓展与深入。

2018 年，上海人民出版社组织出版"江南文化研究丛书"。根据总体规划，该丛书重在呈现构筑江南文化的内在因素，提炼江南文化之精神品质，希望推进学术研究系统、深入的发展，并为长三角社会文化建设提供必要的理论支持。为此，我整理、出版了《从徽州到江南：明清徽商与区域社会研究》一书。该书将皖南徽州与太湖流域的"江南"相对而言，较为深入、细致地探讨了"闭关时代三大商"——活跃在江南的典当、盐业、木业中的徽商，以及贸贩取赢的布商、徽馆业商等，并分析了徽人之居廛列肆对塑造江南社会文化的重要影响。全书在总体宏观把握的背景下，做了多侧面微观实证的具体研究。

与此差相同时，应商务印书馆之邀，旧著《徽州社会文化史探微——新发现的 16 至 20 世纪民间档案文书研究》一书，于2020 年被收入"中华当代学术著作辑要"。根据丛书的"出版说明"，这一套辑要"主要收录改革开放以来中国大陆学者、兼及港澳台地区和海外华人学者的原创名著，涵盖文学、历史、哲学、政治、经济、法律、社会学和文艺理论等众多学科。丛书选目遵循优中选精的原则，所收须为立意高远、见解独到，在相关学科领域具有重要影响的专著或论文集；须经历时间的积淀，具有定评，且侧重于首次出版十年以上的著作；须在当时具有广泛的学术影响，并至今仍富于生命力"。当然，丛书主旨之悬鹄高远，主要是揄扬同一丛书内的卓越鸿才之作，而对拙著而言想未系属过邀奖誉。不过，《徽州社会文化史探微》最早出版于 2002年，于 2020 年得以修订再版，本人实深感荣幸！该书是"徽学"

研究领域第一部从社会文化史角度，利用新发现的一手文书史料研究明清社会文化的学术专著。在我看来，自 20 世纪八九十年代以来，散落民间的徽州文书面临着一个"再发现"的过程。除了文书实物的收集之外，另一个更为重要的"再发现"，是指对文书研究内涵多角度的重新认识——也就是随着学术视野的拓展，人们将从狭义文书（即契约）的研究转向全方位民间文书、文献的探讨，这一"再发现"，将赋予徽州文书以更为丰富的内涵，它大大拓展了"徽学"乃至明清史研究的领域，多侧面展示了中国传统社会的丰富内涵。

2018 年，应复旦大学出版社之邀，我编选了《徽学研究十讲》。这册翌年出版的小书，被列入"名家专题精讲"丛书，所收录的十篇文章中，有多篇皆是从更为广阔的历史文献学视野中关注各类徽州文书，反映了近二十多年来我在"徽学"研究领域一些较为深入的思考与探索。此外，我还应黄山市地方志办公室翟屯建研究员之邀，撰写了《新安江流域城镇》一书，作为"新安文化研究丛书"之一种。另应安徽师范大学王世华教授之约，编选个人文集《明清时期徽商与区域社会史研究》，忝列"当代徽学名家学术文库"。上述二书，将于近期出版。

在出版个人专著和选集的同时，我还主编（或合作主编）了一些研究系列，与国内外同行积极开展学术合作与交流，以期推进"徽学"与明清以来中国史研究的深入。2016 年，我与安徽师范大学刘道胜教授商议，于翌年共同发起"徽州文书与中国史研究"学术研讨会。在我们的倡议和坚持下，从 2017 年开始迄今，复旦大学、安徽大学和安徽师范大学三校合作，连续轮流举办过六届"徽州文书与中国史研究"学术研讨会（第七届将于今年9月在屯溪召开）。在过去的数年间，每年一度国内外同行皆济济一堂，相互切磋，"见识新史料，交流新见解，讨论新问题"，此一主旨，成为我们共同的追求。以此为题的论文集，每辑皆收录二十篇上下的学术论文，资料、观点皆颇多新见，迄今已连续出版了4辑（第5辑近期即刊，第6辑则正在编辑）。如今，无论是此一会议还是会后出版的论文集，皆已成为"徽学"研究领域的一个学术品牌，在学界有较好的反响。

十多年前，我应法国学者劳格文教授（John Lagerwey）之邀，与他在徽州合作调查，多年间辗转奔走于山蹊野径，寻访故老通人，步履所及，音声所至，搜集了不少文献与口碑，并次第纂辑，于2011—2016年共同主编、出版了《徽州传统社会丛书》5种6册。该套丛书旨在以田野调查所获之口碑资料和地方文献，客观描述1949年以前徽州的传统经济、民俗与宗教，为人们提供一个地区较为完整的社会生活实录，"此类来自民间抢救性的调查报告，随着现代化对中国农村社会的冲击以及乡土文化的日渐瓦解，其学术价值将日益凸显"。

此外，在复旦大学中华文明国际研究中心和中国对外文化交流协会的支持下，我还与荷兰莱顿大学荣休教授包乐史（Leonard Blussé）等合作，在上海和莱顿、鹿特丹等地先后筹办了两届"莱茵河与长江历史文化比较研讨会"（River Societies：Old Problems，New Solutions：A Comparative Reflection about the Rhine and the Yangzi Rivers）。2017年的深秋和2019年的初夏，浦江之滨，莱茵河畔，中外同好聚会切磋，这些学术对话的成果，最终也以专题论文集的形式呈现，为中外学术交流留下了两份历史纪录。

（三）

除了历史地理、明清以来中国史研究之外，域外文献与东亚海域史研究，也是我着力探索的另一个学术领域。自 20 世纪 90 年代以后，我有一些机会陆续前往日本、美国、法国和西班牙等国学术交流，研学之余，也用心收集了不少珍贵的域外文献。2011 年，在东京大学召开的"世界史 / 全球史语境中的区域史：文化史的专题研究"国际学术研讨会上，我曾发表《东亚视域中的中国区域社会研究》，就区域社会史与域外文献研究的方法及其转向作了较为系统的阐述，指出：以区域视角重新透视域外文献，将国与国之间的经济、文化交流，还原而为具体人群之间的交往，这是将事件和人物放回到历史情境中的一种方法，这将促成传统的中外关系史从政治史、贸易史以及广义的文化史转向社会史的研究。此文后作为前言，冠诸 2015 年出版的《袖中东海一编开：域外文献与清代社会史研究论稿》一书的卷首。该文的日译版，后亦收入羽田正教授主编的《グローバルヒストリーと東アジア史》（东京大学出版会，2016 年版）。"客自长崎岙畔来，袖中东海一编开"，典出吟咏徽商汪鹏所著《袖海编》的这部同名论著，借鉴中国社会史研究的方法，在朝鲜燕行录、日本唐通事、琉球官话课本、美国传教士方言文献等方面，都有一些较具前沿性的新探讨，特别是利用了历史学界以往较少关注的语言学资料展开重点分析。有鉴于此，我还标点、整理了唐通事文献三种，作为书末附录，希望藉此能推进国内相关研究的深入。

在上述专著出版之后，我在域外文献与东亚海域史研究方面仍有一些新的探索。所撰《琉球汉文文献与中国社会研究》，通过对当年新近出版的《琉球王国汉文文献集成》提供的新史料之研究，指出：独具特色的琉球官话课本，不仅是方言研究的珍贵资料，而且对于明清时代中国城市生活史的研究，亦具有一定的史料价值。就目前所见的诸多官话课本来看，早期琉球官话课本的区域特色尚不明显。但随着时间的推移，伴随着琉球人在福州活动的日益频繁，清代官话课本中"福语"的色彩愈益显著。此文曾于2016年5月在东京召开的第61回东方学者国际会议上发表演讲，后由鹿儿岛大学琉球研究专家高津孝教授推荐，被遴选翻译成英文，刊载于日本东方学会《国际东方学者会议纪要》第61册。

2004—2014年，我受邀先后参加日本国文学研究资料馆渡边浩一教授主持的国际合作项目"历史档案的多国比较研究""9—19世紀文書資料の多元的複眼的比較研究"，与一些海外学者合作，比较研究东亚（中国、日本、韩国）、伊斯兰世界以及欧洲各国的历史档案。其间，曾担任该馆档案研究系古文书比较研究项目的海外合作教授，先后在土耳其伊斯坦布尔、安卡拉，法国巴黎、普罗旺斯、斯特拉斯堡，日本东京、镰仓，韩国首尔等地参与学术交流，也曾在上海牵头组织过两次相关的学术研讨会。2015年至2019年疫情之前，我又应邀参加法国国家科学中心吉普鲁（François Gipouloux）教授主持的"Eurasia Trajeco-GECEM"项目组织的国际会议，曾在意大利佛罗伦萨、葡萄牙里斯本、法国巴黎、西班牙塞维利亚和以色列耶路撒冷等地参加国际学术交流。与此同时，还多次受米盖拉（Michela Bussotti）博士、华澜（Alain Arrault）教授之邀赴法国远东学院访问、开会交流。这些场合在彼此的观点成果交流之余，也有了更多接触、阅读和收集域外汉籍的机会。

2017 年，我在法兰西学院图书馆意外发现《燕行事例》抄本 1 册，该书颇为细致地记录了清代朝鲜使者的燕行惯例，对于时下方兴未艾的《燕行录》研究以及东北亚国际交流的探讨，具有重要的史料价值。特别是该书系由 19 世纪朝鲜著名诗人李尚迪编定，对于研究李氏的燕行译官生涯，提供了一份未为人知的新史料。类似于此的收获还有相当不少，让人颇多惊喜之感，这真是史学研究者的赏心乐事！

这些对域外文献的关注，较大地扩充了东亚海域史研究的史料来源，以此为契机，在东亚视域中将各类原本看似孤立的现象加以系统分析，也为中国史研究提供了诸多新的视角。2017 年，我曾利用日本长崎历史文化博物馆庋藏的珍稀文献，由个案入手，对中日贸易中徽州海商之衰落过程作了新的细致探讨。所发表的《19 世纪中后期的长崎贸易与徽州海商之衰落——以日本收藏的程稼堂相关文书为中心》一文，从东亚海域史的宏观视野，借鉴中国区域社会史研究的方法，纠正了此前的一些谬说，在一些方面较前人研究多所推进。

域外文献除了在海外实地收集之外，利用互联网之便利，有时亦能找到颇为有趣的资料。例如，《琼浦闲谈》就是我利用"Japan Search"搜索引擎偶然收集到的一份珍稀文献。该书原藏日本东北大学附属图书馆，是一册迄今尚未受到学界关注的珍稀抄本。根据笔者的研究，《琼浦闲谈》所述具有特别的史料价值，它为我们追寻长崎诹访神事的渊源，以及"九使"信仰由中国原乡福清之荒洞蟒神演变而为东亚海域史上舍生取义的神明之轨迹，提供了重要的线索。以此为核心史料溯流寻源，志其梗概，东亚海域跨文化风俗传播的复杂性与丰富内涵遂得以充分揭示。

（四）

在过去的数十年间，在撰写纯学术论文之外，我还发表过一些随笔。1996年，"书趣文丛"第4辑，收录我的第一部学术随笔《斜晖脉脉水悠悠》。1998年，应《读书》月刊编辑赵丽雅（扬之水）之邀，我在该刊上开设了"日出而作"专栏，此后每年或多或少皆有文章刊发，迄今已达二十五年之久。其间也曾结集为同名文集，列入生活·读书·新知三联书店出版的"读书书系"。2020年，《读书》编辑部的卫纯编辑邀我结集出版《山里山外》一书，收入三联书店的"读书文丛"。该书所收文字，皆是与徽州相关的学术随笔。"山里"是指新安山水之乡的"小徽州"，而"山外"则指"大徽州"——亦即徽商广泛活动的江南乃至全国甚或东亚海域世界。我在该书序文中写道："我们时刻关注着'山外'世界,聚焦于'山里'的一府六县;希冀伫立于黄山白岳的田野乡间,更好地理解'山外'中国的大世界。"的确,数十年来我们特别关注徽州,是因为那里有美丽的自然山水,丰富的地表人文遗存,更有着独一无二的徽州文书。以徽州文献为中心的研究,绝不仅仅局限于对徽州地方史的考察,而是希望充分利用当地层出叠现的民间文献,透过具体而微的细致探索,更为生动、深入地诠释中国的大历史。也正因为如此,"徽学"研究的学术视野,绝不应局限于皖南一隅,而是要将之放在明清中国乃至近世东亚海域世界的视野中去观察、去研究。2021年,上海人民出版社的"论衡"系列,收录了我的《从黄山白岳到东亚海域:明清江南文化与域外世界》一书,书中除了探讨明清时代徽州及江南社会的文化现象,也有不少篇什涉及对域外世界的状摹与追寻。之所以取名为"从黄山白岳到东亚海域",是因为三十多年来我个人的学术探索,是以"徽学"为起点,逐渐延伸至域外文献与东亚海域史的研究。"在我看来,历史上的繁华废兴若山情水态,遥望千山竞秀,静听百鸟争鸣。吾辈远引旁搜,质疑求是,既需近观细思,又要遥瞻远眺。既要在更为广阔的视野中瞻顾中外,还应当溯流寻源,聚焦于水云深处的黄山白岳,较近距离地细致考察江南的那一域旷野沃壤"。这些随笔的撰写,虽不能像纯学术论文那样逐一详注,但自信每篇小文皆有新见史料作为支撑,亦属率循有自。

从 2016 年起意编辑自选集到现在,转瞬之间已是寒暑迭更。回头看看这些年的研究,仍主要集中在以下三个方面:一是徽州文书与明清以来中国史的研究,二是民间文献与历史地理研究，三是域外文献与东亚海域史的研究。从论著的内容来看，经由实地考察，抢救散落田野的各类文献，从第一手的原始资料收集做起，到研究论文、专著的撰写，再到撰写散文、随笔向知识界的普及。在这些研究成果形成的过程中，既有于蠹鱼尘网间淘漉辨识的辛苦，也有多方资料研读中豁然开朗的喜悦，还有进而构思动笔、与人分享的急切……关于学术随笔之写作，2017年我的自选集出版后，《学术月刊》曾刊出一篇《社会历史与人文地理——王振忠教授访谈》，在那篇专访中我曾提到："……史料绝不是冷冰冰的一堆文字，熟练驾驭史料的历史学者，可以透过不少看似枯燥的资料，理解乡土中国的人事沧桑，认识传统时代的浮云变幻。通过仔细阅读历史文献，我们可以尽最大程度地感受当事人的心曲隐微和感物叹时，这常会给研究者带来诸多的感动，而后者则可以透过轻松的笔调和独特的写法，将历史学前沿成果转化而为知识界的常识，从而将这份感动传达给普通读者，这也是作为历史学者的一种社会责任。"我一直认为，作为历史学者，我们有责任将博大精深的传统文化之美传达给世人。在这方面，希望能有独特的表述方式，叙事写情，意到笔随，将读书与行走之间的感悟，在更大范围内传达给知识界的广大读者。

（五）

此次出版的学术著作系列，最早收入的《明清徽商与淮扬社会变迁》初刊于1996年，该书将制度史与区域社会史研究相结合，是国内第一部有关徽商与区域研究的专著，曾收入"三联·哈佛燕京学术丛书"第三辑，并于2014年再版；《明清以来徽州村落社会史研究——以新发现的民间珍稀文献为中心》一书，于2010年获选收入首届"国家哲学社会科学成果文库"；而《从徽州到江南：明清徽商与区域社会研究》则如前所述，收入"江南文化研究丛书"。上述诸书先后皆蒙学界耆宿之考语奖荐，内心颇为感激。除此之外，目前所见者还有一部新的文集《区域社会史脉络中的徽州文书研究》，其中收录了本人最新的学术成果。除了书中各章节实证性的探索之外，该书前言还逐一讨论了来自旧书市场的文书之学术价值、文书的"归户性"与"史料环境"、民间文献研究中历史学者的角色等问题，条分缕析，回应了近年来滋蔓不休的一些质疑与误解，特别强调徽州"史料环境"之独特性与重要性。此一讨论澄泾辨渭，或许有助于今后包括徽州文书在内的民间历史文献之收集、整理与研究。

上述四部专著述旧增新，成书先后历时近三十年，皆聚焦于这些年来着力最深的徽州区域研究，从一般传世文献的利用到田野新见的一手文书之研究，在某种程度上或许也反映了近数十年来中国学术的发展走向。

时当大暑，追述往迹，不禁惭感交集。迄今为止，本人出版过论著十数种，受学力所限，这些小书恐难言高深。不过，我始终认为，学术研究当随缘自适、花开果结，而不应奔命于各类考核之匆促应对。我自1982年考入复旦大学，仰止心向于前辈斯文，芸窗十年苦读，将勤补拙。毕业留校后，逐渐于学术稍识径途，读书学问，略窥斑豹，一向颇多自得其乐。而今光阴瞬息岁月如流，将部分新著、旧作陆续结集、修订，既是对个人既往学术研究的一个小结，亦便于藉此求教于学界同好师友。

烦言絮嘱，敬书缘起。不忘所自，是为了看清前行的方向，以便更好地再出发……

癸卯盛夏于新江湾

前　言

（一）

　　地处皖南低山丘陵地区的徽州，明清时代是个府级的行政单位，其下辖有歙县、绩溪、黟县、休宁、祁门和婺源六县。在传统时代，因地少人稠，有限的土地上收获的粮食难以自给，故而许多人不得不外出务工经商。诚如徽州俗谚所说："前世不修，生在徽州，十二三岁，往外一丢。"当地人自嘲——前世作孽，才生在徽州这样自然条件相当不利的环境中。人们到了十二三岁（或者说十三四岁），其中有不少人接受过基础教育，此后，除了在家务农或继续读书深造者外，绝大多数的人就被父母送到外地去做学徒，学习经商，所以说是"往外一丢"。

　　正是因为大批的徽州人外出务工经商，所以明清方志明确记载："徽州人以商贾为业。"太平天国前后著名学者汪士铎，甚至直接称徽州的土产为"买卖人"。在明清时期，徽州一府六县所出的商人虽然统称为"徽商"，但各县的侧重点又有所不同，歙县主要以盐商最为著名，休宁人擅长于从事典当业，而婺源主要是木商、墨商和茶商，绩溪人则多是小商小贩，以从事徽馆业为数众多。所谓徽馆业，也就是徽菜馆和徽面馆。

以盐商为例，胡适先生在他的《口述自传》中就曾指出：

> 徽州人的生意是全国性的，并不限于邻近各省。近几百年来的食盐贸易差不多都是徽州人垄断了。食盐是每一个人不可缺少的日食必需品，贸易量是很大的。徽州商人既然垄断了食盐的贸易，所以徽州盐商一直是不讨人欢喜的，甚至是一般人憎恶的对象[①]。

在明清时代，徽州盐商以两淮盐商最为著名，他们将苏北的淮盐运往长江中、下游各地，其行销范围包括湖北、湖南、江西、安徽和江苏等地。其时，两淮盐业的中心是在扬州，所以两淮盐商中最为有名的商人亦即扬州盐商。明代万历和清代乾隆年间，两淮盐业处于极盛阶段，许多盐商皆囊丰箧盈。根据文献记载，明代万历年间，扬州盐商的资本超过3000万两。及至清乾隆时代，淮南盐务如日中天，一百数十家的徽商西贾麇聚广陵，"蓄资以七、八千万计"。清代前期，康熙、乾隆皇帝先后分别六次南巡，前往江浙各地巡视、游观，其接驾开支多出自淮、浙盐商。扬州盐商之夸奢斗富，连乾隆皇帝都曾惊叹："盐商之财力伟哉！"

---

① 唐德刚译：《胡适口述自传》第一章《故乡和家庭》，传记文学出版社1981年版，第2页。

在传统时代，盐商与酱商往往是二位一体，这是因为制作酱料的最主要成分之一就是盐。其时，在江南的核心地带苏州，当地最负盛名的酱商就来自徽州歙县大阜村的潘氏。在歙县南乡，民间素有"周漆吴茶潘酱园"的说法，意思是歙南周邦头的周氏，主要从事漆业经营。在明清时代，"徽严生漆"闻名遐迩，徽商在江南各地开了很多茶漆铺（亦即兼售生漆的茶叶店），其间所售生漆也就是"徽严生漆"。除了周氏经营漆业之外，歙县南乡的吴氏主要经营茶业，而大阜潘氏，则在江南各地从事盐业和酱业经营。潘氏家族对于中国社会（尤其是江南社会）有着重要的影响。在政治上，苏州潘氏出过潘世恩这样的中央级官僚，其人一生为官数十年，历事多位皇帝，被称为"四朝元老"。而在文化上，迁居苏州的大阜潘氏中，出现了不少收藏家和学问大师。一直到现在，上海博物馆、图书馆珍藏的文物、典籍中，就有不少来自苏州的潘家①。歙县大阜潘氏迁居苏州之后，因经营盐、酱等业发财致富，并逐渐将商业资本转化为文化资本，遂成为江南一带著名的文化世家。

在江南，富裕程度仅次于盐商的还有徽州之典当商。在明清时代，江南一带素有"无徽不成典"的说法，意思是说典当业大多是徽州人所开，即使是晚清民国时期徽州典当衰落以后，一些并非徽人开设的典当中，徽州出身的典当铺职员也占相当多数。在徽州，休宁的典当商尤其著名。在江南社会，一方面，"济一

---

① 参见苏州博物馆编：《攀古奕世：清代苏州潘氏的收藏》，凤凰出版社 2018 年版。

朝燃眉之急，供万家不时之需"，遍布城乡各地的典当铺便民缓急，为下层民众须臾不可或缺，这具有一定的正面意义。但在另一方面，"荒年熟典当"，典当业总是乘人之危而暴发不义之财，似乎成了城市、乡村社会贫困化的罪魁祸首，这一点，被世人不断地强化，从而造成民众强烈的负面观感。

除了盐商和典商之外，徽州木商也相当著名，民间俗有"盐商木客，财大气粗"的说法，"木客"也就是木商。徽州地处万山之中，森林茂密，盛产杉木。自南宋定都杭州以来，徽州的木材就顺着新安江源源东下，这些木材除了供官府建设宫殿、造船之用外，于一般民众的需求而言，还可用以打造棺材。在明清时代，江南一带素有"生在扬州，玩在杭州（或苏州），死在徽州"之谚。这句话的意思是——扬州是不少徽州盐商聚居的地方，故而很多徽人后裔就生在扬州；"上有天堂、下有苏杭"，苏州的市廛盛况和杭州之西湖美景令人流连忘返，故曰"玩在杭州（或苏州）"。至于所谓的"死在徽州"，则有两个方面的涵义：一是徽州是中国风水学的中心，徽州罗盘（史称"徽盘"）蜚声远近；二是徽州的棺材板极负盛名。关于这一点，早在明清世情小说中，就常见有"婺源加料双榫"寿板的记载。直到晚清时期，在《申报》等近代报刊上，也仍然时常刊载出售婺源寿板的广告。

盐、典、木号称"闭关时代三大商"，是当时实力最为雄厚的商人。除此之外，比较有特色的还有绩溪之徽馆业。徽州人的饮食有着比较独特的口味，其最主要的一个特点就是嗜油（虽然说嗜油是中餐饮食中较为普遍的特点，但徽菜在这方面似乎表现得更为突出，尤其是对猪油的特殊嗜好）。从总体上看，徽菜虽然油腻，但在明清时期，随着徽州移民的大批外出以及徽商财力之如日中天，徽菜馆和徽面馆盛行一时。及至民国时期，王定九所编的《上海门径·吃的门径》中还形容申城是"徽气笼罩的上海街市"，他分析说："徽人在上海的典质业中服役的最多，富有势力，上海的典当押肆，无论那［哪］条街上，终有一二所，徽馆为适合同乡人的口味，所以和典当押肆成正比例，也是每一条街上必有一二所。"

在徽州，民间有"一等生业，半个天下"的俗谚，这是指徽州人以经商为第一等生业，活动的地域集中在长江中下游地区。而在这些地区，歙县的盐商，休宁的典当商，婺源的木商、墨商，绩溪的徽馆商人，等等，全都以其鲜明的特色闻名遐迩。

（二）

在明清时代，江南是徽商重点经营的区域。因此，当地民众对于徽商的刻画也特别丰富而生动。较早提及徽商活动的《云间杂识》，就出自江南的核心地带松江府，其中提及："松民之财，多被徽商搬去。"在一些人的心目中，江南百姓的财富都被徽商盘剥去了。在当时，社会上始终弥漫着一种仇富的情绪，许多人只看到富人席丰履厚，过着夸奢斗富、纸醉金迷的生活，遂在心理上产生了严重的失衡。

譬如，佚名《云间杂志》卷下记载：明代松江华亭人钱福（号鹤滩），垂涎于江都某妓，及至扬州，该妓已嫁与盐商，"乃往谒商，……祈一见妓耳。商许之，出妓把酒。酒酣，妓出白绫悦，请留新句，公遂书一绝：'淡罗衫子淡罗裙，淡扫蛾眉淡点唇，可惜一身都是淡，如何嫁了卖盐人。'"此一故事，在另一部晚清的笑话集——独逸窝退士所辑之《笑笑录》中，亦有类似的记载：

> 杭州妓者，多鬻身醝客，一妓号素蛾，为歙商所据，吾乡黄南谷过之，见壁上小像，书曰："淡红衫子淡红裙，淡淡梳妆淡点唇，可惜一身都是淡，将来付与卖盐人。"

"独逸窝退士"不知姓甚名谁，但他系苏州人则是可以肯定的。在他的笔下，故事地点从扬州改到了杭州，但主角之一仍然还是"醝客"（亦即盐商）。其实，两个故事出自同一母本，其主人公究竟是钱福还是黄山谷并不重要，重要的是其中反映了江南文人学士对于徽商根深蒂固的反感和偏见。此种仇富心态相当普遍，在当时的不少文学作品、曲艺节目中，"徽州朝奉"通常皆以反面形象出场。在三言二拍等明清世情小说中，徽州朝奉总是与为富不仁、吝啬好色联系在一起。清人沈起凤在《谐铎·鄙夫训世》中，就以极端的方式，刻画了徽商的社会形象。文中的那位徽商，在江南的核心地带——苏州以小本起家，后来通过卖布发了大财。他大言不惭地说：要想致富，必须先治"外贼"，后治"内贼"。所谓外贼，就是眼、耳、鼻、舌、身。具体言之，不要贪图美色，找个丑女人做老婆，一样可以生儿育女；耳朵不要听靡靡之音，在野地里听听秧歌就可以了；鼻子也不要闻香气，闻闻马粪的气味也不错；山珍海味无非是舌尖上的享受，我整天喝稀粥吃咸菜，也能吃得饱；至于穿衣打扮，穿得再好，完全是便宜了他人，他们看在眼里舒适，而我却花了血本。其实，只要用树叶做衣裳，将草戴在头上，从头到脚不花一分钱，最好。至于"内贼"，也就是仁、义、礼、智、信。有人做慈善事业，我从来不做这样的傻事，免得挥霍了自家钱财；我见利就上，可以一生享用；常言虽说要礼尚往来，但我却来而不往，这样就可以占人便宜；聪明人往往会遭人所忌，我整天浑浑噩噩，可以长久保持平凡的幸福；至于诚信更是无益于事，我不妨嘴上慷慨些，但心里却不以为然，让天下人都知道我失信，所以就不会上门找我要钱。这五方面，是去除内贼的"诀窍"。总之，做人要精明，不要脸，不好名，不顾廉耻，笑骂由人，长此以往，要想致富，真是易如反掌……

这当然是讥刺徽商的段子，类似于此的噱头，在江南的评弹、滩簧中亦时常可见，折射出江南各地民间普遍的仇富心态。

其实，不少人没有看到这些富人中，有许多人在创业的年代是相当艰苦的。不少人勤俭起家，小本起家。20世纪八九十年代，有人在纪念胡适先生的一篇文章中指出：从前徽商走遍全国，往往背着一个口袋，里面装着炒米（或炒面粉），每到一地方，只要问老板要点水喝，就可聊以充饥。因为水是不要钱的，有水和炒米一吃，便省下了伙食费的大笔开支——这应是昔日不少徽州人外出的惯例。从中可见，徽商之吃苦耐劳、精打细算显然是有目共睹的。但到了富二代、富三代，生在高墙大院、长于妇人之手的小朝奉，"不思祖业多艰苦，混洒银钱几时休"。

如何改变徽商的这种社会形象，从明代中叶起就引起了徽州人的重视。他们通过提高个人素质，在各地从事慈善事业，改变了世人心目中的固有形象，从而塑造出徽商的整体形象。此种整体形象，亦即"贾而好儒""富而好礼"。

（三）

徽州地处皖南的低山丘陵地带，从地理环境来看是相当闭塞的。但由于徽商呼朋引类地持续外出，又不断地将经商所得利润汇回桑梓故里，将各地的精英文化和通俗文化不断地引入徽州。再加上长期以来徽人重视文化积累，所以徽州文化遂呈现出通俗文化与精英文化同生共荣的奇特景观。特别是经过徽商持续不断的努力，他们对于明清以来的江南社会产生了重要的影响。

对于江南而言，徽商在很多地方都是外来者，他们在城镇乡村聚居，逐渐开枝散叶，生根发芽，由侨寓商人逐渐成为当地的土著，从而完成了由祖籍地缘向新的社会圈的转移。由于徽州移民人数众多，迁移过程又持续不断，再加上财力雄厚，且人群素质相对较高，故而对于江南社会产生了重要的影响。大致说来，最主要的影响表现在以下几个方面。

一是为江南社会输送了大批的人力资源，并在江南独特的人文环境滋养中，涌现出诸多杰出的人才。许多徽州人走出万山之中，开阔了眼界，不仅促成了各个侨寓地社会文风的嬗变，而且，对于徽州本土的变化也有着重要的影响。胡适先生曾说过：

> ……我乡人这种离家外出，历尽艰苦，冒险经商的传统，也有其文化上的意义。由于长住大城市，我们徽州人在

文化上和教育上，每能得一个时代的风气之先。徽州人的子弟由于能在大城市内受教育，而城市里的学校总比山地的学校要好得多，所以在教育文化上说，他们的眼界就广阔得多了。因此在中古以后，有些徽州学者——如十二世纪的朱熹和他以后的，尤其是十八、九世纪的学者如江永、戴震、俞正燮、凌廷堪等等——他们之所以能在中国学术界占据较高的位置，都不是偶然的。①

胡适本人就出自绩溪的茶商世家。他家自祖上就在上海浦东川沙开了几家茶叶铺，最早的一家叫"胡万和"茶叶店，位于川沙镇的大街正中，颇为气派，因为当时川沙尚未建县，故而当地有"先有胡万和，后有川沙县"的民谚。由于家族中的不少人都在上海经商，所以胡适也就到上海接受教育，后前往美国留学，成为中国现代史上成就卓著的一位学者、文化名人。

除了在学术界和思想界的这些顶尖人物之外，徽州在科举上也获得了巨大的成功。据旅美学者何炳棣先生的统计，从1647年到1826年，徽州府产生了519名进士（包括在本地考中进士和寄籍他乡及第的），在全国科甲排行榜上名列前五至六名。在此同时的180年间，江苏省产生了一甲进士（状元、榜眼、探花）94名，其中有14名出自徽州府；浙江一甲进士59名，有5名是徽州人。②

---

① 唐德刚译：《胡适口述自传》第一章《故乡和家庭》，第3—4页。
② 〔美〕何炳棣著：《科举和社会流动的地域差异》，王振忠译，陈绛校，《历史地理》第11辑，上海人民出版社1993年版。

历史上徽州涌现出诸多著名人物，从明清进士一直到现当代政治、经济、文化方面的人才都相当之多。胡适先生甚至说，"徽州人正如英伦三岛上的苏格兰人一样，四出经商，足迹遍于全国。最初都以小本经营起家，而逐渐发财致富，以至于在全国各地落户定居。因此你如在各地旅行，你总可以发现许多人的原籍都是徽州的。例如姓汪的和姓程的，几乎是清一色的徽州人。其他如叶、潘、胡、俞、余、姚诸姓，也大半是源出徽州。当你翻阅中国电话簿，一看人名，你就可知道他们的籍贯。正如在美国一样，人们一看电话簿，便知道谁是苏格兰人，谁是爱尔兰人，谁是瑞典人、挪威人等一样的清楚。"① 这些，都说明徽州移民对于外部世界有着重要的影响。

除了为江南输送了大批人力资源之外，徽商对于江南社会的第二个影响是：带来了财富与商业规范。在明代，一些徽商巨贾的资本规模是数百万两白银，及至清代前期，那些大徽商的资本多达数千万两白银。由于财力雄厚，这使得徽州的借贷资本比较充裕，一般人都可以比较容易地获得民间借贷的融资，获致出外务工经商的本钱。正是因为这一点，使得小本起家的人数大大增多。

除了借贷之外，以个人信用为担保的"做会"，也是获得低息贷款的有效途径，这对于徽商之崛起同样有着重要的意义。明清以来，江南各地流行的一种会，就叫"徽会"，亦即以徽州约定俗成的规范"做会"。对此，费孝通先生在《江村经济——中

---

① 　唐德刚译：《胡适口述自传》第一章《故乡和家庭》，第 3 页。

国农民的生活》一书中指出：

> 不久以前，有人提出一个比较简单的互助会办法，叫徽
> 会，因为据说这是从安徽传来的。这个会的收款次序，及每
> 个会员交纳的款数，均事先约定。[①]

费孝通的名著《江村经济》一书作于1935年，其中提到不
久之前传入吴江县庙港乡开弦弓村的"徽会"。另外，2005年，
安徽学者徐越、方光禄曾介绍过一种会书，是民国二十年（1931
年）方吉庆所定，在会叙中有"至于收发，悉照新安古式，而
今湖地皆遵"之语。[②]"新安"也就是徽州的旧称，这显然反映
出——湖州一带邀会的做法，也是源自徽州。上述二例皆表明，
徽州人做会的规范，受到了江南各地人的遵循。在传统时代，做
会是民间融资的一种重要方式，它使得徽州乃至江南社会充满了
商业活力，因此绝不能小觑此类的"徽会"。

除了"徽会"之外，徽商的不少经营规范，也逐渐成了江南
一带共通的商业规范。例如，在明清时期，松江府所产的棉布号
称"衣被天下"，此处生产的棉布销往大江南北、全国各地，甚
至还远销到世界其他一些地方。当年，在国际上非常著名的"南
京布"就主要出自包括松江府在内的江南地区。而从事此类棉

---

① 费孝通：《江村经济——中国农民的生活》，见《费孝通全集》第2卷
（1937—1941），内蒙古人民出版社2009年版，第258—259页。
② 徐越、方光禄：《清末和民国徽州民间的经济互助——以徽州会书为中心》，
《黄山学院学报》2005年第2期。

布贸易最为重要的商帮之一，就是徽商。关于这一点，除了方志、笔记、文集资料的记载之外，还有现存的写本文献可以佐证。到目前为止，我们所看到的《布经》抄本计有五种，这些商业书，对于制布业之原料产地、棉布市镇的分布、销售区域，以及徽商和山西商人对于商业书创作的贡献与交流等，都有着具体而微的描述。其中的四种，都是以棉布业的中心松江府为重点区域展开记录，只有一种范围更广，涉及江南和浙西的金华府兰溪一带，这当然也在广义的"江南"范围之内。至于其编者，除了一种是山西商人所编之外，其他的四种皆出自徽商之手。这些，都从诸多侧面反映了徽商与江南社会的密切关系。从文本的内容来看，徽商在布业经营中扮演着最为重要的角色，他们在长期商业实践中总结出的经验与规范，也逐渐为同行业的其他商人所吸收、总结与遵循。再如，明清以来，江南各地素有"无徽不成典"的说法。根据前人的研究，在长江中下游一带，典当业的人事组织有徽帮式、宁波帮式和绍兴帮式等几种代表性的典当业组织。其中，"以徽式典当的组织最为严密，责任明晰，合于管理精神"。[1] 典无废人，经营管理的制度化，是徽州典当经营文化的一个特点。所以，源自徽州的"朝奉"一词，后来竟成了典当业中职员的统一称呼。类似于此的情况，在木材、制墨等行当中亦所见颇多。这些，在在皆可反映出——徽州人制定的商业规范，在江南各地极为盛行。

---

[1] 潘敏德：《中国近代典当业之研究（1644—1937）》，"台湾师范大学历史研究所专刊"，1985 年，第 142 页。

徽商对于江南社会的重要影响，还表现在他们与明清以来长江三角洲一带城镇化进程的关系上。当时，长江中下游地区广泛流传的"钻天洞庭（或龙游）遍地徽州""无徽不成镇"等俗谚，就极为生动地反映了这一重要影响。所谓无徽不成镇，是指在长江中下游一带的市镇中，徽商的活动相当活跃。根据胡适的诠释，在长江中下游一带，一个村落如果没有徽州人，那这个村落就只个村落，徽州人进去了，就会开设店铺，开展贸易经营，逐渐发展商业，从而将一个村落转变成市镇。胡适为绩溪人，出自徽商世家，他对"无徽不成镇"的解释容或略有夸张，但其中心意思是说，徽商在江南许多地方的城镇化过程中，有着举足轻重的地位。的确，在明清时代，长江中下游各地的城镇中，徽商是随处可见。17世纪初编纂的万历《歙志》中，有一篇内容颇为丰富的《货殖》，其中就提及：

> 今之所谓都会者，则大之而为两京、江、浙、闽、广诸省，次之而苏、松、淮、扬诸府，临清、济宁诸州，仪真、芜湖诸县，瓜洲、景德诸镇，……故邑之贾，岂惟如上所称大都会皆有之，即山陬海壖、孤村僻壤，亦不无吾邑之人，但云大贾则必据都会耳。

在明代，歙县是徽州一府六县中经商风气最为炽盛的二县之一（另一为休宁县）。上述这段话，基本上可以代表徽商眼中的全国各大城镇。其中所提及的"苏、松"，也正是江南的核心地带。而从诸多历史典籍来看，在当时，无论是繁华都会还是僻野乡村，处处都可看到徽州人的足迹。特别是在江南的城镇化过程中，徽商曾起到举足轻重的作用。1933 年，胡适在北平寓所写信给族叔胡近仁，讨论《绩溪县志》编纂的体裁，其中谈道：

> 县志应注重邑人移徙经商的分布与历史。县志不可但见小绩溪，而不看见那更重要的"大绩溪"。若无那"大绩溪"，小绩溪早就饿死，早已不成个局面。新志应列"大绩溪"一门，由各都画出路线，可看各都移殖的方向及其经营之种类。①

在这里，出自徽商世家的胡适提出了"小绩溪"和"大绩溪"的概念，提醒人们应注意历史时期徽州商业网络的编织。后来，当代的徽学研究者在他的启发下，引申出"小徽州"和"大徽州"的概念，将徽州社会经济史置诸长江中下游乃至整个中国的背景中去考察。所谓小徽州，是指徽州本土的一府六县，而大徽州则是指徽商活跃的区域，特别是长江中下游地区。"无徽不成镇"的江南，是徽商重点经营的区域，自然也是"大徽州"的核心地带。明清时代"遍地"可见的徽商占据了商业上重要的位置，可以说是执商界之牛耳。徽商的活动，极大地促进了商品经济的繁荣和江南市镇之发展。

徽商对江南的重要影响，还表现在社会文化方面。徽商在江南各地的频繁活动，曾引起明清时代社会风尚的重要变化。徽商

---

① 《致胡近仁》，见胡适著：《胡适家书》，金城出版社 2013 年版，第 235 页。

从徽州到江南：明清徽商与区域社会研究（修订版）

的大批外出，导致了"徽礼"（徽州礼俗）在长江中下游一带的盛行。徽州的祭祀礼俗，恪遵朱熹的"文公家礼"，由此形成的"徽礼"，在徽州乃至徽商所到的整个南中国地区，都有着重要的影响。侨寓各地的徽州移民，通过家祭、祠祭、墓祭、会馆祭等，使得徽州的礼俗为世人所熟知——这就是长江中下游各地颇为流行的"徽礼"。精密详备的徽礼，使得侨寓异地的徽州人大大区别于其他各地的人群。

另外，明代中叶以来，徽商在江南各地大规模地收集古玩、文物，曾引起整个社会鉴赏时尚的变迁。当时，财聚力厚的徽商凭藉着巨额资产，大量购置金石、古玩和字画。最初，那只是对士大夫生活方式的一种盲目模仿。他们认为："雅俗之分，在于古玩之有无。"[①] 因此，不惜重价，动辄成百上千件地收购。这种举动，曾受到文人士大夫的嘲笑。此后，随着接触的赝品和真品既多，徽州人的鉴赏水平亦日益精进，涌现出不少赏鉴名家，收藏的精品也多"海内名器"。于是，至迟到 16 世纪，在东南的文化市场上，新安商人俨然成了操执牛耳的盟主——"徽人为政，以临邛程卓之资，高谈宣和博古图书画谱"[②]。当时，由于徽州人席丰履厚，独具慧眼，赏鉴精到，以至于整个社会的审美旨趣都发生了根本性的变化。王世贞就曾经说过，明初绘画崇尚宋人，但自嘉靖后期以来忽重元人手笔，以致从倪元镇到沈周的画幅，

---

① ［清］吴其贞：《书画记》卷 2 "黄山谷《行草残缺诗》一卷"条，辽宁教育出版社 2000 年版，第 62 页。

② ［明］沈德符：《万历野获编》卷 26《玩具·好事家》，中华书局 1959 年版，第 654 页。

陡然间增价十倍；瓷器原先以五代宋朝的哥、汝诸窑为珍，隆庆末年以还，"忽重宣德以至永乐、成化，价亦骤增十倍"。他认为，究其原因，"大抵吴人滥觞，而徽人导之"[①]。所谓"吴人滥觞"，指的是苏州作为传统上的文明渊薮，"苏人以为雅者，则四方随而雅之；俗者，则随而俗之"[②]。而徽商作为后起之秀，居然取前者而代之，从而为自己赢得了一个"近雅"的评价。

综上所述，由于席丰履厚、移民持续不断、人群素质相对较高，因此，徽商对于江南社会有着重要的影响——它为江南输入了大批的人才、带来了财富和规范、促进了江南城镇的繁荣，对于明清江南社会文化之塑造，也有着重要的作用。因此，我们研究江南社会文化，不能不重视明清徽商的影响。

---

① ［明］王世贞：《觚不觚录》，见谢国桢《明代社会经济史料选编（上）》，福建人民出版社 1980 年版，第 290 页。

② ［明］王士性：《广志绎》卷 2《两都》，中华书局 1981 年版，第 33 页。

目录

下篇：徽州人群、商业与江南社会文化

上篇

江南城镇中的徽州商人

一、"无徽不成典"

（一）清代江南徽州典当商的经营文化

哈佛大学燕京图书馆是美国汉学研究领域最为重要的收藏机构之一，收藏有大批有关东亚研究的珍稀文献。[①] 其中的《典业须知》《至宝精求》《玉器皮货谱》和《银洋珠宝谱》四种善本古籍[②]，是反映清代典当业运作的重要文献，迄今尚未受到足够的重视。

上述的四种典当秘籍中，仅有《典业须知》一书曾被介绍，

[①] 关于这一点，可参见《燕京的宝藏——哈佛燕京图书馆七十五周年纪念展览目录》（Treasures of the Yenching，seventy-fifth anniversary of the Harvard-Yenching library exhibition catalogue，Harvard-Yenching library，Harvard university，Cambridge，Massachusetts，2003）所收诸文。

[②] 上述四书分别注录为："（浙江新安）惟善堂编：《典业须知》，清光绪间抄本，朱笔圈点本，六行二〇字，一册一函"；"《至宝精求》，清抄本，八行十六字，一册一函"；"《玉器皮货谱》，清光绪间抄本，六行二〇字，一册一函，封面题：'玉器皮货谱共两本'"；"《银洋珠宝谱》则未见注录。其中，"（浙江新安）惟善堂编"有误，应作"（浙江）新安惟善堂编"。

而为学界所知。1971 年，哈佛大学杨联陞教授将《典业须知》一书的内容悉数标点整理，发表于台湾的《食货月刊》复刊第 1 卷第 4 期。杨氏在正文之前有一段说明（应当是写给编辑的信函），称："……此书似无刊本，内容颇有可取。书中提及金厚堂嗣君少堂曾中咸丰乙卯举人（西元一八八五年），可以推知著作年代。作者是新安人，寄籍浙江。惟善堂或是会馆之名，尚未查。先生如认为值得印布或分期发表，联陞在一两周内，拟撰一短文介绍此书，将或可与此书合印成一小册，赠人较便。"[①] 不过，后来并未见到杨先生对《典业须知》进一步研究的论文问世。[②]

　　笔者认为：《典业须知》是有关清代徽州典当业运作记载最为系统、内容最为丰富的一份商业文献，但在 20 世纪 70 年代杨氏标点此书时，因徽商研究尚未充分展开，故而此书的内容及其学术价值并未得到应有的认识。此后，涉及典当业研究领域的学者，也未对此作过系统、深入的探讨。[③] 此外，哈佛燕京图书馆

① 《食货月刊》复刊第 1 卷第 4 期，1971 年 7 月版，第 231 页。2004 年，笔者在撰写本文的过程中，偶然承哈佛燕京图书馆沈津先生提及，杨联陞曾提供《食货复刊》抽印本等，尚存哈佛燕京图书馆善本室。为此，笔者查阅此件，看到抽印本上题"汉和图书馆惠存 /（杨联陞）敬启"；另见一信封，上书："May 17, 1955/ 杨联陞借去 /437 贸易须知 /439 典业须知"。汉和图书馆即哈佛燕京图书馆的前身，《贸易须知》未见该馆著录，此书内容由王秉元所著《贸易须知辑要》和《秘传神巧戏法录》两部分组成。由此可见，"二齐文书"中相关的商业文书究竟有多少，仍有待于今后进一步的探索。
② 仅见《食货月刊》稍后"杨联陞教授来信"中提及《典业须知》印刷上的小误数处。今查《中国现代学术经典》"洪业、杨联陞卷"中的《杨联陞先生学术年表》和《杨联陞先生著述目录》（河北教育出版社 1996 年版，第 927—933 页），均未见有相关的著述问世。
③ 现有研究徽州典商的论文，如王廷元《徽州典商述论》(载《安徽史学》1986 年第一期)、王世华《明清徽州典商的盛衰》(载《清史研究》1992 年（转下页）

另藏有《至宝精求》《玉器皮货谱》和《银洋珠宝谱》三书，也是反映清代典当业经营的相关文献，与《典业须知》应属于同一批文书——这是杨联陞教授所未曾注意到的。有鉴于此，本文拟结合其他典当业文献（包括私人收藏的一批徽州文书），对上述四书（尤其是《典业须知》），作一具体而微的综合性探讨。首先从内容结构上论证《典业须知》和《至宝精求》《玉器皮货谱》以及《银洋珠宝谱》同属一个文书群，其次利用《典业须知》研究徽州典当业的经营文化和典当业者的社会生活，最后对《典业须知》所反映的典商心理，作一初步的文化分析。在研究角度上，除了考察经营规范、商业道德之外，本文更关注对典商社会生活史的探讨。①

（接上页）第二期），范金民、夏维中《明清徽州典商述略》（载《徽学》第二卷，安徽大学出版社 2002 年版），均主要利用政典、实录、碑刻、族谱、方志、文集和笔记等，勾勒徽州典商的概貌，并未利用典业文书详细讨论典业的内部管理。其他研究典当业的论著，间或利用到《典业须知》，如赵连发《中国典当业述评（论中国典当业在历史社会金融中所担任的角色）》（石室出版公司 1978 年版），曾利用《典业须知》讨论典当业的内部组织，但该文并非专门讨论徽州典当，且误将该书视作"南京惟善堂经营之典当业创办人发给各从业人员"的文字；刘秋根著《中国典当制度史》，曾利用《典业须知》一书，较为详细地讨论清代中期典当内部的劳动分工状况，但同样也不是从徽商研究的角度加以探讨。（上海古籍出版社 1995 年版，第 87—92 页）

① 囿于史料，以往从社会文化史的角度研究徽州典商社会生活的成果较少。笔者此前利用婺源方氏的信函，对此作过初步的探讨。参见拙著《徽州社会文化史探微——新近发现的 16 至 20 世纪民间档案文书研究》第 4 章之三《民国时期上海徽州典当商生活一瞥》，上海社会科学院出版社 2002 年版，第 499—519 页。

1.《典业须知》《至宝精求》《玉器皮货谱》和《银洋珠宝谱》

（1）《典业须知》

《典业须知》亦作《典业须知录》，文中纪事有"咸丰乙卯"（即1855年，咸丰五年），故其编纂的年代应在清代后期。其序称："吾家习典业，至予数传矣。自愧碌碌庸才，虚延岁月。兹承友人邀办惟善堂事，于身闲静坐时，追思往昔，寡过未能，欲盖前愆，思补乏术。因拟典业糟蹋情由，汇成一册，以劝将来。不敢自以为是，质诸同人，金以为可，并愿堂中助资邗［刊］印，分送各典，使习业后辈，人人案头藏置一本，得暇熟玩，或当有观感兴起者，则此册未始无小补云尔。"该序下署"浙江新安惟善堂识"。惟善堂是徽商在杭州开办的善堂之一，[①] 作者出身典当业世家，可能于暮年在杭州主持或襄办惟善堂事务。另外，在《典业须知》正文的"谆嘱六字"中曾提及："金陵为繁华之地，近日学生习气，专以好吃好穿为务，银钱不知艰难，吃惯用惯，手内无钱，自必向人借贷，屡借无还，借贷无门，则偷窃之事，势有不能不做。"由上述的这段文字看来，作者似乎是对金陵典业中人的不良习气有感而发。据此推断，他很可能在接手惟善堂事务之前，曾从业于金陵典铺。而从该书序文、署名以及正

---

① 现存的相关文书有《新安惟善堂征信录》及《新安惟善堂六安材会征信录》等。关于《新安惟善堂六安材会征信录》，详见拙文《清代、民国时期江浙一带的徽馆研究——以扬州、杭州和上海为例》（载熊月之、熊秉真主编：《明清以来江南社会与文化论集》，上海社会科学院出版社2004年版）。此外，有关新安惟善堂的资料，在民间收藏中亦时有所见，如2003年由北京图书馆出版社出版的《故纸堆》丙册中，就收有一张同治十年（1871年）六月十七日重建惟善堂厝捐收单。

抄本《典业须知》书影
（哈佛燕京图书馆收藏）

文的内容（如文中多次提及"我新安一府六邑""吾乡风俗"和
"吾乡俗语"等）来看，《典业须知》的作者出自徽州，当为江
南一带徽州典当业界的耆宿无疑。因此，可以将《典业须知》一
书，作为研究徽州典当业的重要文献。

《典业须知·勤务》对典业中学徒的日常生活规范作了说明，
文中开列了学徒在闲暇时间应当阅读者，其中就包括《典业须
知》之类的书籍，[①] 这说明"典业须知"实际上是一种泛称，应
为典当业中颇为普遍、提供初学者从业门径的一类书籍。

（2）《至宝精求》

《至宝精求》，封面除书名外，题作"翠竹轩郑记"。首列
"珠谱序"，先是讨论珍珠的价值，接着谈珍珠鉴定之不易，说：
"每见世之称具眼者，各挟一谱为规，往往有得有失，或近或远，

———————————

① 《典业须知·勤务》。

非拘牵于往价，即模棱于两端，不几贾胡为千古独步也哉！"这是说——珍珠的鉴定端赖于行家的眼光，但各人的眼光自有高下，对于当时行情之了解亦见仁见智，所以常常出现言人人殊的情况。有鉴于此，作者接着说："吾友眉山经营翘楚，鉴赏颇精，博采群识，订成一谱，问序于余。愧余荒谬少文，焉敢妄喙？然见其分门别类，各有品题，较重量轻，纤毫必晰，且究其出产，度其体势，以定其价值之多寡，持此应世，可鲜暗投之诮矣。殆所谓珠之指南者，非耶？"值得注意的是，该序下署时间、地点及序作者分别为"康熙丙戌〔戌〕端月题于鄂郡客舍/天都澹庵题"。康熙丙戌即康熙四十五年（1706年），而"天都"则是徽州歙县一带的别称。因此，《至宝精求》的作者是一位字或号"眉山"的人，为徽州人"澹庵"的朋友。

书中除珠谱外，还有其他一些内容，如"宝石论""银色辨要""评银色法规"和"量木头码尺寸法诀"等，均与商业经营相关。其中有看宝石的秘诀："祇列珠名三样看，白洁时光与常行。但见糙黄狠跌价，上串分团百换宽。白糙鲜明五十换，阴阳一面四五间。惟有大珠难定价，五百千头觅利难。常行猜疑算八折，时光九因定无差。坚心推详牢拴记，传神会意任君参。"这些，显然都是业中人士的经验之谈。

（3）《玉器皮货谱》

《玉器皮货谱》内里题作"玉器皮货绸料价目谱"，封面有"共两本"的字样。揆诸实际，书中的前一部分讨论玉器，后有《玉纪原叙》，稍后继以杜文澜的跋；后一部分则分别记载有关皮货、绸料方面的内容。其中，《玉纪原叙》曰："昔先子博学好古，尤精赏鉴，闻有古玉，不惜重赏购求，其辨别真伪，虽暗中摸索，亦百无一爽。性趋庭时尝蒙指示，得粗知梗概。既而浪游南北，援先子辨王［玉］之法，与玉相证，凡生平所见，无一不相印合者，益信先子格物之学为不可及也。道光壬午自楚归省，先慈手一箧付性，曰：'此汝父一生心力易产所置，将留以待进呈者，皆三代物也，汝其慎守之！'性跪受检视，得古玉八十一事，光怪陆离，五色具备，洵至宝也！年来落拓鄂渚，煮玉无术，载米[①]八十一玉尽归质库中。性不肖，不克仰承父[②]志，读书自立，又弗来恪守旧物，负罪实甚[③]！顷邵君香伯书来，属作《玉纪》。性不学，何能有所撰述？然右王[④]之原委，知者稀，辨者寡，既有所闻，苟秘而宣不［不宣］，不将终于埋没耶？用是录先子之语，参考群书，择其言之信而有征者，汇集成卷，以应香伯之命。所纪皆实，非躬亲历试、著有实效者概不书。所冀博雅君子加以正定，俾先子毕世苦心孤诣，不致湮没而无传，则私愿毕矣。己亥花朝前一日江阴陈性书于八十一玉山房。"有关江阴陈性之生平阅历，同治三年十二月（1864—1865年）秀水杜文澜有较为充分的描述。据杜氏记载，陈性"喜谈兵，尤好玉成癖"，落魄郓北，撰有《阴符经注》《剑说》和《玉纪》诸书，太平天国以后不知所终。前序中的"道光壬午"，即道光二

---

① 1992年12月由北京书目文献出版社出版的《古玉考释鉴赏丛编》，收有《玉纪》刊本（见该书页883—909），题作："江阴陈性原心述，秀水杜文澜少舫校"。刊本"米"作"来"。

② 刊本作"先"。

③ 刊本作"深"。

④ 刊本作"古玉"。

年（1822年），由此推断，序文所作时间"己亥"当为道光十九年（1839年）。

（4）《银洋珠宝谱》

封面亦注明该书"共两本"。因书中后一部分的《银经发秘》前有四张空白，推测原书可能分为两册，后经重新装订而成一册。其内目主要有：首饰论、试金石、金器、满洲首饰捷径、折银法例、学看本洋板式、估看鹰洋法、鹰洋论、看英洋板式、银经发秘、各珠定价之由、珠目、湖珠论和看金珠诀等。该书前部的"首饰论"、"试金石"、"金器"和"累丝"等部分，与浙江省图书馆所藏的《典业必要》中相关部分之文字大同小异。如《银洋珠宝谱》中的"累丝"曰："徽妙累丝出于旌德人之手，其金只有四呈，项高者不过六呈。"而后者则作："徽州每出于旌德人之手，其金只有四呈，顶高者不过六呈。"可见，"项"当为"顶"。相比之下，抄本《银洋珠宝谱》的文字更多讹误。除了有关珠宝首饰外，书中还有不少银钱鉴定方面的内容。①

《典业须知》《至宝精求》《玉器皮货谱》和《银洋珠宝谱》四书中抄录的文字颇多讹误。② 从上揭的简略著录可见，四书或为

---

① 如《估看鹰洋法》："每日黎明起，将真英洋十余元，以一元放在左手中指，以一元拿在右手大指、次指、中指三指之尖，掉换敲撞十余次，耳听声音，目观神色，翻阅边面，一一留心，先看第五朵总花纹是何板，次看鸟面边道如何，每日换看十余元，且要眼光收在洋面上及边道，更在心与洋合而为一，每晨学看，不过月余，即可学会。"

② 如《典业须知》一书文字颇多讹误，如"阁典"，应作"阊典"，"祐"应作"佑"，"裔籍"应作"商籍"，等等。

徽商编纂，或与徽州人有关。四部书的字迹相当接近，抄录文字的纸张也完全相同，而且同属于哈佛燕京图书馆的"二齐文书"（即齐耀珊、齐耀琳文书）。其中有明确纪年者为"同治三年"（1864年），应皆为晚清以后之钞本。从其内容上看，四书涉及的门类，与一般典当业文书的结构极为相似。

下表所列诸书中，《典务必要》（原藏浙江省图书馆）和《当行杂记》刊载于《近代史资料》总第71号。而《当谱集》《当谱》和《成家宝书》，则收入《中国古代当铺鉴定秘籍》[1]。其中，《当行杂记》与《当谱集》的内容颇多雷同，虽然一部年代为乾隆二十四年（1759年），另一部则为光绪二十四年（1898年），但显然是出自同一母本之作。《银洋珠宝谱》则与《典务必要》内容相近，也同样是出于一个祖本。

而从典当秘籍的内容结构来看，《成家宝书》一书末尾有诗曰："当谱何人作，无一不品量。珠石分地道，绸缎较宽长。皮葛滔滔论，金银细细详。假真能辨否，学者漫收藏。百物全知

---

[1] 国家图书馆分馆汇刊：《中国古代当铺鉴定秘籍》（清钞本），"国家图书古籍文献丛刊"，2001年版。除这三种外，该书另收录《论皮衣粗细毛法》和《定论珍珠价品宝石沉头》两种。哈佛燕京图书馆所藏吴晓铃编《双楮书屋考藏珍本》（该书未见出版社，当为编者吴晓铃自己刊印而成，并赠哈佛燕京图书馆收藏）中，收有两册典当业文书：第八册末有书名，编者显然未知为何书，但从其内容上看，实为典铺所用的"当字"。而第十二册书名为《当谱》，其中记载多如"火狐腿子，袍料用皮一千四百卅张，银七百两"之类，首页有编者题记曰："可名之为皮货衣物谱，或价钱表皆可，内并无当字，各行皆可用之，非专为当行也。"实误！这显然是因为编者不了解当铺经营所致。笔者亦收藏有一种典当商业秘籍——《□（？）在其中》（徽州文书抄本），封面除书名外，题作"耀记"，并有印章。内容有"看珠诀""湖珠论""吊银饰法""看银呈色汇"和"皮货略"等。

四书与其他典当文献内容结构之比较

	《典务必要》	《当行杂记》	《当谱集》	《当谱》	《成家宝书》	哈佛燕京图书馆所藏典业四书			
						《典业须知》	《至宝精求》	《玉器皮货谱》	《银洋珠宝谱》
幼学须知		当行论	自序，当行论说					玉纪原叙	
珠论		珠子类	看素珠身子，看素价目，珠价目	珠石评论	珠石广类，珠石评论规则，看广珠		珠谱		论珠名、湖珠、各珠定价之由、珠目、湖珠论、珠诀、看金、苏谱
宝石论		看宝石规则	宝石类、玉器类				论宝石、宝石类要	玉器论、论宝石、宝石类要	
论首饰							满洲首饰捷径、首饰密诀		首饰论、满洲首饰捷径
毡绒			（毡绒）①	毡绒毡等物	羽毛广类				
字画书籍		看字画谱，天下驰名写画名人							

---

① 括号中的条目根据内容概括，下同。

（续表）

《典务必要》	《当行杂记》	《当谱集》	《当谱》	《成家宝书》	哈佛燕京图书馆所藏典业四书			
					《典业须知》	《至宝精求》	《玉器皮货谱》	《银洋珠宝谱》
布货	看衣规则	布数、看衣规则、论绣蟒袍朝元类、布帛等类		皮货细毛各色、看皮隙地道规则				
绸绢	各省绸缎花样别名	（绸绢）、素缎类	（各省绸缎）、绸缎出处	绸缎出处			各色绸料大约价目	
皮货		每张毛数、每件用皮之数	皮货细毛地道规则、皮货细毛各色				皮货记、皮货录	
	看金规则类	看洋钱规类				金器、附银色辨要、吊银水称金法、评银洋色银法、各省宝银色		折银法例、学看本洋板式、估看鹰洋法、看英洋板式、银经发秘
	看磁器规则	（古磁）						
		看铜锡类	锡铅亦有次第、金银铜铁锡铅之出处	看锡规则				
		（木材类）				量术头码尺寸法诀		

价，千般尽晓名。闲时常议论，忙处不分明。休恃枕中秘，且看柜上宗。有如未见过，且莫抖机灵。"① 可见，典当秘籍涉及的门类非常广泛，稽考珠宝贵贱，斟酌首饰高低，举凡珠石、绸缎、皮葛和金银之鉴别等，都属于典当书籍应有的内容。一般说来，典铺中均设有"管首饰"一职，主要是鉴别金银珠宝古董等项。事实上，像《典业须知》描述的那类典铺，珠宝金银②和皮货绸料③显然也是他们的重要业务之一，这也从一个侧面说明上揭四书应同属一个系统。

从上表的内容结构对比来看，典当业秘籍基本上可分为两种类型：一种是综合性的著作，既涉及典铺管理的理论，又包括典当业务经营的专业知识；另一类则是专门性的著作，即只包含典当业务经营的专业知识。《中国古代当铺鉴定秘籍》所收诸书，除了《当铺集》一书中的少数内容涉及典铺的管理外，其他的主要都是技术层面的具体操作。而哈佛燕京图书馆收藏的典当秘籍

① 国家图书馆分馆汇刊：《中国古代当铺鉴定秘籍》，第 495 页。
② 《典业须知》："管首饰，亦要识得珠宝之真假，价值之若干，所当下之金银首饰，须逐件过目，恐柜友未曾看出，将假作真。且柜外之匪徒甚多，仍有银匠，专做假货来当。如一次看出，即关照通柜，隄〔提〕防下次，倘若看不出，而柜友又不知，源源而来，收之不尽，直至满货之时看出，而假物业经收当，其延祸不浅矣。"《典务必要》亦指出："此书名为《典务必要》，所有稽考珠宝贵贱，以及首饰高低，乃至前辈老先生已费一番斟酌，细叙书中，使后学童蒙一目了然，大为简便。"（第 48 页）
③ 《典业须知》："卷包……再要练眼色，……预备上柜之用，……至于皮货，有布包，内须衬纸，怕走风虫蛀，取时若有虫蛀伤，非但赔钱，口舌不免，即便此货满下，衣客看价不起，此即东人之亏折也。又有颜色绸绫女衣，其滚条之处及领口，均要刮面糊而成。领口总有头油，当时不显，每至霉天，即行发出，若不用纸隔好，发班〔斑〕尽现，取当之人，定不肯依，岂不又多口舌，而满下亦看不起价，此亦东人之亏折也。"

从徽州到江南：明清徽商与区域社会研究（修订版）

四书，除了典当业务技术层面的专门知识及具体操作之外，还涉及大量典铺管理方面的内容，其中，《典业须知》不仅内容最为丰富，而且还是明确标明为徽商撰著的典业文献，对于研究徽州典当业以及"徽州朝奉"的社会生活，具有重要的学术价值。

最后应当指出的是，与该四书同归于"二齐文书"群的，还有《李乾命日记》（抄本），而后者则是晚清典当商的文书。故此，笔者颇疑该典当业四书为李乾命所有。基于种种原因，我无从窥见"二齐文书"的全貌，所以尚难对此作出判断以证实或证伪。

2. 清代典当业经营及典业中人的社会生活

明清以来，徽商的经营活动立足于乡党，[①]明末休宁人金声曾说：歙县和休宁两县人"以业贾故，挈其亲戚、知交而与共事，以故一家得业，不独一家得食焉而已，其大者能活千家、百家，下亦至数十家、数家。"[②]典当业的情形亦复如此。譬如，美国波士顿赛伦市（Salam）碧波地·益石博物馆（Peabody Essex Museum）中，有一座原来坐落在徽州休宁黄村的徽派老房子"荫余堂"，房屋主人是活跃于汉口和上海等地的典商。[③]据说，

---

① 〔日〕藤井宏：《新安商人的研究》，《东洋学报》第36卷1—4号，1953年、1954年。傅衣凌、黄宗焕译，收入《徽商研究论文集》，安徽人民出版社1985年版。

② 〔明〕金声撰：《金正希先生文集辑略》卷4《与歙令君（庚辰）》。明末邵鹏程刻本，《国库禁毁书丛刊》集部第50册，北京出版社1997年版。

③ Nancy Berliner, Yin Yu Tang: the architecture and daily life of a Chinese house, Tuttle Publishing, 2003.

在历史时期，黄村一村皆以典当为业。[①] 这显然也是因乡情族谊的纽带，使得血缘、地缘和业缘几近三位一体。此一事实，可以成为金声上述论断的一个极好注脚。

当时，徽州典商在江南一带颇为著名，俗谚有"无徽不成典"的说法。《典业须知》对于徽州典当商的活动，有着相当生动的描述：

> 窃我新安一府六邑，十室九商，经营四出，俗有"无徽不成市"之语，殆以此欤！况复人情蔫厚，乡谊尤敦，因亲带友，培植义笃，蹈规循矩，取信场面。兼之酌定三年一归，平日并无作辍，人之所取，盖因此也。所以学生带出习业，荐亦甚易。用者亦贪喜其幼龄远出，婚娶始归，刻苦勤劳，尽心于事，人因是益见重矣。[②]

---

① 碧波地·益石博物馆荫余堂中，展有一典商的信底（题作"中华民国念一年国历拾弍月　吉立"），目前所能见到的仅有两份家信，其一曰："父亲大人膝下：敬禀者，自廿五夜在俄租界七码头拜别以后，屈指算来，今日可以平安抵沪。当夜男与关祥弍人，返典已九点多钟，即将自己事作毕，遂行就寝。……当晚并收到伯生舅寄与大人一信，今已随禀奉上矣。男在典中，一切事件当加勤慎，请勿悬念可也。肃此敬禀，顺请金安。男振鑫谨禀。"其二曰："母亲大人膝下：敬禀者，前月廿四日奉上安禀，谅投慈鉴矣。辰维福祉绥和，阖庭集吉，定如下颂。男在汉，眠食均叨平安，诸事自当专心学习，请放心可也。裕生侄于前月廿四安抵汉口，大人搭来夹鞋弍双，盐荀（笋）豆一包，茶叶一包，均照……"。据了解，在荫余堂拆卸、搬迁过程中，美方曾发现包括上述信底在内的一批徽州文书（可能有一百余件册）。作为徽州文书的研究者，我对此颇有兴趣，但2003—2004年在波士顿期间却无缘得见，只被告知"它藏于另外一个地方"。

② 《典业须知·敦品》。

这一段话说的是：在商贾之乡的黄山白岳之间，因乡情族谊深厚，典业中人往往相互吸引。所以相对而言，对学生（学徒）的推荐比较容易——这应当也就是明清以还江南典当业中多徽州人的原因所在。具体说来，从推荐者的角度着眼，被荐人都是其亲戚朋友的子弟，彼此知根知底，一般能够保证人品端方，让他们循规蹈矩。而从被荐者的角度来看，父母长辈总是谆谆教诲他们："须知谋一典业，大非容易，真如登天之难，务宜守分，莫负荐者。"① 这里的"大非容易"，与前文所说的"荐亦甚易"，其实是一个问题的两个方面：在桑梓情浓的徽州乡土氛围中，透过广泛的人际网络和无远弗届的商业网络，推荐亲朋故旧以及提携后进，的确是再自然不过的事；但在另一方面，随着人口的增长，各行各业内外的生存竞争愈趋激烈，而典当业又是传统社会中上好的职业之一，从这个意义上来说，谋一典业营生亦实非易易。② 故此，典中耆宿循循善诱："诸同人皆要饮水思源，当初荐生意之时，何等情面？承朋友之情，极力保举，方有今日，该如何报德之处，亦当铭感不忘，断不可温饱而忘其初。倘再有亏空、犯典规之事，累及经手，丢工夫，赔银钱说话，此皆称所

---

① 《典业须知·保名》之三。

② 徽州文书得源号《杂支》（封面除书名外，题作"光绪庚寅年杏月立"），收录有不少江南典当商的家庭信函，其中即有引荐学生方面的内容，如其中一封："信禀母亲大人膝下：今汪振文来苏，携至安信，得悉玉体安康，阖家清吉，儿怀喜慰。承谕达生内弟回家近况，着男即为代觅生意，不拘何业，总以安插为是。母亲嘱咐，理当如此。奈目下时势，万分艰难。况男无甚知交，寻觅生意，竟如上天一盘［般］。况达生天性懒惰，更难寻觅，只好慢慢留心托人也。……"类似于此的内容颇多，反映了当时激烈的从业竞争。原书私人收藏，对于该书的详细研究，笔者拟另文探讨。

作所为，于心何忍？即成狗彘不若也。颜面攸关，不可不察，慎之！慎之！"[1] "颜面"亦即面子，这在中国人的立身处世中至关重要，它关乎个人、家庭乃至宗族的声誉，一旦行事乖舛，丧失脸面，不仅会丢掉饭碗，甚至还会为亲朋好友所唾弃。另外，从典当业者的角度来看，"人年弱冠，时为出泥之笋，培植得好，则修竹成林"，换言之，那些学生因年纪较小，可塑性很强。尤其是因为尚未婚娶，无家事之拖累，故而能够让他们恪守本职，刻苦务工经商。前述的所谓三年一归，"三"字应当并非确指其数，诚如《典业须知·保名》所说的那样："吾乡风俗，学生出门，或隔七、八年，或越十数年，待其习业成就，归家婚娶。"学生在这七八年或十数年中，完全是在远离父母、家庭的典铺中生活、劳作，受典中耆宿的管教，他们与桑梓故里的联系，通常只有通过信客捎带的家书。[2]

（1）徽州典业中人的社会生活

① 人情关系网络中的典业学生

根据 20 世纪 30 年代对豫、鄂、皖、赣四省典当业的调查，"四省典当中用人最多者，达五十一人，平均每家亦达二十七人，规模不可谓不大。依职务言之，学生最多，外缺、中缺、工人等

---

[1] 《典业须知·典规择要》。

[2] 关于典铺学生的信底（即书信汇编），迄今尚遗留不少。仅笔者收集到的，即有：歙县十丰宋氏盐商家族文书中的《尺牍》，原书无题，为漕家河典当学徒书信；《雁迹鱼踪》，光绪十四年（1888 年）漕家河"恒益典"书信，等等。歙县上丰宋氏是清代著名的徽商，在清代前期，两淮八大盐务总商中，即有上丰宋氏一族。太平天国以后，上丰宋氏仍然活跃于长江中下游一带，从事盐、茶等诸多商业。

次之，内缺又次之，于此颇可证明典业用人，偏于利用待遇轻微之学生，助理中缺之职务"。① 虽然上述记载调查的是民国时期的典当业，但即使是在更早的清代，典业中人以学生为数最多，应当是断无疑义的。故此，《典业须知》中的绝大部分内容，主要便是针对学生而言的。这在不少典业文献中均有类似的情形，如浙江省图书馆收藏的《典务必要》，开首即有《幼学须知》一节。根据《典业须知》及《幼学须知》之类的资料，我们可以了解典铺中学生的社会生活。

徽州俗谚素有"前世不修，生在徽州，十二三岁，往外一丢"的说法，生动反映了大批少年外出谋生的一般状况。徽州文书抄本《缮集碎锦》② 中有题作"芸荪"所作的《题戒出外习业认真为之》：

> 偕兄共伴别徽邦，骥尾同船到异邦，海外奢华虚乐地，英边京式假排场。
>
> 竭力尽忠能有益，闲游浪荡岂无伤，冀尔咬牙安且吉，受师食指恍而康。
>
> 逢呼随口忙回答，得暇当心习算盘，馆内读书宜记忆，店中干事莫荒唐。
>
> 生涯业就机缘久，本领功成饭碗长，练达世情为俊杰，

---

① 中国农业银行委托金陵大学农学院农业经济系调查组调查编纂：《豫鄂皖赣四省之典当业》，"豫鄂皖赣四省农村经济调查报告"第四号，南京金陵大学农业经济系印行，民国二十五年（1936年）六月，第18页。

② 封面除书名外，题作"胡佛珍肆"，1册，私人收藏。

早知时务是芬芳。

结友交朋凡择善，性和品重勿刚强，虽然几句平常话，仔细思量意味长。

上文以诗歌的形式，对徽州人外出务工经商作了概括性的描摹。从徽州少年搭船到外埠，谈到面对纷繁复杂的外部世界应当如何自我把持，接着鼓励少年咬紧牙关，在店中应手脚勤快，忠于职守，苦练算盘，结交良朋。这些虽说都是一些平常话语，但对于学徒而言却是意味深长。这样的内容，在《典业须知》"保名"条中，也有类似的概括："……还思弱岁告别之时，为父母者无限离愁，依依难舍，此情此状，不堪描摹。即至音问传来，枝栖安适，高堂悬念，乃得稍舒。父母爱子之心，子可一日忘乎？为子者须时时以亲望子之心为心，守家教，顺师长，睦同班。遇事勤苦稳重，气宽量大，肯吃亏就是便宜，肯巴结就是本事，视人事如己事，自始至终，清清楚楚，不用人烦心，久之人固加重，自家亦造出本领，父母闻知，且欣且慰。"倘若我们将上述的谆谆教诲，与现存的徽州典当业学徒书信比照而观，不难发现，前述的描摹相当生动且贴近事实。[①]事实上，《典业须知》似乎也抄录了一些家书。如在详细叙述了"出外谋生"所当遵守

---

① 歙县上丰宋氏盐商家族文书中，有典当铺学生的家信，其中都是报平安的文字，如："字禀父、母二亲大人膝下：是日信足抵店，得接 Δ 日所发训示，并布鞋两双，均照收到。欣知福体康安，为慰下怀。……男在典，一切自当遵谕，谨慎从事。身子亦赖粗安。请勿远念是荷。适因足催，匆匆肃此，敬请金安，余惟珍玉不戢。"原书私人收藏。

的"五戒"之后，作者继续说："今次出门，迥与前次不同。今次成人受室，一切皆学大人之所为。典中出息虽无多，以'节省'二字守之，自然绰绰有余。年头岁底，不得寄空信回家。银钱一毫不可与人苟且，此生意第一件最要紧。余无他嘱，仔细思之，日夜记之。"这里非常具体地提到了"今次"与"前次"两次"出门"之不同，并且明确说到被告诫者现在已"成人受室"（亦即结婚成家了），据此，这显然是一份具体的家书无疑。从这一点上看，《典业须知》一书并未经过系统的整理，有些部分的资料还比较原始，未经修饰。

在《典业须知》一书中，作者不断地从正反两方面谆谆教诲——从业表现的好坏，关乎家庭的信誉和名声："劝尔后生，人人都要学好，自己多少荣耀，父母多少光辉，荣辱两途，宜早醒悟。"[1] 在传统社会，父母培养儿子，无非是让他们成家立业，能独立面对生活。因此，一旦儿子在典业中立定脚跟，且到了一定年纪之后，"即亲朋戚党，亦极意赞扬，有女之家，托友委冰，目为佳弟子焉。选择佳偶，亦甚易易。及归家之日，倚闾者欢欣而迎，亲友亦来探望，一时各各答拜，恭敬非常，实为父母增光者也"。[2] 看到儿子既有了典业中的好职位，又娶得中意的媳妇，亲朋好友自然艳羡，而为人父母者更觉无尚荣光。

以上是从业成功、显亲扬名的方面，而反面教材显然亦不乏其例。《典内竹枝词》就写道："诸公莫自误声名，有坏声名人便

---

① 《典业须知·节用》。
② 《典业须知·保名》。

轻。高不成来低不就，将来难以自为情。"① 对此，《典业须知》有很好的解释："若不肯习好，不安本分，不知谋业之难，得一枝栖非易，自己以为家中衣食丰足，不在乎此。一朝失业归家，父母赧然不容，势必投奔戚好，究复谁怜？捶胸追悔，有业不学，归来受辱，走出无路，家门难入，或亲族见之不忍，做好做歹，转劝父母收留。若再想习业，荐引无人。能痛改前过者，凑或〔或凑〕积资本，开设滚当，架人局，开设小押；其次小贩肩挑，强糊其口，甚有改悔，恶习渐长，朽木难雕，家声玷尽矣。"书中反复为那些迷途羔羊痛下针砭，以期他们能积迷顿悟：

父母生尔一身，须知为父母争光。做出下流事来，父母听见羞愧，自己终身名节已坏，到那时回头，悔之已晚。不若粗布衣，菜饭饱，积得几文，寄归家内，一以慰父母之心，一以免自己浪用。

夫人生在世，能得替父母争气，立志成人，必要事事谨慎，饮食起居，皆要有节。凡有益于身心者，则敏勉为之；无益于身心者，则痛戒不为。人年弱冠，时为出泥之笋，培植得好，则修竹成林，培植不好，则成为废物。

所谓废物，亦作弃物。对此，《典业须知》"保名"之二有非常形象的比喻：

---

① 《典业须知·典内竹枝词》。

从徽州到江南：明清徽商与区域社会研究（修订版）

吾乡俗语：当铺学生尿壶锡。谓无他改，乃弃物也。凡在典学生，务概守分，得能一生始终到老，就是真福。若不守典规，竟无出头之日，何也？另改他业，势所不能，只因从初习惯成自然：关门自大惯，一派充壮惯，目看排场惯，耳听阔气惯，吃惯穿惯，懒惯用惯，高楼大厦登惯，粗工打杂使惯。如改他业，嘴头呆钝，全无应酬。不晓场面，不知世故，居处不能遂心，使令又不遂心，吃不遂心，穿不遂心，又无本事，不能得大俸金，用不遂心，有多少委曲于心，以致难改他业。若或强而图之，无非东不成西不就，误此一生，是谁过耶？劝尔后生急早回头多是路，切莫船到江心补漏迟。

　　"吾乡俗语"应当是指徽州俗语，迄今，在昔日以典业专精的休宁当地，仍有"当铺店倌夜壶锡，除了当店没饭吃"的俗谚。[1] 这句话在江浙一带也被说成"徽州朝奉锡夜壶"，意思是说用锡做夜壶，锡便成了废料，不能再改制成其他的物品了，因为经尿液长年浸泡，那股腥臊气再也消除不掉了。这一俗语，是比喻典业中人因养尊处优，一旦失业，便难以在困境中东山再起。

　　由于荐引凭藉的是人脉，依靠的是乡情族谊，倘若被荐者在典业中表现欠佳，甚至沾染上各类恶习，则不仅损害了引荐人之信用，使得当事人在社会上难以立足（如再就业的极端困难），

---

[1] 休宁县地方志编纂委员会编：《休宁县志》卷31"谣谚·传说"第二章《谚语》，"安徽省地方志丛书"，安徽教育出版社1990年版，第567页。

而且也极大地影响到父母的声誉。所谓"养不教，父之过"，人们往往会将儿子的失败，归因于父母的失教。关于这一点，《典业须知》就指出："呜呼！此皆人子也，落地之时，爱如掌上之珠，望其长大成人，出人之上，谁料至此不肖乎？愿尔后生习业，精益求精，万勿半途而废，免卖回乡之名以玷辱，慰父母也，斯为孝子矣。"[1] 所谓"免卖回乡之名"之"卖回乡"，是指徽州俗语中的"卖茴香豆腐干"——"茴香"谐音回乡，"卖茴乡豆腐干"亦即失业的意思。抄本《缮集碎锦》中有题作"芸荪"所作的《戒子出外习学生意》：

> 央亲带尔往衢乡，腊鼓声中催启行，惟望认真操字艺，莫辞劳瘁战商场。
>
> 与朋言语须和顺，执己性情恐损伤，馆内读书宜记忆，店中干事莫仓皇。
>
> 循规蹈矩知深浅，作嫁依人辨短长，总要咬牙争志气，好教荐首焕容光。
>
> 当思易耨深耕苦，务念披蓑戴笠忙，此去若能常警省，免遭傍笑卖茴香。

绩溪人胡适曾指出：在传统徽州社会，凡人长到了十三四岁，读完《开宗明》《天文》和《梁惠王》之类的书籍后，不少父母便不叫儿子读书。穷苦的庄稼人，便叫儿子帮着父母干活，

---

[1] 《典业须知·保名》。

一天辛苦到晚。此外的人家，儿子到了十三四岁，便叫他"出门"——也就是送到店铺中学生意，这叫"当学生"。① 出门当学生固然辛苦，但较之躬耕陇亩的披星戴月、日晒风吹，显然不可同日而语。故此，前述的芸孙告诫子弟应想到田间农作之辛劳，咬紧牙关争一口气，做出成绩，让"荐首"（推荐人）有面子，并提醒说"卖苗香"是为傍人耻笑、令人难堪的情境。

根据费孝通的看法，中国乡土社会是以人情作为支撑。徽州人具有极强的契约意识，但与此同时，乡土社会的信用——人情，也同样是构筑商业网络的重要因素。这不仅表现在族谱的修纂上，② 而且，在从业竞争中的相互荐引也是以人情作为基础。费孝通指出：中国乡土社会的基层结构是一种"差序格局"，在以自己作为中心的社会关系网络中，从己向外推以构成的社会范围是一根根私人联系，每根绳子被一种道德因素维持着。社会范围是从"己"推出去的，一是亲属（亲子和同胞），与此相配的道德要素是"孝"和"悌"。另一是朋友，相配的是"忠"和"信"。概乎言之，孝、悌、忠、信是私人关系中的道德因素。③ 因此，不仅是士大夫讲究修齐治平，即使是一般人，也要以"修身为本"——这是差序格局中道德体系的出发点。学徒只有循规蹈矩，勤奋劳作，才能报答父母，取信荐首（朋友）。换言之，

① 胡适《徽州谈》，原载 1908 年 11 月 14 日《安徽白话报》第 5 册，后收入欧阳哲生编：《胡适文集》第 9 册，北京大学出版社 1998 年版，第 545 页。

② 关于族谱编纂和商业网络的关系，参见日本学者臼井佐知子《徽商及其网络》一文，载《安徽史学》1991 年第四期。

③ 费孝通著：《乡土中国·维系着私人的道德》，北京大学出版社 1998 年版，第 33—34 页。

学徒的表现（亦即修身）绝不是单纯私人的问题，而是牵扯到社会关系网络中的每一个人。

② 从典铺规章看典当铺学生的社会生活

在清代，各地的徽州典当铺都制定有规章条例，据此可以从一个侧面了解典铺学徒的社会生活。《典业须知》即是最为详细的一种，不过，鉴于《典业须知》已全文刊载于《食货月刊》复刊，可供研究者方便利用，而笔者收藏的典当业抄本《习业要规》则未为学界所知，是相当珍贵的一种史料，故此，以下全文抄录《习业要规》，并与《典业须知》相互比对，择要逐条分析：

（1）在典中习学，必先谨言静性，勿可多嘴多涉［舌］，是为要紧。须思慎言寡尤，不惹人厌。

（2）每日侵［清］早，最要夙兴出来，勿可贪眠好睡。

（3）起卧即要出房，扫地抹椅，俟同前辈，搬运铜钱，发赴柜内，勿可避而不前。

（4）当门开后，即要停在柜内，以听呼唤。接票寻包，必须先上出楼，再行到楼寻货，亦宜快速为是。勿可与同伴相争，凡事必要让人，切勿自恃蠢性。

（5）晚间俟典内公事毕后，诚宜习学字算，必须以每夜学字几页，学算几遍，总要作定格式为主，勿得借此谈说，自骗自身，自误将来终身耳。

（6）每遇胜会，新年过节，勿可与同伴外游。即前辈率汝同嬉，亦要善言推辞，祗就说我是学生，不敢奉命，既承前辈美意，容当日后再为奉陪。目下只好在典看守门户，兼可应酬公事，又好习字算。如此回答，一则不拂前辈之欢心，又可取悦执事之意悦，岂不美哉？

（7）食物不可好吃，每日切宜留心谨记，勿得瞎吃乱食。切勿与人赌胜吃物，不但有伤身体，且关多病多痛，惟祈加意是幸。

（8）在典习学事务，言难尽嘱，所有各色随时事件，并客来侍奉照应，均要刻刻在心，叫即上前，必须遵听前辈指使，是为至要。

（9）自己身体，务要随时小心。天时或寒，即要衣裳穿暖；稍有燠热，亦不可就脱。春间总宜暖热，夏天不可贪凉，秋天更要小心，冬令多着衣裳，遂［逐］日必须时刻谨慎为主。

（10）银钱二字必要慎重，能得有日补缺出息之钱，自宜存贮，切不可妄用。试思千里在外，只为银钱而来，积少

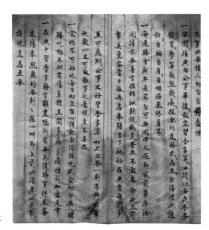

《习业要规》抄本

成多，将来可圆家室，勿得虚靡妄费，总宜自知。"艰苦"两字，最关紧要。至于他人之钱，意外之物，非我所有，切勿生心妄想，须要□光明来清去，否则苟且之为，最属下流人也，尤宜思之慎之。

（11）凡遇有人往徽，必托前辈先生代写平安信稿，自当照样正楷端写安信一封，烦恳带家，免贻亲虑是嘱。

《习业要规》最后指出："以上嘱咐言语计列数款，务宜按日看读一遍，毋得忘记。不但有益身心，则此亦可成其规矩也。"上述的11条，对典铺学生的行为规范，作了比较全面的概括，这与《典业须知》的相关条款颇可比照而观①。

如第2条和第3条要求学生夙兴夜寐，辛勤劳作。《典业须知》亦曰："少年初出习业，凡事宜勤，心要细，遇事争先，莫退人后，未知者不防［妨］勤问。"②该书中的"谆嘱六字"之首，即为"勤"，"勤则有功，做事须同人前，不可偷懒"。作者认为，勤怠奢俭是子弟贤否的重要标准，关于"勤"的标准，他有一个基本的定义："晨起先于他人，闲暇无事，检点各件，是谓能勤。"学生清晨即起，先要添好砚水，备好笔墨，整理帐椟，把废纸断绳收拾齐整，扫地寻灰，将各事做好，然后一齐在柜内等候开门，见票寻货。在这里，"勤"是一切行为准则的基础，"惟勤生俭，惟俭愈勤"，学生只要勤俭，则对于衣服及其他一切

---

① 《典业须知》中，也有《典规择要》，其序曰："凡创典业自必精明练达，毋待赘言，今因暇座无聊，鄙言粗陋，略举一端，以备采择。"
② 《典业须知·防误》。

物质条件，自然都不会嫌朴憎陋，过分计较。相反，倘若"自甘懒惰，遇事退后，然习染渐深，亦将典规失守，致误大端"。学生如果失去了勤俭这一最基本的要求，那么，他离"卖茴乡豆腐干"的境地也就不远了。有鉴于此，《典业须知》出外谋生当守的"五戒"之第三戒，即是戒"懒惰"——作者认为那些"终日悠悠忽忽，不肯操习正事"的人，"一生成为废财〔物？〕，到老不成器，晚矣"。对此，《典业须知》警告说："进典甚难，安知出典之甚易哉？"[①] 每个典业学生都应如履薄冰，如临深渊，三思而后行。

第4条提及与典中同人的关系。根据《典业须知》作者的提示，当时典当业中供奉的是关圣帝，提倡"忠义"二字。具体说来：对于东家，要"食人之禄，忠人之事"，"替东家出力，报效东伙"，这就是"忠"。歙县上丰宋氏盐商给自己在湖北蕲春漕（家）河镇"恒益典"中从业的儿子——"安儿"的信中，曾引用当时的一句俗语："为臣者尽忠，为子者尽孝，做伙计者尽力"，说的也就是这个意思。至于对待同事，则"须明大义，痛痒相关，疾病相顾，亲如昆弟，始终如一，可保永好"，这就是"义"。同事之间，切忌以自我为中心，自大骄人。典中耆宿谆谆告诫说——人们往往很容易只看到别人的不足，却不能清醒地意识到自己的缺点，只有将要求别人的心思来要求自己，以宽恕自己的心思宽恕别人，才可以对许多事心平气和。要学张公九世同居，心中常存一个"忍"字，彼此相互礼让，那么，同事间

---

① 《典业须知·勤务》。

即使是聚首一生，也可以免除诸多口角争端。① 同事之间应当以和为贵，遇到不同意见，能让一言，即可相安无事。在同一典当铺中谋生，就像是同锅吃饭一样，是前世的缘分，不可意气用事。同事相处，应当像搭船一般，切莫认真，"人生在世，无不散之筵席"，如果两不相让，发生争端，"破口挥拳，成何体统"？一旦发生这种纠纷，追根溯源，人们只会认为两个人都有过错。② 晚清江南徽州典当商"得源号"信底《杂支》中，曾提及一位典业伙计叫"考生"，即因为"性情不好，动辄滋事，有违典规，大有辞歇生意局面"。因此，《典业须知》在谈到出外谋生当守的"五戒"中，第一就是戒性情，"性情宜温柔，待人和气，则事事讨便宜，人亦肯与你交好，受益匪浅"；第四是戒好胜，"凡好勇斗狠，有伤身体，皆不可为，且言语之间，均不能好胜，言语好胜，最易吃亏耳"；另外，"凡与人往来，出言吐语，必要柔声下气，人即有怨于你，见你满面和气，那人心里纵有嫌猜，已可冰消瓦解"。这些，都是与同事相处的行为准则。还有，倘若自己得到升迁，更不可趾高气扬，得意忘形。譬如，"查当新升到卷包，此时却比小管高，莫将旧伴轻看待，喝出呼来作小妖"。③ 小管、查当和卷包，都属于"学生"范畴，须循序渐进，依次晋升。宋氏盐商一再告诫儿子："凡事尔能做得即做去，切不可在同事面前夸功，自不招怨，尔须谨记在心。"

---

① 《典业须知·虚怀》。
② 《典业须知·典规择要》。
③ 《典业须知·典内竹枝词》。

第5条中说业余时间要操习本领，不可浪费光阴。字算等是典业中人的专业技能，所谓"算盘书字银洋，件件要精，五者缺一，吃亏非小"。[①]一般认为，倘能掌握各类技能，则升迁就是迟早的事情——"不拘内外俱烂熟，另眼相看势必然"。[②]故此，必须勤学苦练基本功以臻完善，通过提高个人的专业素质，以期将来能自立成人。《典内竹枝词》这样写道："收门以后有余闲，纵有余闲莫要顽，学算学书皆有益，勿教提笔向人难。"[③]根据《典业须知》的描述，典中大门每天于晚饭后九点钟上锁。所谓收门，可能是指生意结束之后，想来应早于晚上九点钟。总而言之，在生意结束到睡觉之前的这一段时间，便成了学生苦练专业知识和技能的黄金时段。对此，《典业须知》也有类似的劝诫："至日中本分要事干毕，或观正书，或阅阴骘文、典业须知、应酬尺牍等书，或学字临帖，或照医书修炼膏丹，以行方便，不独能渐学出本事，亦修身养性之基也。"[④]可见，学习书算不仅是出于职业上的考虑，而且它还可以锻炼人的毅力，消磨时光，纾缓紧张情绪，怡情养性。具体说来，"晚饭后无事，用心先学草字，学得能写，将来缺升写账，我之胆即不怯也。日间有暇之时，要学卷包，先学单件卷起，渐渐加增，此皆分内应

[①] 《典业须知·炼技》。《五陵习要》称："读书之要者，文章也；生意之要者，算法也。得闲时，必须勤习精熟。盖算者，买卖之纲领。《算经》云：为人不知算法，犹如皓月无光。可不勉而尽心学乎？"该书为徽州商业文书抄本，私人收藏。

[②][③] 《典业须知·典内竹枝词》。

[④] 《典业须知·勤务》。

效之事。做一行即要学一行，总之学得本领，件件皆能，此即生意人之饭碗也。晚间暇时，再将算盘请前辈指教，须要自己用心。算盘乃人之根本，此断不可不操练精熟也。算盘、草字皆熟，然后习正字。再有往来书札，亦要学在心上，用字亦要周详，将来书信来往，总要自己而学，何能转托他人。况字乃人之外表，总要有规矩，飞舞猖狂，不成字体，旁人见之，口虽不言，而心中有议论也。当铺伙计称为呆物，言谈世务分毫未有，所以改业而不行。每见把持不坚之辈，一朝失业，闲居困守，别样生意，又不能做，本业又难觅，缩头狼狈，呼救无门，皆前不肯学所至也。必须将本业各件习学理熟，能上柜做生意，方算学成。若半瓶醋之中班，一朝歇手，苦不堪言矣！"[①]歙县上丰宋氏盐商在给"安儿"的信中指出："……先生跟前领教，必要服小殷勤。小官中必须和气待人，见事必须要抢上前去做，不可躲懒。日间无事时，在柜台前后寻点小事做做，切不可躲去后面游嬉。夜间可以习学书字算盘，归除乘法。须要学得精熟，心里要时刻想想做人处世之道、将来如何养家活口之法。典中中班的事，柜台上的事，管楼、管事的事，该系如何做法，问［扪］心想想，能与不能，如其不能，凑要追想此中道理，务要学得能做方可。……"他一再要求"安儿"在典中"专心生意，习学书字见识"，一定要"真正习学得见识高明，事理通达，写算皆好"，以期出人头地。习字的目的有二：一是学习草字，为的是将来缺升写账，负责会计，或专写

---

① 《典业须知》。

当票;① 二是为了自己日常写信之用。在当时的一些店肆中，除了学徒的晚间自学外，一些商界耆宿应当也为他们开讲善书、信书等。譬如，陞洪夫子为"商界中道学君子也，早年得志，年未而立，即为扬商经理，克练精明，老成可靠，居停恃之为左右手"，他以"立己立人凭孝弟，希贤希圣作根基"自期，每"晚膳毕，呼集中班、学生，以善书、信书讲解指导，或识解信，越者换以医卜星相，教人孜孜不倦，所谓学不厌、教不倦也。"② 文中的"信书"，是指写信人誊录的书信底稿，有的"信书"实际上也成了供初学者摹拟的书信活套，这样的"信书"在徽州文书中颇有所见。

第6条，不可外出嬉戏游玩。《典业须知》说："无故不可出门，倘遇正事要行，必须告诸内席，事毕早归，不可轻入茶坊、酒肆，不可结伴同游，尤防物议，自坏声名。"③ 书中"出外谋生，当守五戒"的第二戒说是"戒嬉游"，认为："嬉则废正事，且多花钱，放荡心性；游则荒荡，近小人，为君子所不齿。"

---

① 书写票据显然需要经过一定的训练。清黟县商人程国儠在《履扬自述平生及妻王氏事迹》现身说法，说自己在道光"七年，十八岁。自身长大，羞愧做学生之事，一心学练写票，向来小胆，间或书票算错，司事讲话，脸即通红，幸得诸伙指教。……九年，二十岁。更用心习练写票，每日笔不离手，指甲搦管迁了，至夜上簿间忙时，票亦算错，客帮持票来行，何表兄问是那个写的，别人答系余书。表兄切嘱以后小心，勿卤莽，越骇越错，嗣后大着胆直书而去，一毫不错。"据此，程国儠经过三年，才胜任写票一事。关于《履扬自述平生及妻王氏事迹》一书，参见拙文《老朝奉的独白：徽商程国儠相关文书介绍》，载《华南研究资料中心通讯》第29期，2002年10月15日。
② 光绪九年（1883年）《劝世兄十则》（陞洪先生作），徽州文书抄本，私人收藏。
③ 《典业须知·保名》之三。

典业中的这项规定，主要是防止学生在外出时乱花银钱，养成纨绔习气，甚至结交匪人，赌博抽烟，嫖妓宿娼，败坏典业形象，进而影响乃至危及典当铺的安全。所以典当业规三令五申严格规定："诸同人毋许在外游荡，不准花柳，如其察出，即行辞解"，① 为防微杜渐，"典中诸同人，无事不得出门闲荡，以荒正事"。② 而在另一方面，《典业须知》中描绘的反面形象，几乎都与嬉戏游玩有关。如"敦品"条曰："今者人心不古，半皆游手好闲，不知重事，甘心败事，不顾声名，好者见累于歹人"，这些"轻薄儿"，"务在讲究，摆空架子，好穿好吃，好嫖好赌，好吸洋烟，好交损友，看得东家银钱认作己物，忘了本来面目，不念父母养育之恩，虽家徒四壁，两手空空，还要大摇大摆，装出大老官身段，弃尽典业规模、诚实样子"，作者指斥他们为"下等之人"，认为典中同人应敬而远之，③ 并由"会馆出场驱逐，俾贤愚勿混，一振规模"。

第8条，学生在典铺之中，一切行动皆须听从前辈指使，应诚心敬意，虚心请教。所谓前辈，"凡典中长我一缺之人，长我十年之人，皆谓之前辈，或有事相委，必要尽心尽力，做得停停当当，无有一毫批驳，还要每事如此，则将来运至时通，执权行道，自然每事细心思维，有始有终，心力皆勤，必少溃误悔尤也"。④ 由于典当一业具有很强的专业性，初学者需要学习各类技能，逐渐积累知识和经验，方能循序渐进。因此，论资排辈实

---

①② 《典业须知·典规择要》。

③ 《典业须知·远虑》之四。

④ 光绪九年（1883年）《劝世兄十则》（陛洪先生作）。

属自然。《典业须知》特别强调谦虚，"谦则受益无穷"，"凡做学生，则典中自执事以次，皆系尔之前辈，行坐起居，以师礼待之，遇事请教前辈，而你能虚心请教，则人自然肯教。你学得本领，系你终身受用，人偷不去，人骗不去。无论有祖业无祖业，只要自己有本领，将来就可立身扬名"。

第10条，涉及学生个人的经济问题，谈到对银钱的开销，应当注意储蓄，不得浪费。对此，《典业须知》也有诸多规定。典中学生补用之后，就有薪水出息。薪资方面，是每月发给俸金。[1]典业之职员，必经学徒阶级，而后方能列入中班，升驻外缺、柜上与内缺等职。[2]俸金随着职务的升迁而加增："一事精通百事能，岁金渐渐可加增，果然勤谨无差错，不待多年即可升。"[3]在这方面，学生似乎没有自由支配薪金的权力。学生每月出息若干，交由管楼先生记账收管。如需添置衣裳鞋子，则应禀告管楼先生，由后者决定如何处置，倘若并非急需，则不得乱用。[4]考虑到学生年幼无知，他们往往会误以为银钱来得很容易，用起钱来不自觉地会大手大脚，所以必须让他们每人立一账簿，登记银钱出入，月终检查。这样做的好处是防止他们"养成骄心，衣食求美，弃旧爱新"，暴殄天物。[5]倘若学生家中有大事急需用款，可以与典中的执事商量，暂时借用，陆续归还。但不能让学

---

① 《典业须知·典业竹枝词》："按月才能起俸金。"

② 《豫鄂皖赣四省之典业》，第21页。

③ 《典业须知·典内竹枝词》。

④ 《典业须知·典规择要》。

⑤ 《典业须知·节用》。

生私自挪用，以致亏空。① 《典业须知》一书引古语云："顺风逆风，在马上时当防失足。"作者建议：每次收入倘若有一千，用出时只可有七百，必须严格以此为标准，"日计不足，月计有余，后日创基立业，门楣大振，未可量也"。典业耆宿之所以教育学生将薪资储蓄，主要是出于以下几种考虑：其一是可将积少成多的银钱汇回故乡，孝养父母。《典业须知》举了一个反面的例子，说"有一等人，未娶亲前，家中又不望他家计，身边稍有积蓄，不无讲究穿吃，本分伙食之外，兼添私馔，以为可用之不尽，未尝思及娶亲生子，日用浩繁。岂知父母年老家居，临所望儿子能以思前顾后，庶残年有辈［靠］。"② ——这是未成家者的例子，当事者不注意储蓄和节约，自然会让父母失望。而成家者更不应铺张浪费，不顾身家："况吾等离乡背井，别亲抛妻，迢遥千里，所为何事？无非糊口养家。既是因此而来，银钱应当看重，不可轻易浪费。不要出门一里，忘记家里。愿诸君子，凡穿一衣，食一味，当思家中父母能有是否，方敢自衣自食。鲜衣美食，人所共爱，亦要福分消受。若是勉强为之，须防折尽平生之福"。③所谓出门一里，忘记家里，在休宁当地也有类似的俗谚，称"过了七里笼，忘记家里穷"④，七里笼亦即七里泷，为新安江畔的一个地名，时常见于明清以来徽商编纂的路程图记中，这句谚语是比喻徽商出外忘家，寓含劝诫之意。其二是提防典业中人养成纨

① 《典业须知·典规择要》。
② 《典业须知·远虑》。
③ 《典业须知·远虑》之四。
④ 休宁县地方志编纂委员会编：《休宁县志》，第 567 页。

绔习气，"爱穿须要费多钱，粗布衣裳便可穿，试想银钱容易否，恐钱用尽费用旋"；^①"按月才能起俸金，银钱可见是难寻，除添衣服无多用，莫务浮华枉费心"。^②一般来说，徽州人素来节俭，但从僻野的皖南山乡来到繁华富庶的江南各地，涉世未深者难免会被纷繁的外部世界所诱惑，故此《典业须知》特别强调对学生银钱出入的管制，以防微杜渐。其三是"积谷防饥"式的传统思想，亦即防止一朝失业之无靠。"世间惟重银钱，囊橐充盈，人皆看重，莫谓年壮来路甚易，任意挥霍，倘若一朝失业，落寞家园，求他最难。人之有钱，犹鱼之有水。手无积蓄，贷于亲朋，本利难偿，年复一年，自身难了，连累儿孙。不如善于节省者毕生安适也"^③——这是见于《典业须知》"远虑"条的文字。所谓远虑，是劝典业中人应从长计议："大丈夫处世，何用求人？幼而学，壮而行，惟勤惟俭，自食其力，何得俯首求人也？然当在平日节省耳。银钱入手真非容易，用去当易行来难，不可轻忽之也。先拾［贤？］云：惜衣惜食，非但惜财兼惜福。求名求利，终须求己莫求人。数语当谨记之。"^④关于"惜衣惜食，非但惜财兼惜福"，这句话在《典业须知》中反复出现过两次。《典业须知·知足》："凡人处得意之境，就要想到失意之时。譬如戏场上，没有敲不歇之锣鼓，没有穿得尽之衣冠。有生旦，有净丑，有热闹，就有凄凉。净丑，就是生旦的对头；凄凉，就是热闹的结果。仕途上最多净忍［丑］，官［宦］海中易得凄凉，通达事

---

① ② 《典业须知·典内竹枝词》。
③ 《典业须知·远虑》之二。
④ 《典业须知·远虑》之三。

理之人，须要在热闹之中，收锣鼓罢，不可到凄凉境上，解带除冠。这几句道［逆］耳之言，不可不记在心上，铭记为望。"作者将人在典铺从业，视作人生舞台上锣鼓声喧、衣冠穿戴的热闹之境，因此必须预先想到解带除冠之后必然的落寞与凄凉。

典当业中的这些规定，主要是认为学生远离父母，初入生理之门，往往茫无见识，倘若缺乏必要的监护，嬉心顽性，在所难免，[①] 所以典铺有义务对之严加约束。典当业中由先生管理，诚如《典内竹枝词》所称："自出书房进典门，搬包查当代管盆，典中也有先生管，各样条规要恪遵"；"先生即是管楼人，指教严明最认真，莫要自轻常打骂，诸凡事情要留神"。[②] 管楼也叫司楼，是"众学生之领袖，教化子弟，最关紧要，……众学生皆要拘管，每日上楼巡察数次，恐学生有皮顽偷懒等事。盖学生年幼，童性未除，初经习学，生赖师资，所有做错事件，明白告知，警其下次。若其不改，然后晚饭后无事，平气仔细教导，将逐日事件一一示知，伊亦自知其过，再加薄责，亦无怨词。俾得改过自新，不致仍蹈前辙也"。上丰宋氏盐商也一再告诫"安儿"，要想方设法听从典中管事的管教和约束。

除了对学生的约束外，《典业须知》中还有不少涉及典业中人福利待遇的条款。如饮食方面，柜友可以自己买菜吃，而小管（官）只能由典内供应。所以在平日，典中拨给一定数目的银钱，

---

① 上丰宋氏盐商在一封给"安儿"的信中指出："尔今年亦十九岁，闻尔依然好嬉顽钝，仍是小孩习气，不肯用心学正经本领，以至管事及老前辈之人，皆不喜欢于你。"
② 《典业须知·典内竹枝词》。

"每日每顿，该钱多少"，由专管伙食者监督厨房厨子作荤素各样菜肴，严防厨子克扣。① 遇到佳节，每桌发酒四斤，规定不准多添，这主要是考虑到"酒能乱性，亦能壮胆，不可饮多"。② 一般认为，但凡胆大妄为以及各种下流之事，往往是在酒后做出。譬如，酒后胡言，浮谈戏谑，尖言利语，讨人便宜，谈人闺阃暧昧之事，③ 极易引发纠纷。在作息方面，规定典中同人每年告假两个月，回家省亲，不得超期逾限。④ 学生一般不准出门，倘若遇到家中有要事，则必须禀明管楼先生，告假半日或一日，而且必须"着司务送去，伊家中着人送来，不得私自单走"。⑤ 学生间或有小病应当外出就诊的，也"须与司务同去同来，不得逗遛[留]他事"。⑥ 上述种种，对于衣食住行以及作息等诸多方面的规定，不可谓不够严密。

（2）徽州朝奉的心理及其禁忌

徽州民间素有"徽州朝奉，自保自重"和"徽州朝奉，自家保重"等俗谚，根据胡适的说法，"徽州朝奉"一词，最早是专指当铺里的朝奉而言，到后来则泛指一切徽州士绅和商人。⑦ 本文此处的徽州朝奉，取其前一种涵义。

① 徽州朝奉与民间社会心理

明代以来，徽州典当商闻名遐迩，俗有"无徽不成典"的说法。万历三十五年（1607年）六月乙未，河南巡抚沈季文指出："……今徽商开当遍于江北，……见在河南者，计汪充等

---

① ② ④ ⑤ ⑥ 《典业须知·典规择要》。
③ 《典务必要》，第43页。
⑦ 唐德刚译注：《胡适口述自传》，华东师范大学出版社1993年版，第3页。

二百三十家。"①明末徽商汪箕,居北京,家赀数百万,典铺数十处。②当时,北京、河南和山东等中国北方地区,也有大批徽州典当商活跃其间,这显然与明代徽商在北中国频繁的经济活动息息相关。③不过,及至清代,随着南北经济格局的变化,徽州典当商的活动开始主要集中在江南各地。乾隆六十年(1795年),山西学政幕僚李燧曾指出:当时全国各地的典肆经营业者,"江以南皆徽人,曰徽商;江以北皆晋人,曰晋商。"④民国时期的乐颜氏《书信》亦指出:"愚思典业,吾乡之人胜在江南,不利于江北。"⑤这虽然是民国年间徽州人的看法,但在一定程度上应当也反映了晚清以来的社会现实。

在江南各地的徽州典商,很早就引起世人的瞩目。云间(今松江)焦袁喜撰《此木轩杂著》卷8载,明弘治年间,江阴汤沐任石门知县。当时,"徽人到邑货殖,倍取民息,捕之,皆散去,阖境称快"。这一事件说明,官府对徽州典商的取缔,得到了民众的普遍拥护。焦氏在此之后接着说:"徽人挟丹圭之术,析秋毫之利,使人甘其饵而不知。日以朘,月以削,客日益富,土著者日益贫,岂惟石门一邑而已,盖所至皆然也。使夫长民者,尽

---

① 《明神宗实录》卷434,台湾"中央研究院"历史语言研究所校印,1962年版,第61册,第8200页。
② 《明季北略》卷23《富户汪箕》,商务印书馆1958年版,第508—509页。
③ 根据笔者的研究,明代徽商在河南卅封一带的活动极为频繁。参见拙文《〈复初集〉所见明代徽商与徽州社会》,载《徽州社会文化史探微——新发现的16—20世纪民间档案文书研究》,第20—92页。
④ 《晋游日记》卷3,山西人民出版社1989年版,第70页。
⑤ 《先高祖与曾祖书》,载《书信》,徽州文书抄本,1册,私人收藏。

若汤侯之深计远思，尽为蟊贼于民间者务尽去之，其德不亦溥乎？"作者在这里指出：早在弘治年间，徽州典商之朘削百姓，不只是石门一县独特的现象，而是江南各地的普遍情况。焦袁喜赞赏汤沐的做法，认为那是深谋远虑的壮举。不过，他似乎也注意到民众颇为矛盾的心态："虽然，在今日则又有可论者。徽人所为货殖者，典铺也。土著之人既贫甚矣，无典铺则称贷之路穷，而沟壑之患不在异日而在目前。孰与彼之取什一二之息者，犹有所济，而不至于大困乎？故曰通其便，使民不倦，是所望于上之大有权执者。而一郡一邑之长，其所济盖犹小也。"① 显然，焦袁喜也不得不承认典铺在调剂民生方面的作用，认为倘若将典铺完全禁绝，土著百姓就会更加竭蹶困窘，转徙沟壑之患将立竿见影。其实，对于如何对待徽州典商在明清时代一直引发激烈的辩论。明嘉靖年间徽州籍官僚方弘静曾指出："质铺未可议逐也，小民旦夕有缓急，上既不能赈之，其邻里乡党能助一臂之力者几何人哉？当窘迫之中，随其家之所有，抱而趣质焉，可以立办，可以亡求人，则质铺者穷民之箧库也，可无议逐矣。"② 出自歙县的方弘静，对于典当商在民间日常生活中的作用有着中肯的评价。不过，这条史料也揭示了事实的另一侧面，亦即反映了江南民间对典当商人的仇视。

典当商与盐商、木商号称"闭关时代三大商"，徽州启蒙读

---

① 《此木轩杂著》卷 8，第 16—17 页，参见万历《嘉兴府志》卷 5 汤沐传，上海古籍出版社 2013 年版，第 268 页。
② ［明］顾起元：《客座赘语》卷 5 "三宜恤"条，"元明史料笔记丛刊"，中华书局 1987 年版，第 163 页。

物《日平常》这样描摹此一行当:"开典当,真个稳,获得利分容得本,估值当去无几赊,生意之中为上顶。"① 典当生财有道,是诸般生意中的上好行当,典业中人的身价自然亦水涨船高。首先,进入典铺从业需要专人介绍。其次,典铺中的职员,都是由学生出身的一步步做上来的,他们熟悉典铺中的各项业务手续与相关技术(如银钱进出、典物保管等,这些均较一般商店的情况要复杂得多)。故而只要没有特别的过失,常能长期任事而不被更换,于是,典业中人在传统商界中自成一体,其他外行人几乎无从插足。再次,典业中人的待遇比起其他店肆的要好。② 另外,进出典铺者形形色色,不仅有现时的下层民众,而且还有先前的富商大贾。而当进赎出的典物亦各式各样,既有廉价的什物,也有价值连城的物品。这使得典业中人的眼界往往很高,"典业之中,进出之大,人皆谓大行大业,见闻多广,天然出色,事事皆能",③ 由于见多识广,故而典业中人"关门自大惯,一派充壮惯,目看排场惯,耳听阔气惯,吃惯穿惯,懒惯用惯,高楼大厦登惯,粗工打杂使惯"。综上所述,无论是求职门槛、从业技术、日常待遇,还是阅历的人物、经手的物品等,典业中人均独具特色,故而在社会中具有相当显著的地位,相当于现代社会中的"白领"。由于这种独特的地位,使得典业中人天然地具有高人一等的心理。

---

① 《日平常》为徽州文书抄本,可参见《徽州商业启蒙书〈日平常〉研究》,载拙著《徽州社会文化史探微——新发现的16—20世纪民间档案文书研究》,第330—349页。
② 以上两点参见《豫鄂皖赣四省之典业》,第21页。
③ 《典业须知·炼技》。

从徽州到江南:明清徽商与区域社会研究(修订版)

而在典当交易行为的过程中，典当业者与出典人作为两造，后者或因生活窘困，或因一时难于周转，而将财物出典于当铺。一般说来，完全是处于弱势的地位。相比之下，典铺外观崇垣环围，门禁森严，再加上典内高高的柜台，典当业者居高临下，更是凸显了其人在此类交易过程中的强势地位。这就塑造了典当业者独特的心理，极易滋生出对弱者的鄙视。民国时人叶仲钧所撰《上海鳞爪竹枝词》中有《当几铷》："世上贫民最可怜，东西拿去换铜钱。当商执物高声问：'究竟汝须要几铷？'"这首竹枝词，形象地刻画了徽州朝奉颐指气使的口气。而另一首《徽骆驼》条则这样写道："朝奉狰狞赛恶魔，徽州籍贯最为多。高居柜上头垂下，又似双峰屎骆驼。"这是民众心目中徽州朝奉的形象。揆诸史实，竹枝词并非夸饰不实之辞。民国时期，据对豫鄂皖赣四省典当业的调查显示：

　　　　农民典押衣报，多属应急，实逼处此，无可奈何。然羞恶之心，人皆有之，苟典当方面之营业人员，对此等顾主之来，稍示和气与同情，羞恶之念得以稍息，融洽实多。惟据调查结果，典当方面，什九不然，对于持粗笨衣物前来典押者，常示傲慢之色，令人难堪。[1]

　　典当业者的傲慢，显然容易引发社会弱势群体的不满心理，以致出现对徽州朝奉的种种负面印象。在清人的描述中，"徽州

---

[1] 《豫鄂皖赣四省之典当业》，第105页。

朝奉脸"意指冷冰冰的脸色，而"徽州朝奉口气"则意味着自夸的口吻，均为世人所痛恨。《此中人语》曰："近来业典当者最多徽人，其掌柜者则谓之朝奉。若辈最为势利，观其形容，不啻以官长自居，言之令人痛恨。"①典铺领有官府颁发的"行帖"（典帖），各级衙门经常将各类公积金发典生息，故而典铺往往以"奉旨开当"自居。《绘图最新各种时调山歌》辰集中收录的《新刻三十六码头》，首句有："正月梅花报立春，文武官员在北京，当朝里奉徽州去，油车小工出长兴。"其中的"当朝里奉徽州去"，在另一册《新编百草梨膏糖全本》中作"当典朝奉徽州出"，都是指从事典当业的"徽州朝奉"。两句文字的对应，恰恰反映了典业中人以官商自居的心态，由此亦可以理解前述种种令人痛恨的举措神态。

除了典当业者独特的心理外，典当经营中的一些具体做法，也常常引发出典人的不满。如典当业者在登记典当品时，往往冠以"破烂""碎废"等恶劣字眼，殚精竭虑地将典当品描绘成不值钱的物品，藉以避免日后因典当品损坏而引发的纠纷。"虫伤、鼠咬、霉烂等项，皆系各听天命，毫无责任。此种规定，各典皆明白载于当票之上，千篇一律。即有变故发生，物主亦无置喙地。虫伤、鼠咬、霉烂，本所难免，故典质人之损失，有时有出于意料之外者"，②这自然也会引起出典人的不满。另外，由于生意上的争执，有时还会酿成纠纷乃至官司。典当柜台是最容易引

---

① 程趾祥：《此中人语》"张先生"条。广文编译所编《中国近代小说史料汇编》，广文书局，约 1981 年。

② 《豫鄂皖赣省之典当业》，第 83 页。

起争端的地方，常因"一言不合，暴怒横加，两不相让，争端而起。每有微末之事，至成讼案"。① 在这种情况上，典铺也往往难逃仗势欺人之嫌。

当民众的怨恨郁积到一定的程度，就会通过各种渠道加以宣泄。于是，徽州朝奉被称为"镴夜壶"（亦即锡夜壶）、"卵袋朝奉"② 等，当铺伙计被称作"呆物"，正如盐商被称作"盐呆子"（见《儒林外史》）一样，成为世人憎恨、讥讽的对象。对此，《天籁集》中收集的一首江南民谣可作注脚："龙生龙，凤生凤，麻雀生儿飞蓬蓬，老鼠生儿会打洞，婢妾生儿做朝奉。"虽然这指的是全体徽商，但典商首当其冲，则是毋庸置疑。晚明凌濛初所著《初刻拍案惊奇》第十五卷中对于"徽州朝奉"的刻画，更是入木三分："却说那卫朝奉平素是个极刻剥之人，初到南京时，只是一个小小解铺，他却有百般的昧心取利之法：假如别人将东西去解时，他却把那九六七银子充作纹银；又将小小的等子称出，还要欠几分等头；后来赎时，却把大大的天平兑将进去，又要你找足兑头，又要你补够成色，少一丝时，他则不发货。又或有将金银珠宝首饰来解的，他看得金子有十分成数，便一模一样，暗地里打造来换了，粗珠换了细珠，好宝换了低石——如此行事，不能细述。……"③ 类似于此的描摹，在明清以来的小说、

---

① 《典业须知》。

② （清）游戏主人纂辑、粲然居士参订：《笑林广记》卷11《讥刺部》"朝奉"条，齐鲁书社1998年版，第201页。

③ 《初刻拍案惊奇》卷15《卫朝奉狠心盘贵产，陈秀才巧计赚原房》，青海人民出版社1981年版，第259—260页。

俗曲中屡有所见。如在江苏太湖中的洞庭东山，就流传着一首《虫名十二月花》："十一月里茶花开，红头百脚摆擂台，蛤蟆有点勿服气，灰骆驼卜笃跳上来。十二月里腊梅黄，跳蚤居然开典当，瘟虱强横做仔臭朝奉，老白虱上来当件破衣裳。"这首民歌，亦见于王翼之《吴歌乙集》，作："跳蚤有做开典当，瘟虱强要做朝奉，白虱来当破衣裳。""（老）白虱"亦即虱子，"红头百脚"是指蜈蚣，而"灰（徽）骆驼"则为徽商（尤其是徽州典铺中的头柜朝奉——俗称徽老大）之习惯性称呼。从小说、民谣、俗谚中，今人不难读出昔日民众的愤懑之情。

② 典当业之禁忌及"福"的观念

为了约束典当业者的行为，或典当业者出于自律的考虑，民间社会乃至典当业耆宿都从因果报应的角度，谈到典当业的禁忌。《典业须知·达观》：

> 语云："衣落当房，钱落赌场。"不知爱惜，糟蹋最多。在此场中，最易造孽。尔等后生，现习典业，身居大厦之中，日在银钱丛里，丰衣足食，谁晓艰难？大凡典业，过处全在包房，踏进包房，尽是孽地。孽根从幼所积，幼小无知故也。凡习典业者，无好收场，无好结果。何故也？只因眼界看大，习以为常，视人家当进货物，如同草芥，轻弃字纸，随心所欲，不知物力维艰，不知来路非易，孽根渐积，日久年深，相德表尽，根本全弃，以致有妖［夭？］年者，有终老无子者，造［迨］至醒悟，追悔已迟。惟望后之君子，责在包房，做一日事，尽一日心，见物惜物，见字惜

字，不辞劳苦，勤于检点。出了包房，过就无分。所谓衙门里面好修行，是好作福之地，切莫弄巧贪安，自为得志，糟蹋过甚，天理难容。愿我同人，勤修所职。现在之福，不可不惜；将来之福，不可不培。惜福延年，家门吉庆。太上曰：祸福无门，惟人自召。能如是存心，天必赐汝以福耳。

这里谈到——典当铺中的包房，就像衙门中的幕馆一样，都是造孽之地。这主要是指典业中人，往往不爱惜他人的典当物，随便放置乃至糟蹋，常常造成出典人不必要的损失。因此，典业耆宿主张：修身行善，积德惜福，均应从包房开始。有鉴于此，书中另有"惜福"条，具体指出积德惜福的途径，换言之，也可以说是从业的规范："凡卷包，必须留心，估值看价，为将来升柜地步。衣物上手，务要心存天良。当进之货，视如己物。遇好绸衣，细心翻褶，当衬纸者用纸衬好，当包纸者务用纸包，切切莫糟蹋。无论取去满出，一无风渍，方见诸君存心厚道，忠恕待人，获福无量。柜上解草索麻皮钱串，均可答（搭？）用，莫嫌费手，暗中掷弃。须知物力维难，在东家虽不计此，而自伤阴德甚大。存箱纸或有极破，而不可再用，遇有包小好包者，将此破纸包之，亦是惜福之道。久存此心，天必顺之。至于鐾牌，宜惜鐾花，非惜花也，惜字也，务必细心收拾入炉。各处字篓，朔望扫包楼时，随将字篓带下，检入字炉。且满货卖客，向有旧章，衣不解带，提衣不让，典规皆同。凡遇器皿、铜锡等项，不可损坏，或原来有盘盖千头等物，务必寻齐配好，此亦心存忠厚之道。若遇衣客遗下物件，检必归还，切莫贪小，致败名节，务宜慎之。再者，栈房之米谷，极易狼藉，职司其事，宜常勤扫，须知一粒之成，亦关农力"。"栈房之米谷"，可能是指当时常见的徽州"米典"。在此处，作者谆谆教诲典当业者要将心比心，将他人之物视同己物，爱惜铺中的典当物，不要暴殄天物。有鉴于此，卷包时应格外小心，细心照料，不能贪图便利，随意掷弃零散物品。"早晨归包，务必认真，不可将就，虚行故事。现今存箱包多，架上务要整齐。铜锡等物，须得摆好，不可损伤。切莫贪懒，勤力惜物，可获延身。倘若贪懒，糟蹋人家货物，天损阴德。包弄有牌落地，务望认真追查挂好。地下小票，随手捡入字篓，每逢包房，概设字篓，以便而放，且归回楼，必须看明某字千百号头，归于原处，切勿贪懒，因其顶仓费事，随意乱归，以了门面。取票复到，忘记何处，误事不小"。[1] 这是说，在典当物品保管中，什么样的物品应放置于何处，都有固定的程序和层次，不应当随意放置。否则，一旦错乱，倘若再遇到柜上忙中出错，随手发出，典铺自然必须赔偿，受累匪浅。另外，《典业须知》还建议，寻包务必用梯，有时遇到脚跟借力，应当找一件经得起践踏的粗衣垫在脚下，不可不分好歹地糟蹋货物。

在《典业须知》中，还不时涉及敬惜字纸的观念，作者告诫学生晨起洒扫，见字纸应随手捡入字篓，"倘能存心敬惜字纸，胜于求福名山"。[2] 根据梁其姿的研究，惜字积德以求功名的想法，从明代中后期起开始普遍。而且，随着善书的流行，惜字的

---

① 《典业须知·细心》。
② 《典业须知·体仁》。

习俗愈趋盛行。对于农工商贾而言，惜字能带来禄运的阴德。清初苏州彭定求著有惜字会文，倡议禁止铺家用字纸包装货物，禁止用有字的纸做鞋、窗扇、雨伞、烛心之类，并劝商家用花样代替字号，禁止人用字纸作还魂纸，甚至禁止在瓷器底部描字等。[①] 善书对于人们坐卧起居等日常生活的各个方面均有重要的影响，而在《典当须知》中，"太上曰"之类偶尔也见诸字里行间，而阴骘文之类的善书更是被极力推荐的读物，因此，惜字求福的观念自然是深入人心。

针对典业中人往往有颐指气使的陋习，《典业须知》还专门提到处理与顾客关系的问题："凡升柜缺，初临场面，切宜仔细，可免错误。宽厚待人，且多主顾。见妇女勿轻戏言，遇童儿更要周到。柜上发货，包内小票务概模出，乡人无知，最多糟蹋。……若是乡间路途遥远，取赎少带钱文，为数无几，红熟紫钱，何方帮用，自留买物，未见大亏。再或缺少数文，周全处亦是方便。在我所亏无几，省人周折，都是善事。如遇侮金、铜冲当等情，可恕即恕。及至鸣之地保，警其将来，亦一善处之法。柜外闹事，不执意经官，厚道待人，阴德遗与儿孙也"。[②] 另一处也有类似的说法："同柜诸友，第一要顾生意为最。性气仍要和平，不可拣精择肥，大小皆是生意。况当典柜台，乃是非所在，不如外人之意者多，口角争端，在所不免。当此口角，不可认以为真，要知与外人不过片刻之聚，立时分散，何必用血气之

① 梁其姿著：《施善与教化：明清的慈善组织》，联经出版事业公司1998年版，第139页。
② 《典业须知·体仁》。

勇而不相能？即让一句，亦就了事，言语平和些，亦可不争。假有小钱不多者，其来人路远，又何方〔妨〕拣〔减〕些以成其事，此所谓得方便处行方便，亦获福之一道也。假若不然，芥子之微，弄得不了，典中望下不去，必须经官，而后带累东家，花费银钱，同事大众不安，彼时却悔当初，已忧及矣。慎之！慎之！"①上述两条都指出：典务生意最重要的是在柜上，生意之大小，是否有争端，都是由此而起，故而为典铺中的关键所在。因此，"徽老大"（头柜朝奉）要宽厚待人，不可调戏妇女，对于儿童更要好好接待。对于那些见识不多的乡下人也要妥善处置，即使取赎时少带了一些钱，倘能省其来回奔波的周折，也是善事一桩。至于因争执引发的纠纷，不要动辄告到官府，这也是厚道积德、为子孙求福的善事。早在明末，金坛典质铺俱系徽商，"典利三分，银水等项儿及五分"。②根据民国时期的调查，典业职员"恒利用种种陋规，以维持待遇微薄者之生活。如存箱费每元一分，足利按息百分之二，公抽月息，找零小扣，获利提成等等，均可积少成多，年终分润。是以典业中之职员，薪资虽每月数元，或每年数十元，而其生活，尚颇裕如者，即因薪金以外，尚有若干收入之故也"。③与此同时，"典押者除担负规定利息之外，尚有种种费用，需于当入时或赎出时缴纳。此种费用，常不列叙于票据之中。如存箱、皮纸、足利等费，及找头之任便折合等，均为旧典业中公开之剥削。以数额言，对个别之典押人，虽

---

① 《典业须知》。

② （明）计六奇：《明季南略》卷16《金坛大狱》，中华书局1984年版，第500页。

③ 《豫鄂皖赣四省之典当业》，第21页。

属有限。而究有欠于公道，更不啻加重利息也"。①《初刻拍案惊奇》中卫朝奉，其刻剥取利的手法之一即与此有关。换言之，由于在典当经营中，除了规定的利息之外，还有存箱、皮纸、足利和找头等费，这些费用成为典业中人的额外收入，因此，路途遥远的出典人倘若少带了钱文，典业中人如能酌情处理，其实对于典当业者本身影响甚微。此种临事斟酌与人方便，自然可视为典业中人的积德求福之道。另外，虽然说遇到纠纷，典业中人往往"自仗门槛高，遇事有东家出场，送官究治，俱走上风"，②但从因果报应的角度来看，那样做却是于阴德有损。

　　除了学生、外缺等外，对典当业中的许多人，也都有从业规

---

① 《豫鄂皖赣四省之典当业》，第104页。李燧曾指出："吾辈八口嗷嗷，点金乏术，不得不倾箱倒箧，尽付质库。伊乘其窘迫也而鱼肉之，物价值十者，给二焉。其书券也，金必曰淡，珠必曰米，裘必曰蛀，衣必曰破。恶其物，所以贱其值也。金珠三年、衣裘二年不赎，则物非己有矣。赎物加利三分，锱铢必较，名曰便民，实闾阎之蠹也。"(《晋游日记》卷3，第70页)

② 因取赎时短利而引发的纠纷，在徽州文书中屡有所见，如《清代前期歙南诉讼案底》(抄本1册，书名据内容暂拟)中有《告打抢》："为鼓噪灭门事。生员鼓噪，别诉无门。身徽民，投治延津开典。△月△日，遭学霸周万钟代隔县乔南汀取当，短利相嚷，架言殴打，生员倡率百人打入当铺，一家老幼惊逃，银钱、当包任凭抢掳一空，教官、捕官劝谕不止。目今店系官封，无辜灭门绝户，包揽取当，讨至滔天，上告。"该书为清康熙、乾隆、雍正三朝歙南的诉讼案卷，少量涉及徽州邻近的浙江淳安和本省宁国府泾县。计65份诉讼案件，后附硃语12类。有时，典当交易的双方甚至是同族至亲，但仍会发生剧烈的冲突。《新安吴氏宗谱》中即有一例："广鑫公名庆来，字心儒。……村中设有典铺，本以便族人缓急。而豪猾者因年值荒歉，肆行强索。公为人仗义轻财，而族人竟一再索之不已，聚众数百，蜂拥典铺，持刃伤人。族中之抱不平者，将凶徒捆缚，公不得已鸣于官，惩其首恶，宽其胁从，而强人因之敛迹，家业得以不坠者，公之力也。"该事件发生的年代在太平天国前后，《新安吴氏宗谱》为吴锡维所修，1册，光绪年间活字本，安徽省图书馆古籍部藏。

范上的要求："厨房上灶，杀生害命，颇不忍心。虽然既充此事，不能无此为，亦当思其痛楚，虽是天生供人所食之（物？），而痛楚与人无异，心存慈念，各思其道也。但此非富户家可比，若无故杀生者，其不多害性命，倘有事不杀生者，断不行也，亦不过戒其少杀而已矣。"① 这是针对典业中的厨子而言。另外，"凡下灶须要敬重五谷，不过遭遇［糟蹋］，要知农为国本，食乃民生，粒米皆须爱惜，有剩下粥饭，或和于众吃，或自己热食，尔能敬惜，天必祐［佑］之。每见挑浆水者，将上面清水煎去，其底尽是粥饭，上天垂鉴，必然震怒。但尔只图目前多卖几文，全不顾尤穷之孽，天之报施，定然饿死，可不畏欤"。② 在清代，惜谷与惜字一样受到社会的提倡，当时有惜谷会，倡议人们捡拾地上的谷物。有的惜字会也兼办惜谷，亦即所谓的"双惜会"。③ 此种观念及举措也显然影响了典业中人，《典务必要》曰："五谷最宜珍惜，不宜作贱抛弃。诗云：'锄禾日当午，汗滴禾下土。要知盘中餐，粒粒皆辛苦。'"④ 另外，对于典当东家，惜福之道则有如下述："夫典东承受先人之业者，当思祖德之勤劳，尝念父躬之克老。孜孜岌岌，以成其事；兢兢业业，以励其志。前人创之维难，后人守之不易，常怀此念，永保其身，方不失贻谋裕后也。而骄奢淫佚，暴殄天物，花柳聚赌，游荡乌烟，断不可染。须交有益之朋，杜绝无益之友，方成高上其志也。且尔既为典东矣，典例亦要宽厚，虽不过丰，亦不可刻薄，当思伙计之劳，不

---

① ② 《典业须知》。

③ 梁其姿著：《施善与教化：明清的慈善组织》，第143页。

④ 《典务必要》，第43页。

可不存厚道。思我虽有财力，而无人力者，事难成全。而伙计虽有人力，而无财力者，亦难生计。所以两心相念，合而为一，方能共济其事。况伙计一人生意，举家仰望，衣之食之，皆赖于此，倘然衣食难敷，家中老幼啼饥嗷寒，而伊愁肠百结，于生意即减去精神也。所以总要中和之道，待人存厚，方为贵也。能存厚道待人，天必祐［佑］之，以福赐尔子孙，将此业多开数代，即报复耳，岂不乐哉！"① 东家既要修身自好，不可骄奢淫逸，又要处理好与伙计的关系，不应刻薄待人。"盖做人之道，须存心忠厚，行事谦和，始可致福"。② 总之，典当东家应心存厚道，只有如此，方能富身润屋。

概乎言之，《典业须知》一书受当时的善书影响甚深，书中始终贯穿着因果报应的思想。关于这一点，以下还将专门涉及。

3. 余论

其一，清代徽商在各种生业中，都留下了诸多文书，从中颇可窥见徽商的经营之道。譬如，婺源墨商的《徽墨、徽烟规则》（抄本），对墨业中人的日常生活及其管理，均有详尽的说明。③从前述的分析可见，《典业须知》亦有这方面的内容。20世纪30年代的调查显示，当时鄂皖赣各省内的当铺，不论股东与伙友，均以来自徽州者为数最多。"徽帮典当，因以形成一部分特殊之

---

① 《典业须知》。

② 《典业须知·务实》。

③ 王振忠：《晚清婺源墨商与墨业研究》，载《古代中国：传统与变革》，复旦大学出版社 2005 年版，第 249—278 页。

当簿

势力。其营业方法，大都以牟利为前提，故利率较高，陋规颇繁。……对于顾主，责任甚轻，缺乏妥实之保障。惟其内部组织严密，极得典无废人，人无废事之旨趣，尚有可取之道在耳"。[①]据研究，在长江中下游一带，典当业的人事组织有徽帮式、宁波帮式和绍兴帮式等几种代表性的典当业组织。其中，"以徽式典当的组织最为严密，责任明晰，合于管理精神"。[②]典无废人，经营管理的制度化，应是徽州典当商经营文化的一个特点。刘秋根认为：《典业须知》等书反映的分工体系，是中国典当业传统劳动分工的最高水平[③]，显然是颇为中肯的评价。

《典业须知》说："典内同人数十"，说明有的徽州典当铺的规模多达数十人。清代歙县唐模许翁一家在江、浙各地开设典

---

① 《豫鄂皖赣四省之典当业》，第 2 页。
② 潘敏德：《中国近代典当业之研究（1644—1937）》，《台湾师范大学历史研究所专刊》，1985 年版，第 142 页。
③ 《中国典当制度史》，第 91 页。

054　　　　　　　　　　　　从徽州到江南：明清徽商与区域社会研究（修订版）

铺40余所，各类营业人员总计不下2000名。① 平均估计，每爿也就是数十人。"凡副楼、副事二缺，大典有之，此乃中缺之类，帮扶照应各事。已若副楼，倘有许多事件，相帮照应，楼上寻包晒皮货，乃出货许多事件；若副事则在内相帮，照应各事，看守银钱账房而已，无他事也"。② 作者主张"要立法严明，典内同人数十，稽察难周，况人心不一，性情各别，立法严明，众所最服，即不敢作妄为之非，免却许多烦恼，此所谓得人者昌也"。的确，从《典业须知》中的诸多内容来看，典当业中有严格的规定。如过错处罚及赔偿，《典内竹枝词》吟咏道："号头花色看分明，设有差讹过不轻。典中赔赏都有例，任他亲戚不徇情。"③ 另外，《典业须知》中，还有不少涉及典当行业的禁忌。一是典当中人不能将自己的衣物典当在本典，"诸君在典，倘遇急需，切莫将自己衣物当在本典。做相好者，名分攸关，嫌疑宜避，一般认利，不若当于他典，以杜傍言"。④ 凡有同事"在本典当衣物件，察出立辞"。⑤ 二是应当杜绝"情当"。所谓情当，也就是朋友的衣物典当，"奉劝诸公，切莫滥交，东家将本生利，当不容情，人所共知，情当一端，大痴于己。满下贴包，责有攸归。朋友原在五伦之一，急难通融有之，情当切不可也"。⑥ 除了情当外，还有一种"信当"。所谓信当，是指出典人仅提供一件价值

---

① 许承尧：《歙事闲谭》卷17，黄山书社2001年版，第569页。

② 《典业须知》。

③ 《典业须知·典内竹枝词》。

④ 《典业须知·防弊》。

⑤ 《典业须知·典规择要》。

⑥ 《典业须知·择交》。

大大低于贷款抵押品而进行的借贷。"柜友不得徇情信当，若经估不值，应削本多寡无辞"。① 根据规定，司楼对于每天当下的衣件、皮货大宗，都要检阅其是否货真价实，这主要是防止柜上的"情当"或"信当"。倘若觉得有所未妥，该削本若干，将会警告柜上，让他们不再犯错。三是"楼上衣货，不得私自借穿，察出立辞"。② 每逢满当，应当原包下楼，不准在楼上私自折看，将自己衣件挑换，如有此弊，查出立即辞退。③ 四是"典号不得与人借用，倘同人与外人往来，银钱票据，不得私用典号，一经察出，追悔无辞"。④ 此外，"典中不准吸乌烟，察出立辞不贷，或在外面小然"⑤ "典中赌具不准进门，虽正月初间，亦不准赌钱"。⑥ 吸食大烟和呼卢喝雉，均在禁止之列。这些，显然是想从制度层面防微杜渐，以保证典业的正常运作。

其二，因果报应、积善销恶的观念在典业中广泛存在，成为行业的从业道德和从业伦理。换言之，也就是将道德教化与职业规范有机地结合在一起。

梁其姿通过对惜字会运作的研究指出：在明清人的观念中，行善之目的有二：一是可以教化社会，二是可以帮助积德以改善本身及子孙的命运，所有符合这两项条件的，均可称之为行善。⑦ 行善积德与商业规范相结合，成为制约人们行动的指南。清代以还，江南一带素有"无徽不成镇，无绍不成衙""徽州算盘，绍兴刀笔"、"徽州朝奉，绍兴师爷"之说。皖南的徽州与浙东的绍兴，均是文风发达之处，读书人科举不成，或转而从

---

① ② ③ ④ ⑤ ⑥ 《典业须知·典规择要》。
⑦ 《施善与教化：明清的慈善组织》，第144页。

商，或弃学入幕。在幕业中，"作幕吃儿孙饭"，成为绍兴师爷的心病①；而在徽州典当中，也有类似的恐惧，《典当须知·贻福》曰："人到中年，或因子嗣艰难，追怨典业习不得者，往往有子［之］。……或谓典业习不得者，因自未知其得过人处耳，皆由幼年贪懒，糟蹋人家货物，不惜字纸，纵性欺人，自仗门槛高，遇事有东家出场，送官究治，俱走上风，因此而骄，故意糟蹋，天之报应，而绝其后，或由此乎？"这实在是相当耐人寻味的社会现象。在传统社会，不孝有三，无后为大，子嗣艰难，被视作应得孽报，而典铺、幕馆均被视为造孽之地。因此，如何惜福积德便成了业者共同关心的话题。以幕馆为例，据研究，明清时代的一些善书有其特定的劝诫对象，如居官、幕客和胥吏②，幕客与胥吏、居官一样，都是当时社会上的强势群体，因此需要自我约束，以期修行寡过。在清代徽州盐商聚居的扬州，石成金著有《传家宝》，其中的《消灾免劫积福积寿积子孙积科第券》有"幕友不费钱功德"和"公门人不费钱功德"，前者有："不欺东君""不倚官势""不想昧心钱"和"不作亏心事"等。③这些，实际上涉及从业者的专业规范到个人修养的各个方面，其间贯穿着"积福"的观念。与幕客相似，典当业者显然也是当时社会上的强势群体，而《典业须知》中的诸多内容，不啻为度人警

① 参见拙著《绍兴师爷》四之（一）《梦魇——轮回报应的恐惧》，"区域人群文化丛书"，福建人民出版社1994年版。
② 参见游子安《劝化金箴：清代善书研究》，天津人民出版社1999年版，第175—192页。
③ （清）石成金撰集：《传家宝三集》卷1《功券第四》，天津社会科学院出版社1992年版，第765页。

世的"典业不费钱功德"。其实，在徽州典当最为专擅的休宁县，当地流传的传家格言，也可以从一个侧面印证典当业的观念。清海阳竹林人录《座右铭类编》（漱经斋藏板），首先抄录《太上感应篇》《文昌帝君阴骘文》《关圣帝君觉世真经》和《朱子治家格言》，其次则分门别类，罗列了"好生""善恶""祸福""报施"等多种箴言警句，如主张"命自我作，福自我求""吾本薄福人，宜行厚德事；吾本薄德人，宜行惜福事"。[①]民国年间出版的《休宁陈研楼先生传家格言》第九也有"培福德"，提倡"阴德须向生前积，孽债休令身后还"。陈研楼认为："现在之福，积自祖宗者，不可不惜；将来之福，贻于子孙者，不可不培。现在之福如点灯，随点则随竭；将来之福如添灯，愈添则愈明。"具体而言，需要做到几点，如"勿谓一念可欺也，须知有天地鬼神之鉴察；勿谓一言可轻也，须知有前后左右窃听；勿谓一事可逞也，须知有身家性命之关系；勿谓一时可逞也，须知有子孙祸福之报应"。[②]对于日常生活规范，亦有"昔人云：谁知盘中餐，粒粒皆辛苦。吾辈安逸而享之，岂可狼藉以视之乎？明理惜福之士，当体察之"。这与《典业须知》相关文字如出一辙。他还认为，子孙与先世有着——对应、必然的因果关系，"凡欲子孙隆盛者，除积德之外，无他道也。盖德厚则贤贵之子孙生，不期兴而自兴，无德则放荡之子孙生，虽与千万镒不能守也，区区

---

① 《古愚老人消夏录》卷20《座右铭类编上》"祸福"条，第1页。哈佛燕京图书馆藏。

② 《休宁陈研楼先生传家格言》，上海三友实业社，民国二十六年（1937年）四月一日出版，哈佛燕京图书馆藏，第50—53页。

财产，何济于事"，因此，"有好儿孙方是福，无多田地不为贫"。关于努力行善、积德求福的观念，《典当须知·贻福》中提供了具体的例证："如能忠厚存心，爱惜人物，敬重字纸，穿吃各样，种种爱惜，屡见吃当饭者，孙、曾数代，谨事一东亦多也。如金君厚堂太先生之嗣君，字少堂，于咸丰乙卯科举人，于浙江斋［商］籍。此岂非爱惜人物，存心忠厚，天之报施不爽乎？"而该书序文曾指出："兹承友人邀办惟善堂事，于身闲静坐时，追思往昔，寡过未能，欲盖前愆，思补乏术。因拟典业糟蹋情由，汇成一册，以劝将来。"这与总述生平、告诫后人的《病榻梦痕录》之情况颇为相似。[①]

（二）上海徽商余之芹的生平及其时代

徽商是明清时代的商界巨擘，历来备受关注。20世纪四五十年代，中国学者傅衣凌和日本学者藤井宏，先后发表了《明代徽商考——中国商业资本集团史初稿之一》和《新安商人的研究》，从社会经济史的角度，多侧面地论述了徽商的发展及其在中国商业史上的地位。此后，徽商研究一直受到海内外学界的高度重视，其中，对明清徽商的研究成果尤其丰硕。而相形之下，对

---

① 嘉庆元年（1796年），著名的绍兴师爷汪辉祖指出："古人晚节末路，不忘箴敬，往往自述平生，藉以考镜得失，亦行百里者半九十意也。"见《汪辉祖自述年谱二种》，北京图书馆出版社1997年版，第1页。

近代徽商的探讨则较为薄弱①，总体而言，迄今为止的相关研究，仍属较为宏观的探讨，具体的个案尚显不足。今后，应重点发掘传记②、家族文书③等资料，以弥补相关研究之不足。本文即以近代一份重要的史料——《经历志略》为中心，探讨上海著名徽商余之芹的生平，通过对该书的分析，展示晚清民国的时代背景与社会变迁。从中可见，《经历志略》一书的记载，具有多方面的史料价值，有助于我们理解彼时彼境的商业、社会与思想变迁。

1. 余之芹的生平与《经历志略》

余之芹字鲁卿，出身于徽州的一个商人家庭，祖居黟县叉溪村。关于余之芹的生平，1921年，汪英宾在《经历志略》跋中指出："黟县余公鲁卿，……沪上商界颇为闻人，盖公寓沪垂六十年，凡遇公益、灾赈事孳孳不倦，靡但力任其劳，而且勉助其费。至于为友朋之排难解纷，提挈亲族之孤寒无依者，更不可缕指。"1918年正月初七，余之芹年届七十，"蒙周维翘诸君集九老会于大世界筵叙，同拍一照"，其时，有黄楚九赠送余氏的

---

① 迄今为止，以"近代徽商"为题的研究，仅见冯剑辉所著《近代徽商研究》（合肥工业大学出版社2009年版）一书。另外，与此主题相近的专书还有《近代商人》（中国人民政治协商会议安徽省黄山市委员会文史资料委员会编，黄山书社1996年版），但该书所收各文均为漫谈式的回忆性文字，缺乏言之有据的核心文字史料支撑。

② 例如，由笔者整理、校注的《（新发现的徽商小说）我之小史》（安徽教育出版社2008年版），以及该书作者詹鸣铎的文集《振先杂稿》和日记等，均是研究晚清民国时期徽商活动及其社会生活的重要史料。

③ 例如，徽州稿本《杂辑》，是有关歙县茶商方氏的家族文书，该书内容极其丰富，对于太平天国前后徽商在南北各地的活动，有着相当详尽的记录。类似于此的资料尚有不少。

余之芹像

笺屏，个中提及的"九老"，亦即余鲁卿、朱葆三、周维翘、谢
纶辉、杨信之、陈润夫、周金箴、陈瑞海和干兰屏。^①其中的朱
葆三（1848—1946）系浙江定海人，曾任英商平和洋行买办，历
任中国通商银行总董、浙江银行总经理、上海商务总会协理、宁
波旅沪同乡会会长等。此外，"九老"中的其他几位也都有相
当的身份。由此可见，余之芹应为民国初年的沪上闻人、商界
翘楚。

余之芹出身于徽商世家，其父叫余国谨（字慎斋，号敬符），
在上海大东门外王家嘴角仁昌源记布号中经商，太平天国时期，
曾为黟县渔亭镇公局董事，是徽州当地著名的绅商^②。长兄余之

---

① 余之芹：《经历志略·家世出身九》，第4页。
② 民国《黟县四志》卷6《人物·质行》："余国谨，字镜湖，七都人。……言
行为乡里所信服。"（吴克俊、许复修，程寿保、舒斯笏纂，"中国地方志集
成"安徽府县志辑第58册，江苏古籍出版社1998年版，第77页）

莱（字侣仙），为清朝附贡生。余之莱善书法，楷、草、隶、篆无所不精，能画竹，镌刻图章，并通晓堪舆之术。黟县大堂上的"清"、"慎"、"勤"三字之额，以及明伦堂之屏，就是由其人所撰书。后来，余之莱跟随著名学者程鸿诏入两湖总督李鸿章幕府，职司奏折。通常是程鸿诏起稿，而由余之莱誊写。稍后，余之莱又前往旗昌洋行充当买办，洋行东家兼买办顾子嘉兄弟聘请他处理文墨。有一次，余之莱为顾氏兄弟前往苏州穹窿山看风水，结果在山上得病，回到苏州泰昶钱庄就医，年39岁就不幸过世①。

以上这些，是余之芹家庭主要成员的基本背景。而从《经历志略》一书来看，余之芹13岁就赴江西习学杂货布业。14岁，在家塾读书一年。15岁时再到上海，当时太平天国战乱尚未结束。不久后，他就到浦东的邹家桥油车习业，后因嫌其从业环境太脏，辞去了工作，前往上海学习京货布业，改就布号账房，稍后又到典业钱房工作，从此开始了数十年的典业生涯。25岁时，他接手经理小南门外的万安典，升任经理。一开始，典铺中的账、包、钱、饰四缺，均由他一人担任②。后来，他在老闸地方新创了万康典。光绪七年（1881年），余之芹又创设了仁大典③。从《陶甓公牍》来看，早在清末，余之芹就已成为徽州黟县著名

① 余之芹：《经历志略·家世出身六》，第3页。民国《黟县四志》卷7《人物·艺术》："余之莱，字侣仙，七都人。……工书，善画丛竹，游沪贝获时名，从事襄阳盐局，克殚厥职。"（页111）另据网络资料所见，2010春季艺术品拍卖会，曾拍卖过余之莱的各体书札18通。

② 余之芹：《经历志略·家世出身一》，第1页上—下。

③ 余之芹：《经历志略·杂记二》，第30页下。

的绅商①。

　　余之芹个人有很强的语言能力，根据他的自述，在徽州一府六县中，他可以说四县的方言。此外，江南苏州、杭州、湖州、常州的方言，他也可以模仿。28岁到北京时，他只是稍微学习了一两个月的北京话，也就学到了八九不离十，其会话水平，甚至连同乡中那些久居京师者也自叹弗如②。

　　关于该书的缘起，金邦平在《经历志略》序中指出："鲁卿太姻丈年高德劭，精勤如壮年人，在沪经商垂六十载，阅历世变，记忆周详，邦平因进言曰：'昔丁韪良博士来华甚久，曾将见闻感触笔之于书，名曰《花甲周忆》，著称于世。然外人观察，究不如吾国亲历者之尤可信。我公盍作记载，以贻后来？'丈意欣然，纵笔直书，两月成帙，遂以见示，嘱为核订。"丁韪良（William Alexander Parsons Martin，1827—1916）是一位美国的长老会牧师，1850年至宁波传教，1898年至1902年曾任京师大学堂总教习。《花甲周忆》亦作"花甲忆记"，此书为丁氏的回忆录，主要描述美国传教士眼中起伏跌宕的晚清社会，从中可见其人亲身经历过的许多重大历史事件（如太平天国、天津海战、天津条约、洋务运动及同文馆、清廷早期外交活动等）③。倘若我们对比《花甲忆记》一书，便可清楚地看出，《经历志略》在诸多

---

① （清）刘汝骥：《陶甓公牍》卷9《批判·宪政科·黟县罗令贺瀛申批》，载《官箴书集成》第10册，黄山书社1997年版，第538页。
② 余之芹：《经历志略·杂记三十八·纪游》，第43页下。
③ 丁韪良：《花甲忆记——一位美国传教士眼中的晚清帝国》，沈弘等译，广西师范大学出版社2004年版。

方面，均可视为此书的模仿之作。兹将《经历志略》目录结构列表如下：

序号	分 类	篇数	内 容
1	家世出身	14 篇	
2	徽州发"匪"乱时状况	9 篇	
3	善举公益	11 篇	
4	交 际	16 篇	
5	杂 记	43 篇	
6	时 论	10 篇	世界论、自治论、导淮论、商业论、道德武力论、破坏建设之理想论、太平洋会议之理想论、人之自立国之自立论、欧美之平等自由论
7	小 言	20 篇	

民国十年（1921 年）出版的《经历志略》一书计 3 万数千言，分"家世出身""徽州发'匪'乱时状况""善举公益""交际""杂记""时论"和"小言" 7 个部分，具有颇为重要的史料价值。当时人的评价认为，该书"凡先生意念之所在，身之所经。书籍之所陈，劝惩之所得，拓心胸，瀹性灵，裨益学问，资助考证者，靡不具备"。从中，我们可以窥见近代一位徽商的心路历程。

2.《经历志略》所展示的时代

与丁韪良一样，余之芹亦经历了晚清迄至民国起伏动荡的时代变迁，晚年的他所追忆之毕生经历，具有多方面的史料价值。兹分述如下：

（1）太平天国以还的徽州社会

太平天国对于徽州社会的冲击可谓创深痛巨。据黟县方志记载，咸丰四年（1854年）二月，太平军指挥张大有率部由祁门县入黟，击败清军，首次占领黟县县城。此后，自咸丰五年（1855年）至同治二年（1863年），太平军共进出黟县17次，其中11次占领黟县县城。在《经历志略》中，余之芹对太平军与清军的交战，有着极为生动的描摹：

> 驻札［扎］渔亭镇官兵仅数营，而休宁发匪实有数万。适天降大雨，山洪暴发，天甫晴，贼分三路进攻，官兵亦分三路应敌，分六处埋伏，预传号令，通知百姓及随营避难之民，不必惊慌逃避，可在各山顶观战，手持竹竿，或倒持雨伞呐喊，以壮声威。未几，贼来势如潮涌，遇伏而败。是役也，发匪被杀及溺毙者大半，从此丧胆而退。

《经历志略》书影（复旦大学图书馆古籍部收藏）

毋庸赘言，文中的"发匪"或"贼"，均指称太平军。在《经历志略》中，余之芹对于此段经历可谓刻骨铭心。关于兵燹战乱，他在《家世出身一》中有这样的记述："忆昔幼年，适逢洪杨之乱，避难十一次。（南京与江西发'匪'，往来必由徽州）"在书中，他详细记述了自己的逃难经过：

> 予自十三岁赴江西习杂货布业（父意二兄习儒，常在一处，防遇发匪被掳，然初当小店学生，曾执炊三月）不料江西发匪又到，逃至鄱阳湖，缺粮，售布为生，离家数百里。中隔发匪，偕族叔、娣丈绕高山峻岭，日行百里，足肿之泡如蛋，停滞山蓬三日，雇车而行，到家得见父母，转忧为喜……

另外，书中更是详细述及兵戈扰攘之际的困苦颠连。譬如，当时余之芹家的情况：

> 吾父、兄在发匪乱时历尽艰苦，一闻发匪将来，举家远徙。先将老祖母（时年八十左右）乘舆而行，次则少妇、幼孩，每人交洋两元、钱二百文，炒米一包，布套雨伞一把，小包袱一个，除派人保护外，壮年者后行，我家老幼行后。而歙县、休宁之逃难者接踵而至，祠内家中皆已住满，先严为之照顾，煮粥供餐外，带同仆人布置稻柴，俾可席地安眠。

在徽州的一府六县，黟县较为偏僻，故而交通相对比较便利的歙、休一带之百姓，纷纷逃往黟县。不过，随着太平军的逼近，黟县的百姓也只能前往更为偏僻的山区逃亡。据余之芹描述："彼时黟城人民大半逃徙"，避乱时最为安全的地方是在祁门深山中一个叫"松潭"（俗呼"拜堂石"）的地方。余之芹的一个姐丈金达五，就避乱于此。后来，余之芹的父亲也带着全家来到这里，先是住在姐丈家中，后来赁屋分居。当时落脚的村落位于半山之中，前往那里必须翻越数座山岭才能到达松潭山麓，上山后向高处行走大约5700余步，山路相当崎岖难行。余之芹的嫂子与姐姐因跋涉艰难而号哭不已，而余母因是小脚，便只能由人抱着前行。在太平天国战乱期间，余家诸人居住此村前后长达2年，由于太平军和清军官兵都未曾来过此地，故而当地不啻为避世桃源。不过，余之芹的祖母在逃难过程中，因饱受风霜而得病，不幸死于途中。当时，距离自家还有200里的路程，只能用竹床抬着回家，晚上居住在旅舍之中，为了不被旅馆主人发现，只能像在生前一样地侍奉茶粥，一直抬到家中，方才入殓开吊。当时，太平军还盘踞于休宁县城，离余家仅60里，形势极为危险。

除了自家的逃难情形外，余之芹也提到他所见闻的其他人之命运遭际。例如，休宁县汪廷宰，在太平天国以前为徽州的巨富，但在乱后却"家业荡尽"。他家中的老太太避难于黟县乡间，当时正值太平军在黟县一带活动，老太太只得再度逃往深山，身上带有两根金条。其间，她曾取出一根向乡妇换面饼两个，而后者为了预防自己挨饿却不肯交换，结果老太太几乎被饿死。幸亏后来家人携带干粮找到她，才免于一死。此一经历，真是令人触目惊心。根据余之芹的回忆，太平天国战乱期间，难民遍野，因此冻饿而毙者相当之多。他曾见到一位落难的女子与黟县某人结婚，当时凭媒言定，各无礼仪聘物，仅以14文买香烛一对，参拜天地、祖先就成了夫妇。后来女家回籍，婿家以米2斗为贶。因兵燹战乱期间难民众多，有不少徽州妇女被客民兵丁带出黟县。由于此种现象相当普遍，已形成了一个严重的社会问题，后来，黟县官绅会议决定，在当地设卡盘查阻行。余之芹的父亲就曾在渔亭镇设卡，设法拦截私自拐带妇女出境。有一次，他见到有一铺盖忽然动了一下，就下令拦下打开检查，结果发现里面有一女孩，于是便阻截了下来。

咸同年间，除了太平军的活动之外，当地的土匪也乘间窃发。这些人"纠数十人为一起，凡稍有积蓄之家，即往索诈银钱"[1]。譬如，他们曾到一位余之芹称之为"倪太岳"的家中，当时其孙翰章刚刚出生不久，匪徒持刀放于桌上，声称如不将银钱交出，先杀他的孙子。太岳大惧，只得交与本洋二百数十元，方才得以免祸。这些土匪亦曾到过余家，但被余之芹的父亲设计打发走。

太平天国时期的社会动乱，直接促成了徽州一些世家大族的衰落。《经历志略》杂记十三《二元之彩舆鼓吹娶迎》中有一段记载：

---

① 余之芹：《经历志略·徽州发匪乱时况状〔状况〕》，第9页上。

吾族兄余观礼，其高祖做过二府，积资回乡造屋，中为大厅，两边六个，三间以六子居之，大围墙中有仆屋，名曰"一府六县"。闻老辈言："进新屋时，共九十九人，即日购一婢配成百人。"村口造一转洞石桥，名曰"霭冈桥"。自发匪乱后，穷苦不堪，只剩父子二人，父老而子未成婚，予屡欲设法以拯之，无如力量不及，曾嘱他处想法，予当补助。有一年，予应轮值同籍，忽观礼族兄来言曰："即须回家娶媳，已经凑成百元，余托帮助"云云。及予到家，知其吉期已定，届期彩舆、鼓手人役齐集祠内，予到时，众役催行礼，而观礼族兄不见矣。寻至新房中，见其掩面而哭，大惊。问其何事，答曰："我身上只有二元，所有进乾宅门礼仪、花轿、鼓手人役各开销，分文无着，如何不哭？"予见此情形，恐弄成祸端，然予家中只存数十元预备补助，比即将此数先行开销，余售存谷代为了结。族兄见予布置，破涕而笑，向人言曰："我之空城计成功了！"现在其孙已成立，习业成婚，予亦有补助也。

　　"一府六县"原是指徽州府辖下的歙县、休宁、绩溪、黟县、祁门和婺源六个县，不过，在明清时代，徽州的一些民居亦用此典兴建豪宅，如祁门渚口民居中亦有"一府六县"，从这些建筑中，可见昔日豪宅主人的财力。余之芹的族兄余观礼，为官宦子弟，家中建有豪宅，而且还曾捐赀建设过一些村中的公共工程。但在太平天国以后，家道中落，连娶媳都需要余之芹资助方能勉强成婚。

当然，也有一些富家，侥幸逃过了太平天国的劫难。其中，最为著名的是黟县西递富商胡贯三：

> 吾黟胡贯三者，钜富也，与歙县曹振镛宰相为儿女亲家。其人俭而好善，徽州之造桥、修路，大半皆其手创。数洞大石桥造价数万者，独力为之。修路经由之处，必衣冠拜谒绅者，商请准其来修，盖恐有阻挠情事。所设典业，自徽州至江西省沿途皆有，东伙到江西省，宿于内，免住旅舍。据闻家资以典业计之，当时约有三百六十万贯。三先生出门步行，素不乘轿，用雨伞、布搭连［褡裢］一个，一头放钱二百文，一头放锅巴一包，到中途茶亭之中，出钱一文，买开水泡锅巴，饮而食之，既可当茶，又可当饭。夜宿自开之典内，自家到江西省之盘川，用不满二百文。有一日，茶亭中遇见一路人同行，互通姓氏、住址，其人得知贯三先生住西递村，（离予家十余里）问其："胡贯三是尔何人？"曰："本家也。"其人又问："家资究有若干？"曰："三十六万。"其人闻而诘之云："胡所开当铺，已有数百万，何得云三十六万？"贯三向说："典业非其所有，其所有者，造桥、修路用去之三十六万，是其真家产也。"其度量明达，可想而知。其他善举资助，亦所不惜。贯三先生作古之后，发匪大乱，典业尽遭毁去，其子孙避难在外将绝粮，遇一老翁，前受贯三先生之惠者，接济粮银，并为布置住宿，得以平安。乱平回籍，现在子孙兴盛，屯溪镇房屋，每年约可

收租二万余元，可谓善人有后矣。（贯三先生之子做过杭州知府 ①）

　　上述的一段文字，对西递首富胡贯三之为人及生平，作了细致的描摹。从中可见，胡贯三虽为巨贾，但其为人却颇为节俭，而且乐善好施，捐赀修桥补路，往往不遗余力。太平天国以后，他所开的典业虽然均遭灭顶之灾，子孙避难在外一度也竭蹶困窘，但最终都能化险为夷。晚清民国时期，胡氏子孙兴盛，仍然靠在屯溪购置的房产收取租金过活。对此，作者的总结是"善人有后"，从中可见，《经历志略》的这段记载，实际上洋溢着极为浓厚的因果报应色彩。
　　除了与太平天国有关的内容之外，《经历志略》中还有许多篇章，提及晚清黟县民间的各类矛盾与纠纷。譬如，《杂记三[二]十八·大度宽容》条就指出："安徽吾乡，出门贸易十居七八，三年回家一次，受不安本分之乡邻同族欺侮、索借者在所不免。先严每庇护之，难满欺侮者之欲。"在通常的印象中，乡土社会常常是被脉脉温情所笼罩，但由该段记载来看，因贫富悬殊，各人的生活背景不同，返乡的徽商也常常会碰到亲友借贷银钱的难题。在家务农的乡邻同族看来，那些外出的徽商都是囊丰箧盈的殷实人家，因此很自然地会向他们提出借贷的要求，而一旦遭到拒绝，怨怼之情便油然而生。清代扬州故事《铁菱角》中，就有这样的一段刻画——"积财富翁，只知昼夜盘弄，锱铢

---

① 余之芹：《经历志略·杂记十一·善人有后》，第34—35页。

必较。家虽陈柴烂米，有人来求救济，即如剐肉；有人来募化做好事，若修桥补路之类，即如抽筋；……"故事中的主角是明朝万历年间的徽州盐商汪千门，他在自己客座屏上粘有一帖，备述自己的为人处世准则，其中开首即曰："予本性愚蠢，淡薄自守。一应亲友，凡来借贷，俱分厘不应，免赐开口。"① 这虽然是对为富不仁者负面形象的典型刻画，但亦在一定程度上反映出不少徽商在处理乡邻亲族关系时所面对的诸多难题。为此，《江湖备要》抄本中就有："居家有财，亲友见之或借，不惟无以推辞，拒之必生怨隙之恨。"笔者所见的这一《江湖备要》，为晚清歙县芳坑茶商江耀华的抄本。而从徽商编纂的商人书中可见，余之芹之描述，显然绝非孤立的个案。

《经历志略》还提及黟县布商程春圃，"在申股开同昌布店，稍有家资，子已娶媳，春圃年六旬外，其子夭亡，其侄欺其无后，在籍兴讼"。余之芹为之出主意，让他另行立孙，议立遗嘱，以防微杜渐。由此一例子可见，订立遗嘱（分家阄书）亦是防止家产旁落的一种手段。除了家庭的纠纷外，还有乡邻间的诉讼也持续不断。例如，黟县七都楠木岭有一高山，堪舆家称为"冲天木"，大概是因该山为木星之形，迷信风水者认为倘能在此地点穴葬坟，子孙必能出将入相。因此，前来此山觅地者相当不少。该处朱家坞和楠木岭二村，均系同族欧阳氏，他们也都是有份的山主。不料，楠木岭欧阳氏竟出售山地与汪姓葬坟，对此，朱家坞同族出而阻拦，结果发生了诉讼。朱家坞欧阳氏与余之芹素有

---

① （清）石成金编著：《醒世钟》，中州古籍出版社 2000 年版，第 207 页。

戚谊，余氏建议他们息讼作为义冢，终于和平落幕①。类似的纠纷，在明清以来的徽州屡见不鲜。不过，有的纠纷亦带有明显的时代色彩。由于掺杂进了近代外国教会的势力，遂使情况变得更形复杂。例如，杂记四十一《了结教案》条这样写道：

徽州信天主教者，恃教堂之势力欺侮小民。休宁县有一教堂兴造堂屋，在吾黟山中采办木料，从小河运出，由黟县七都岩下村经过。时正天旱，深水筑碣（即坝）以救禾苗，该教民竟将碣拆开，放行木料，众农阻止，仍将碣砌筑，不肯放行，而大木已放下数根，在碣下深水之中，余在碣上水中。该教民报告教士，行文黟县，内云："兴造圣堂，重价大木在水朽烂，要求究办农民，责令赔偿。"适予回籍扫墓，众农来商于予，予即谒县官面禀："民以食为本，当此天旱，岂可拆碣？况木之性质干千年（干木千年不烂），湿千年（木浸水中千年不烂），不干不湿三年（日晒夜露三年必朽）。请即勘验，函复教士。倘再为难，予当赴沪面禀法国主教。"盖予与主教文案张君系属至好，且此时法国正在政教分离之时，请县官胆大放心，勿累贫民，设有为难，予一力承当。该教民纠缠二月，知难欺诈。收谷登场，开碣放行了案。

在徽州，航运与筑碣历来是一对矛盾，经常因此而发生纠纷。根据《休宁县志》的记载，天主教于鸦片战争以后传入休

---

① 余之芹：《经历志略·杂记四十二·息讼成为义冢》，第46页。

宁。清光绪十三年（1887年），法国教士牧梁到该县建堂传教。19世纪末，上海教区派法籍谈神甫和中国籍修士张伊科前往休宁，扩大组织，并在屯溪设立"天主堂公所"。后来，又派法籍神甫总师朱铎到休宁，加强组织领导，盖造圣堂[①]。休宁教民恃教会势力强行拆开水碣，藉以运送木料，结果引发纠纷，教士行文黟县县令要求责令农民赔偿。余之芹因在上海多年，见多识广，且与法国主教文案张君亦有交往，故建议县官予以拒绝，最终并未闹出风波。

（2）晚清民国时期上海的典业经营

余之芹商海浮沉数十年，一生阅历颇为丰富，对此，《杂记二十九·处世之方》中有详细的记载："吾幼在京货布号习业，执事称我勤能。然我不与其招呼交谈，适吾父自徽来沪，住在我号，见此情形，问我曰：'你何不与执事先生招呼？'我答曰：'只要勤做，何必周旋他？'不意我父大为训饬，责我性傲，并谓：'与人交易，善于周旋，则交易可冀成就。尔能周旋世人，一生吃着不尽，性傲则一世必苦。'予谨遵教训而退。"这是余父就经商经验对他的言传身教，前者教导余之芹在外经商应善与他人周旋，这样方能在商界如鱼得水。纵观余之芹的经商生涯，从业最长的是典当一业。其父曾与他人合股在上海新闸开一押铺，后父亲回籍，嘱他时常前往照应。余之芹于25岁时，接手经理小南门外的万安典事，起初账、包、钱、饰四缺，由他一人经理。因余之芹并非典业出身，故而颇为操心。后来，又陆续在

---

① 休宁县地方志编纂委员会编：《休宁县志》卷29《宗教》，安徽教育出版社1990年版，第523页。

老闸等地新创万康典、仁大典和祺昌质。由于他在典当一业中经验丰富，上海的典业以及徽宁会馆都推举他为董事。晚清民国时期出版的《徽宁思恭堂征信录》所载的司总中，就见有余之芹的名字。另外，他还曾襄办典质业学校，兼任徽宁养病寄宿所的总理①。后来，典业又推举他为总商会典质业代表委员，继由总商会会员举为会董，一年后方才退职。

在长期的典业生涯中，余之芹非常擅长于居间斡旋，处理各类难题。譬如，席子珊与黄春圃合开有上海的"晋元典""源盛典"，但双方因合股意见不合，屡次委托余之芹调停，此事办理多时，后来黄得"源盛"，席得"晋元"，暂告一个段落。不久，"晋元"及"协来"二典，因典伙亏空等事，由该典居停席子珊、庞御槎再三恳求余之芹为之整顿，并写亲笔信据，全权委托其人办理妥当之后，复恳代为兼管。结果，自余之芹负责经理之后，该二典当从未出过事故，而且都颇有获利。据称，"晋元"一典，委托余之芹兼管时仅有资本3万串，而架本后来增加到17万。他还曾经受委托集股开设"仁大典"，后来因三位股东相继作古，其后人经济状况迥异于前，意见不一，其中一姓子弟破产，遂将典铺盘顶与另外二人接开，改牌"万昌"，但仍委任余之芹作为经理。在《经历志略》中，余之芹还提到自己处理过的一个难

---

① 光绪三十四年（1908年）徽宁二府绅商捐助徽属水灾之后，有鉴于赈灾款项下尚余规元3千余，遂以此为基础，创建徽宁医治所。此后，为了筹措开办与经常费，由余鲁卿（之芹）、汪莲石、张子谦、朱汉舲诸董发起特别常年茶、丝等捐，又将茶、丝商每年秋季公宴的经费折洋300元，"移为病所经常费"。徽宁医治寄宿所刊有征信录，自民国元年（1912年）起每年刊行一期，今见有《徽宁医治寄宿所征信录》第5期。

题。他指出:

从前沪市钱庄与各业往来,投用银子不免滥放,而各业藉庄款营业,不免滥做生意,一旦市面紧急,庄家必来取讨。设遇倒账,必用强硬手段。予经理之仁大典大股东黄静园,有运筹调度之权,载明合同。钱庄投用汇票,亦黄东面谈接洽。至黄静园倒账之时,庄家初则知我取有黄东房产,不来取讨,继则反受黄之唆使,强来索取,盖黄知我经理他处三典(黄无分者)有银存庄之故,各庄伙来讨时,说我有银存庄,必须划出付与伊等。我说:"譬如我是两江总督,江苏公用,不能划安徽藩库之银。我将东家房产交与汝等,立据收去。"各庄不肯,硬要现银,继则拍案,丢碗大哄,行将动武,已出手势,仁大典司更知拳术,予唤出,执住庄伙之手,不准司更动武。予之眷属住于典之后进,闻闹,到典看守,防我受辱,一面函致钱业董事屠云峰君。庄伙见此情形,有跳柜而逃者。至晚间,复派庄司十余人住宿典内及我家,予只得预将包楼、饰房锁好,派人看守。自则到后进家内楼上安睡。楼下放自来水,庄伙带庄司踏进,满足皆湿,知难而退,不住宿矣。后蒙钱业董事谢纶辉君商妥,归伊承裕庄仍与仁大典另立新户,往来营业,旧欠之款以六厘算息,候典替出清楚,我请谢纶辉翁另派账房,蒙其相信不派,此亦我之知己也[1]。

_____

[1] 余之芹:《经历志略·交际十二·经历艰苦》,第27页。

这是典业倒账引发的一次危机。另外一次是上海城内"晋泰典"的倒闭事件，也让余之芹颇感竭蹶困窘。当时，"晋泰典"因东家家道中落，以致倒账。典中货物尚值数万元，内有公款，而债户数十人吵闹不休。作为典董，余之芹只好出面处理，他花费了一年多的时间，禀官出示招替并为保险。九月二十三日，邀集各债户在典业公所商议，但因筹得的资金远远不足，被各债户关在典业公所内。当月二十四日，正是他的七秩寿辰，子孙辈隔晚在家设筵为他祝寿，结果余之芹竟不能回家。后来才被朋友救出，并帮助他将欠债处理清楚，从而平息了讼端 ①。

在上海，余之芹手上曾办过不少交涉，如代"仁大典"股东黄静园处理分家事宜，因闸北新泳源质遭遇火灾而与保险行的交涉，因捕房盗窃之吊脏而与衙门的交涉，因浙江塘栖典当业之开设而与"红顶商人"胡雪岩的交涉，凡此种种，无一不显露出余之芹的才干。其中，与胡雪岩的一段交涉这样记载：

> 顾氏居停南浔有乾裕典，塘栖有春源典，各有架本三四十万。遇有为难之事，委我整顿。因塘栖胡雪岩先生设一典，与春源典邻近；硖石镇胡氏又设一典，亦与顾氏邻近。当由刘贯经先生、高虎枚先生与予设法各处合并对调，当与胡雪岩先生面商，定妥立据，各得一镇之营业，议以架本少者付定银，核计顾氏之典架本大，由胡付银一万两。岂

---

① 余之芹：《经历志略·杂记三十九·附记息讼》，第44页。

知吾二次赴杭州塘栖，预备盘货交割，而胡氏典业总管王吉甫先生不允交割，复与胡雪岩先生交涉，（顾氏居停素不出面与人交涉典业，凡事委予代表居多。）诬王吉甫先生以胡雪岩之母不肯为言，事竟不成①。

"居停"原指寄居的处所，后亦称寓所或寄居之家为"居停"，而在商界，"居停"显然是指东家。至于"架本"，则是指典当铺的资本。这一条资料指出：东家顾氏与胡雪岩在浙江塘栖和硖石分别各有一爿典当，为了消除彼此之间的竞争，遂有各自垄断一镇的设想。当时，顾氏一方就是由余之芹作为代表前去交涉，只是功败垂成。

综上所述，余之芹在典当一业中经历过诸多的风浪，正是因为他在典当业中的阅历极为丰富，故而《经历志略》中的不少内容，即与典当业有关，从中颇可窥见晚清时期江南典当业的一些侧面。

余之芹对于近代新形势下的典业发展，有着相当清醒的认识。例如，当时因国家自铸铜元，其成本每枚四文几毫，其时的洋价每元八百数十文。他判断典业会因此而亏耗，恐有歇业之忧。其中，公泰典东各处之典架本200万串，后竟亏耗60万串，以致公泰收歇。于是，他果断地邀集同业会议，倡议改为洋码。当时典质70家，绝大部分因循守旧，签允者只有9家愿改洋码。看到这种情况，他毅然决然地对众人说："议事规则以多数为议决，然此事有存亡关系，惟有各逃性命，我定要改洋码。"此时，

---

① 余之芹：《经历志略·交际一》，第19页。

他预感到因洋价日涨，亏耗之巨转瞬即至。他所经理的四典架本70万串，改洋码后核计约余十余万串。相形之下，同业不改洋码者，全上海县约亏70—80万串，而其他县亏耗破家者则比比皆是①。从此一事例来看，余之芹对于时局、商业走势等，都有颇为前瞻的判断。

余之芹担任数爿典铺的经理，后来被推举为董事。他对典当业采取了诸多的整顿措施，其中之一是坚持统一的典业利息。当时，有一位资本家邢某，其父在上海城内开设一典，减利为1分4厘。然而，根据当时上海的典业部章，皆按每月2分起息，倘若任由该典如此减利，其他的典当铺显然无法继续维持。于是，余之芹就邀请同业在公所会议，同往邢处相商，请求仍改2分，但遭到对方的拒绝。余之芹再邀同业执事，各乘一顶轿子，并带随役，前往该典前后门把守，并到柜内，将其骑缝图章收取，以其不守公所规则、不遵木榜章程。当时，邢某亦到典内，余之芹向其做揖请求，不料其人出言不逊，激动众怒，拉扯到县禀官。当时，县官黄爱堂出面讯问，余之芹早已备就禀帖，内云："各典领有善堂公款三十余万，倘同其一分四厘取息，势必亏耗不支。惟有呈缴公款、典帖收歇，以免累及公款。"官司逐级驳难，结果，官府判下："邢某减利便民，实属可嘉，着上海县饬该典仍遵部章，按月二分起息，其余六厘，饬上海县核算，按月向该典收取，以济无物可当之贫民，其他典商有所观感，惠及贫民更无涯涘矣。"此一判决，似乎相当公正，但其实却让邢某进退两

---

① 余之芹：《经历志略·杂记四十三·典业改用洋码》，第46—47页。

难，最终只得捐赈 1 万两了案①。而典业的利息，仍然维持在每月 2 分起息。

余之芹的另一项措施，则是对典当中学徒的管束。在《经历志略》中，余之芹举了正反两方面的例子。其中之一是他的同事、休宁人黄深甫，为仁大典管包先生，为人正直，一丝不苟，管束学生（也就是典业中的学徒）极严。"每学生交小簿一本，饬令凡有出息支用，必登于簿，按月交账，必责积存十元，交于管包（典业学生拜管包为师，有师生之谊）收存，阅典学生凑有五十元，收入本典存户，按月一分生息，按年结账一次，如此储蓄，数年之间，而学生之娶亲资有着矣。此法不但有益于学生，且有益于学生之全家及终身，并间接有益于本典。盖学生有资存于本典，必谨慎小心，不敢为非也"。对于黄氏的此类举措，余之芹极表赞赏。据他说，黄深甫原有吐血病，而且没有子嗣，自行此法之后，病症逐渐消除，而且侧室也为他生了一个儿子。后来，他的儿子在镒昌典管饰房，颇有出息。而另一位同事、南翔镇人姚云士，在小南门外万安典管包。其人管束学生不严，老年得子，极为溺爱，也在本典为学生。余之芹与黄深甫推行储蓄之法后，也写立小簿面交姚云士，委托他在万安典内推广，但却没有得到姚氏的积极回应，对此，余之芹等人亦无可如何。后来，万安典居停倒账，将典出替改牌"德大"。后学生包楼出弊，股东倒账，竟至歇业。姚云士之子，亦因吸食鸦片而流落于外②。

① 余之芹：《经历志略·交际六·整齐典业利息》，第 22 页。
② 余之芹：《经历志略·杂记四十·有益于人冥益于己无益于人有害于己》，第 44—45 页。

《经历志略》一书，充溢着因果报应的思想，他将黄深甫长年的顽疾逐渐康复，以及儿子长大成人且有出息，看作是其推行储蓄之法的一种"冥益"。相形之下，姚云士的遭遇，则显然是一种报应。

余之芹看到当时因物价飞涨，典业中的伙计收入，有不少人难以养家糊口，生活日益拮据。对此，《经历志略》中指出："典伙之辛俸，定章甚微。虽有亚禄，即满货使用，各典章程，大小不同，近年生活程度之高，数倍于前，中缺学生最苦。然工业能罢工要求加增工资，而商业不能罢市要求加俸，前年各典伙友纷纷致函董事，幸蒙诸典东酌量各典情形，略为加增，亦以沪市房租之钜，营业亏耗在所不免也。"① 有鉴于此，他思考设立上海典质业保育会，预拟章程，并捐助银 100 元刊印章程，配成玻璃镜数十架，按典张挂。该《保育会章程》规定，由典业中的各执事设法捐助，于满货出售成交时，注明成单每百元捐助 2 角，或每典每月捐助 1—2 元。执事、柜友和中缺学生等，亦根据各自的情况加以捐助，以期集腋成裘。此一措施，是"专为上海典质业伙友身后家况萧条，孤儿、寡妇及老废之辈无可谋食，又无亲族可靠者，凭入会同业经司查实，照章程抚恤"。该章程规定，凡同业职员故后，寡妻、孤儿女及上至年逾花甲之父祖无生计者均可报领，至于伯、叔旁支，则一概不给。年老、残疾及寡妇无子孙者，给至寿终为止。有子孙者，俟其成立至 22 岁即行停止。幼女给至出嫁月为止，幼男给至 16 岁为止，至 22 岁全家停止，

---

① 余之芹：《经历志略·公益九》，第 18 页。

将凭折收回涂销。大口每月给洋 1 元，小口每月给洋 5 角，遗腹子女倍给 3 年。凡遇丧事，给洋 12 元，盘柩回籍给洋 6 元，安葬给洋 4 元。给领抚恤，按季于正月、四月、七月和十月的初十日在典业公所发给，或在总理司年处发给，可由本人自领，妇女或有不便，则可委托可靠亲友代领。对于寡妇则有更加严格的规定，要考察其人是否苦守清贫，是否有其他亲族可以津贴，倘若未能苦守清贫，或有其他亲族津贴，则随时公议停止或减少抚恤。如果寡妇有再醮现象，则"本妇停给，子女带去者亦停给"。如果有不端之事察出，则全家停给。此类做法，反映了徽商对同业中人济急周之的慈善措施，这与清代前期在扬州资助财力消乏的盐商之"月折"制度①，颇有异曲同工之妙。

此外，余之芹在典当经营有年，对于典业中人与社会大众的相互关系颇为熟谙。他指出："窃思典业同袍衣食之资，皆藉贫民来当衣物之利息而得分润，居停之俸给、亚禄等项，是吾等典伙应敬重贫民。适为印花税事，财政部以一元起贴一分，须当户认票纸费铜元一枚。典商情愿十元起贴一分，自认印花税。各省典商为体恤贫民，派代表来沪会议，姚涤源先生谈及各处当户贫民对于典业同袍每有怨言，此皆柜友与当户平日不肯和颜悦色之所致也。工界日渐发达，工人来当衣物，亦以和气为宗旨，因略记数话，奉劝典业柜友：对于当户，应尽优待之义务，释去怨言，而化为感情，于吾东伙皆有益也。忆昔发乱之后，各处无

---

① 参见：王振忠：《明清徽商与淮扬社会变迁》，生活·读书·新知三联书店 1996 年版，第 45—50 页。

从徽州到江南：明清徽商与区域社会研究（修订版）

典，若新设一典，来当衣物之贫民，一开典门，拥挤而进，竟有由数十里之外枵腹而来者，典东悯之，煮粥给食，此予友目睹者也。"①江南一带素有"无徽不成镇"的说法，一般民众对于典当业者未有好感②。余之芹强调，典业中人应以实际行动改善自己的形象，以拉近与普通民众的心理距离。

（3）上海与徽州的互动

作者从皖南山区步入上海滩，并长期在黄浦江畔经商，因此，《经历志略》中，有不少篇幅均反映了上海与徽州的互动。

清同治三年（1864年），余之芹奉父命，结伴前往上海。他先到义桥，过万松岭，走西湖，雇了一只大粪船前往上海，到达大东门外王家嘴角仁昌源记布号，见到父亲及沧谷堂兄。沿途所见，颇为荒凉："石路口当大马路之中，有红栅栏一大座，内排二炮，防发匪侵犯也。红栅栏之西，有英华街大牌楼，皆三层华屋，居人甚少，据云乃苏、杭、嘉、湖各处之人避难来此。嗣苏、杭、嘉、湖克复，均迁回原藉［籍］矣。再西有一洞天戏馆，余皆荒地也。"③当时，太平天国时期的兵燹战乱虽渐趋平复，但放眼所及，只能以满目疮痍加以形容。此后，随着战后的复苏，上海的地价迅速飙高。《经历志略·杂记二十七·上海地价之涨》：

① 余之芹：《经历志略·杂记四十四·凭良心之言》，第47页。
② 关于这一点，详见王振忠《清代江南徽州典当商的经营文化：哈佛燕京图书馆所藏典当秘籍四种研究》一文的分析，文载《中国学术》第25期，商务印书馆2009年版。
③ 余之芹：《经历志略·家世出身五》，第2页。

吾初到上海，新闸后之珊家园，地价每亩数十元。予光绪七年创开仁大典之时，大马路地价每亩不过数千元，石路口以西每亩约二三千元不等。后开仁大典之屋，及大马路、善余里二马路，仁里（即今之泰和里）并二马路朝北之屋，道契约十一亩，除放马路实地九亩外，已为法兰西银行买办宋书升买去，计价七万两。予即关照黄静园，邀刘丙卿、张西园合股，向宋相让，不肯。后由予去商，蒙其加价五千两成交，只可写让契，即翻造泰和里，造价一万五千两，后静园售与盛葵臣，计价十二万两，即在大马路翻造三层楼。后盛售与首善堂，价三十余万，今时价值约可七八十万两。（此《志略》将要发刊时，此产已由哈同洋行买去，计价八十万两）

关于地价，余之芹还指出："大马路今开银行，先施永安公司兴造高楼屋，成为金银世界，地价涨至十万两一亩，住家者迁徙一空，吾典业此间无立足矣。"[1] 太平天国以后，随着江南经济的复苏，上海的地价也迅速飙涨，余之芹的描述，正从一个侧面反映了这种趋势。

当时，在上海的余之芹积极参与各类的公益事业，例如，民国时期，安徽同乡曾邀他兴办安徽旅沪学会，聘请同乡教员，设立旅沪学校。类似于此与桑梓故里相关的公益活动，余之芹从

---

[1] 余之芹：《经历志略·杂记一》，第30页。

未缺席。对此，自称"受业世再侄"的黄幹生，在 15 岁到上海"习商典业"，受到余之芹的栽培，根据他的描述："吾师对于公益更不遗余力，不辞劳苦，负商场之硕望，乃吾乡之要人。如曩者皖灾千里，哀鸿遍野，吾师痛关桑梓，代灾黎之请求，辄集钜万，以活生灵，何可成计，至今口碑载道，闾里称贤。虽对于外省，亦尽力而为之，盖抱大同主义也。试观川赈，得前清大显之嘉奖，授其官爵，吾师淡然置之，非所愿也。创办典质业保育会，吾业穷苦伙友身后之事，吾师尤关至切，生者受其嘉惠，殁者亦得安心于九泉矣。发起徽宁贫病寄宿所，贫苦同乡不幸染疾，医药乏资，赖其医治获全，难以缕指。他如劻勷红十字会也，妇孺救济会也，慈善团也，会馆也，医院也，及各慈善机关，能力助者，必勉为之。……排难解纷，见义勇为，虽年届期颐，犹无倦色，而吾师视为人生之要职，毫无自炫之言。"[1]这些，应非完全是溢美之词。关于在典业方面的扶孤恤贫，已见前述，此处则重点评析他对家乡的赈济。关于这一点，余之芹写道：

> 黟县在万山之中，山多田少，每年所出粮食，不敷民食之半，设遇荒歉，万分忧惧，常恃江西米接济。十年前，吾黟绅耆来沪商于予，兴办积谷，并会同汉口、芜湖、九江、景德镇等处吾黟同乡认募捐助，各埠分投，劝募约有二万余元，闻曾勒石明伦堂，惟推陈出新，平粜必有亏耗，经理此

---

① 余之芹：《经历志略·跋记》，第 61 下—62 上页。

事者，颇忧持久之不易也①。

1910 年，黟县绅商曾创办粮仓，各地黟商纷纷捐款。关于这一点，民国《黟县四志》卷 9 有"宣统庚戌年孟冬各埠同乡乐输芳名"，其中，列于上海首位的为余鲁卿（亦即余之芹），他"经募洋伍百元"②。除了日常的积贮防灾之外，一旦发生水旱灾害，余之芹等旅外商人亦总是慷慨解囊。对此，《经历志略》指出："某年徽州水灾，谢筠亭亲家及募振［赈］诸君并旅汉、浔等处诸同乡筹集十余万元，托屯溪洪其相先生暨在事诸君担任放振［赈］，并以振［赈］款修桥、补路，工藏，刊《征信录》。……彼时予自备之款带至徽州，上白面粉及棉布、裤袄遵谕补放。……"③此次徽州水灾，即光绪三十四年（1908 年）五月二十五日的徽州奇灾。当时徽州大水，波及境内的五个县份。对此，当地士绅及流寓各地的徽州人迅即反应④，事后刊有《徽属义赈征信录》⑤。该书为洪廷俊所辑，清宣统二年（1910 年）刻本，书中详细记载了各县诸村庄发放的赈灾款项等开支，其中提及：

----

① 余之芹：《经历志略·公益十》，第 18 页。
② 民国《黟县四志》卷 9《政事志·仓储》，第 238 页。
③ 余之芹：《经历志略·慈善公益二》，第 12 页。
④ 关于此次水灾，可参见：吴媛媛、何建木《晚清徽州社会救济体系初探——以光绪二十四年水灾为例》，载《中国历史地理论丛》2007 年第 2 期；张小坡《论晚清徽商对徽州社会救济事业的扶持——以光绪三十四年水灾赈捐为例》，载《安徽大学学报》2009 年第 5 期。
⑤ 《徽属义赈征信录》，上海图书馆藏，今收入李文海、夏明方、朱浒主编《中国荒政集成》第 11 册，天津古籍出版社 2010 年版。

分　类	赈捐数量	用　　途
棉衣收付计数	余鲁卿经散共 170 件	黟县六都、八都
面粉	收上海余鲁卿经募来 120 包	
	付黟余鲁卿手 352 包经散	
以工代赈	余鲁卿具字领去英洋 1 千元	修艾溪里岸等处路桥塝碣并渔亭镇之下工赈

从《经历志略》等书的记载来看，每逢灾祲，余之芹均四处奔波，扶孤恤贫，济急周乏，可谓不遗余力。

除了积极救灾外，处理旅榇归乡，也是慈善事业的一种。《慈善公益三》曰："上海为卑湿之区，各会馆旅榇有不能回藉〔籍〕，必安葬于义冢之内，掘土数尺，湿不见水，日后子孙发达，有启义冢之枢回籍安葬者，而满棺皆水矣。惟有凿孔放水，见者不忍。余君锦镕邀予等发起，在屯溪置办义冢坟山，开会集议，各县不能赞成，旋议决以吾黟一邑之力募捐独办。予年稍长，推为领袖，募得数千元，赴屯买地购山，建造思安堂丙舍，以安旅榇，并在思安堂之侧，建黟邑旅屯同乡会，以垂久远。是役也，皆余君锦镕及诸公之力，事成，请示备案，予名居首，抚心惭恧。今公举何兰石先生为思安堂及同乡会会长，主持办事，深愿此后和衷共济，相继勿替，予心安矣。"这是说上海地卑湿，不利于旅榇尸首的长期保存。有鉴于此，余之芹与旅沪、旅休的黟县商人，集资在徽州休宁县十六都珠塘铺地方建设善堂，额曰"思安堂"，并建有丙舍，以起停由沪运屯旅榇，及为在屯同乡殡所。此外，在珠塘铺思安堂右方附设同乡会，由旅休同乡会公组而成，定名为"古黟旅休同乡会"。民国九年（1920 年），出版有《新安思安堂征信录》和《旅屯古黟同乡会征信录》，这是有关黟县商人的两种征信录^①。

3. 余论

《经历志略》的一篇序文作于辛酉（1921年）仲秋，在序作者余诚格眼中，同宗余之芹是位"粹然儒者，不类阛阓中人"，"与之言，娓娓不倦，明古今之变，通中外之情，心敬异之"。从中可见，余之芹俨然是通达时变的儒商。毋须赘言，《经历志略》作为作者的自传，自有其一定的局限，其中必然有不少个人忌讳乃至自我拔高的内容，这是我们利用此类资料时应当注意的一个方面。

晚清民国时期是个新旧交替的重要时期，《经历志略·杂记六》记载：

> 席子珊君所开之晋元典在虹口四川路，因浼予整顿，请予兼管，见其典之中楼设一净室，（即乩坛）供奉吕纯阳祖师。席君劝我入乩坛，予素不迷信此种事，回想此乃为善之意，姑且试之，见沙盘写出之诗，顷刻数十百句，并有训语，而训予之语，竟与吾意相合，且有我心中之事他人不知者，乩隐示其意，故信仰崇拜。此乩坛为麦加利银行买办席锡蕃先生之母医愈跌伤足疾，席君商请将此乩坛移至麦加利银行楼上，比即由席子珊君同席锡蕃君与予等，将沙盘乩等

---

① 参见王振忠：《清、民国时期徽州征信录及其史料价值》，载《江南与中外交流》第3辑，复旦大学出版社2009年版。

用蓝呢轿敬谨送往。嗣又移至平桥路，购造楼房，前二层、后三层，供奉吕太祖师，乩笔自题其名曰"惠然轩"。距今二年，又在惠然轩隔壁购地建造惠旅养病院，规模宏大，此亦善举之一助也。予亦被举为董事。

文中的席氏为江苏之洞庭商人，是江南著名的买办世家。其中的席锡蕃为洞庭东山人，出身于金融世家，历任麦加利银行、华俄道胜银行、中法工商银行买办等职，曾赞助发起组织洞庭东山旅沪同乡会，兴建洞庭东山会馆等[1]，与余之芹一样，他也相当热心于故乡的公益事业。虽然已到了 20 世纪，而且是在沐浴着欧风美雨的大上海，但余之芹与席氏等洋行买办一样，仍然虔奉传统的神明，对于扶乩之类亦颇为热衷。

当然，这只是问题的一个方面。在近代，由于资讯更为发达，展现在商人眼前的是更为广阔的世界。余之芹长年出入于皖南山乡与黄浦江畔，他对于古今之变和中外情势，均有一定的认识。同治三年（1864 年），清军收复南京时，余之芹的父亲余国谨正在上海，其时他在读报，正好有画师来访，后者就根据阅报时的形状绘一小照，由亲朋题写诗词，余国谨也自题五古一篇。对此，余之芹深有感慨："先严题句，足见乱时之困苦，后辈暨国民须预为筹画，以杜乱萌之计。惟有兴水利、开荒、屯田、生产物品、创工业，使物价不致腾贵，民能生活，自然不乱。"[2] 从

---

① 关于席锡蕃，参见马学强《江南望族：洞庭席氏家族人物传》，上海社会科学院出版社 2004 年版，第 108—115 页。

② 余之芹：《经历志略·家世出身十四》，第 7 页。

中可见，余之芹对于当时的社会问题有过诸多的思考，也设计了不少解决的办法。在《经历志略》中，余之芹提出了他对中国社会的整体认识。如《时论一·世界论》，就是其人读报后的所思所想——"每见报载帝国续盟及水利导淮、自治等事，有所感触，因与明德四儿商谈，各拟意见理论于后"，他的意见和看法，包括"导淮意见论""自治意见论""附自治种树开矿""道德与强力之比较论""商业论""上海近时之交易所终必失败""太平洋会议之理想论""破坏建设之理想篇""人之自立国之自立论"和"欧美之平等自由论"等，内容包括中国和世界的诸多议题，这些，都反映出近代的徽商不仅关心桑梓，而且还对整个中国乃至世界性的问题多所思考。这也从一个侧面说明，《经历志略》一书中的记录，不仅是商业史上的珍贵史料，而且对于近代思想史的研究亦有一定的参考价值。

二、"盐商木客，财大气粗"

（一）清代藏书家汪启淑的盐业经营 [①]

汪启淑是清代前期江南著名的藏书家、篆刻家，颇为出版史、艺术史学者所关注。不过，尽管其人系徽州盐商一向尽人皆知，但因书阙有间，以往对他的盐业生涯所知甚少，有关其人生平事迹的诸多细节亦皆不得其详。有鉴于此，本文拟以田野考察所获契约文书为主，对汪启淑的生卒年代、在江南各地的活动场所以及盐业经营与社会生活等诸多侧面，作一较为细致的勾勒。论文指出：在迄今尚存的徽州文书中，土地契约占绝大多数，而有关商业方面的契约文书则相对少见。在这批新近发现的汪启淑相关文书中，不仅有涉及盐业经营的契约，而且还有一些与桑梓

---

① 本文在收集文献及实地考察的过程中，曾得到歙县绵潭村民汪卫东和汪启淑后人的热心帮助，复旦大学历史地理研究中心博士生赖锐同学协助清绘了相关的地图，特此谨申谢忱！

故里相关的土地契约、分家文书。据此，我们可以较为细致地探讨盐商的经营活动和社会生活，考察徽商由盛转衰的过程，故而弥足珍贵。从中可见，乾隆时代的徽州盐商，通过租售盐引，成为凭执根窝获利的有闲阶层。正像汪氏多方面的艺术成就一样，作为徽商的汪启淑，其商业经营亦涉及诸多行当。而就现有资料来看，他既是盐商，又是典商、出版商，甚至也被后人视作医家。这些不同的侧面，反映了盛清时代徽商"贾而好儒"的性格特征及其在文化上的诸多建树，其影响一直延续到近现代。

1. 方志、文集所见汪启淑的生平事迹

乾隆三十七年（1772年）四库开馆，征集天下遗书，命各地藏书家进献。在东南地区，范懋柱、鲍士恭、马裕和汪启淑四家献书最多。而在这四位藏书家中，除了天一阁的范懋柱之外，其他三位皆是徽商。个中，马裕为扬州盐商，而汪启淑则为浙江盐商。

关于汪启淑，徽州方志中最早的记载见于道光《歙县志》卷8之五：

> 汪启淑字慎仪，绵潭人，官兵部郎中。工诗好古，与顾之珽、朱樟、杭世骏、厉鹗诸人相倡和，纞西泠诸子之轨。乾隆三十七年，应诏献书五百余种，极邀宸奖，赐《古今图书集成》一部，别于启淑所进《建康实录》、《钱塘遗事》，亲题二诗以赐。后四年，赐《平定伊犁战图》一册。五十二年，《赐小金川战图》一册。所著有《水曹清眼录》、《讱庵诗存》若干卷。又酷嗜金石文字，辑有《飞鸿堂印谱》、《汉

铜印丛》诸书。

由于汪启淑的活动主要是在徽州之外，因此在他活动过的一些地区，当地的方志中也有相关的记载。例如，汪启淑因在浙江经营盐业，寓居钱塘（今杭州），故《杭郡诗续辑》中有一段记载：

> 汪启淑字讱庵，安徽歙县人，寓郡之小粉场，颜其厅事曰飞鸿堂。嗜古有奇癖，藏书百厨。乾隆三十七年，诏访遗书，启淑家进呈六百余种，恩赏《古今图书集成》一部，士林荣之。得古印几万组，汇为《讱庵集古印存》三十二卷。凡同时工铁笔者，悉重聘，延之家园，亲与参订，务合古法，亦盈万组，汇为《飞鸿堂印谱》四十卷。又续得汉铜旧刻，成《汉铜印丛》十二卷，极印人之大观。选国朝名媛诗二千家有奇，为《撷芳集》八十卷。少工吟咏，当杭世骏归田，日与厉鹗诸人结社南屏。启淑以终贾之年，骋妍抽秘，进与诸老抗行。一官工部郎中，归老松江，间来湖上，其清兴犹不少减云①。

这条资料是说汪启淑在杭州小粉场，建有著名的"飞鸿堂"。对此，清杨文杰所著《东城纪余》卷上"飞鸿堂"条，也有类似的记载。此外，他还指出——汪启淑有一些杂著，其中之一为《小

---

① 民国《杭州府志》卷170《流寓》，"中国方志丛书"华中地方第199号，成文出版社1974年版，第3258页。

粉场杂识》。关于汪启淑在小粉场的活动，据《前尘梦影录》记载，杭州"横河东运河之支流，西湖水灌市河，从城外过坝入焉。东西夹以双桥，如眉影窥镜。《梦粱录》云：崇新门外小粉场前普安桥，又名横河桥，其东名广济桥。今但名东、西横河桥，而小粉场则里人仍称之。其地近城阃，树色高下，屋瓦参差，雨篷烟艇，早暮聚集。汪秀峰先生于雍、乾时，富而好礼，所交皆知名士，凡金石书画，无不好而笃嗜者"①。与汪启淑差相同时的袁枚，在其所著《新齐谐》卷8中指出："杭州汪慎仪家，园亭极佳，园在小粉墙北街。"② 这些都说明，小粉场附近的景色绝佳，汪启淑飞鸿堂之园亭营造亦属上乘。

此外，汪启淑因经营浙盐的运销，又曾在松江一带活动，故嘉庆《松江府志》卷83中也有他的小传：

> 汪启淑字慎仪，歙县人。父某业醭，徙娄县，居金沙滩。启淑癖爱古刻，家有开万楼，藏书数千种。兼喜篆籀，穷搜历代图章万余纽，编成《䌷庵集古印存》、《飞鸿堂印谱》、《汉铜印丛》、《退斋印类》以及各种印谱，共成二十七种。高宗纯皇帝巡幸江南，进呈诗赋，后以贽入选，官工部都水司员外郎，升兵部职方司郎中。会四库馆开，诏直省搜访遗书，启淑献六百余种，钦赐《古今图书集成》全部、《大小金川战图》两分。乞假归南，著有《水曹清暇录》、《说文系传》、

---

① 《前尘梦影录》卷下。
② （清）袁枚：《新齐谐》卷8"梁武帝第四子"，嘉庆间刻随园三十种本。

《酒帘倡和》，并采海内闺秀诗，刊成《撷芳集》传世。又有《讱庵诗钞》若干卷，未梓。年七十二，卒于松。

此一传记，是目前所见各类方志中记录其生平最早的一段文字。其中提及其父迁居娄县从事盐业，并说他是通过捐纳步入宦途。不过，文中所言汪启淑有"《讱庵诗钞》若干卷，未梓"，似不确①。另外，小传中还说汪氏最后卒于松江，时年七十二②——此一信息是此前各类传记中未曾提到的。

除了此一小传之外，汪启淑在松江府的活动，还见有光绪《南汇县志》卷6的记载："乾隆二十年，秋谷不熟。二十一年春，犹饥，宪檄劝谕绅衿富户量力助捐。"南汇属松江府辖下，也是汪启淑从事盐业期间时常来往的场所。当时，汪启淑捐钱十七千，这当然是以侨寓徽商的身份参与捐输的。

此外，汪启淑在扬州一带也有活动③。他著有《邗沟集》，与同是出身歙县的扬州盐商江春、程晋芳等人皆有交游，故在乾隆时人李斗的《扬州画舫录》中亦有一处记载：

> 汪启淑，字秀峰，浙江杭州人，官刑部员外郎，性情古雅
> 不群。刻有许氏《说文系传》、郑樵《通志》、《撷芳集》一百卷、

---

① 今见有《讱庵诗存》6卷，为清乾隆间刻本，收入《四库未收书辑刊》第10辑，第28册。
② 光绪《娄县续志》卷20《流寓》亦曰："年七十二卒。"
③ 乾隆十一年，"冬为销寒会，会者周京、金志章、梁启心、丁敬、杭世骏、全祖望、顾之麟、吴城、丁健、汪启淑"。(《厉樊榭先生年谱》)

汉印图书谱无算。因《缬芳集》少二十卷，征诗来扬州，持论与汪中多所抵捂，拂衣而去①。

这一段史料说汪启淑是浙江杭州人，显然是因其长年生活在杭州的缘故②。由于《扬州画舫录》的作者李斗之自序作于乾隆六十年（1795年），当时汪启淑还在世，故此一小传可能是目前所见有关汪启淑最早的一篇传记。文中提及汪启淑曾刊刻了不少著作，集中反映了他在出版事业方面的贡献。

此外，对于汪启淑的盐业经营状况，文献中也有极为简单的描述。如近人徐珂在《清稗类钞》中曾载：

> 歙县汪启淑，字讱荪，号绣峰，世业鹾，拥高赀，尝剖巨珠为小印，侈丽极矣！

文中的"绣峰"应作"秀峰"，此处以其人"剖巨珠为小印"，意在烘托盐商之豪侈。

综上所述，迄今为止所见有关汪启淑的各类传记，提及其人的生平事迹主要有：

---

① （清）李斗：《扬州画舫录》卷10《虹桥录上》，中华书局1960年版，第245页。关于这一点，焦循于嘉庆五年在扬州得《焠掌录》，他在书末跋曰："秀峰来扬，访江都汪容甫明经，见面两相争詈。尝饮于汪对琴比部家，擎杯忽大恸，举座为之罢席，亦奇士也。"

② 袁枚：《随园诗话补遗》："秀峰，婺州人，生长杭州，家素饶裕，慕顾阿瑛、徐良夫之为人，爱交名士，少即与吾乡杭、厉诸公交往……"这大概是因为汪启淑也时常活跃于兰溪一带，故被袁枚误称为婺州人。

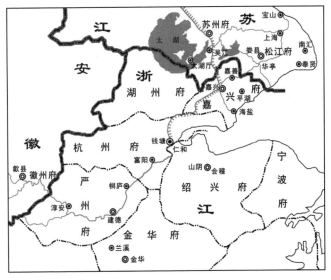

汪启淑活动的江南各地

（1）除了桑梓故里之外，汪启淑曾在杭州、松江、兰溪、扬州等地活动。

（2）乾隆开四库馆，献书六百余种（一说五百余种），获赐《古今图书集成》等。

（3）穷搜历代图章，编有《飞鸿堂印谱》《讱庵集古印存》等。

（4）著有《水曹清暇录》等。

不过，上述各类传记也存在以下两个方面的问题。

一是生卒年不详。因现存的传记史料都未提及汪启淑的生卒年，故1998年杨辉君点校的汪启淑之《水曹清暇录》前言，直接指出"生卒年不详"。而张㧑之、沈起炜、刘德重主编的《中国历代人名大辞典》，也未提及他的生卒年。管见所及，王锷、伏亚鹏点校之《藏书纪事诗》倒是提及汪启淑的生卒年，不过却将之定为 1728—1799，[①] 此一说法颇为后来研究者所沿袭[②]，但其卒年显然有误。

二是在其生平事迹中，都只有汪启淑在文化方面的建树，而有关其人的商业经营状况则付诸阙如。迄今为止，大家只是笼统地知晓他是从事盐业经营的徽商，但其具体情形则不甚了了。特别是他在松江一带的盐业经营状况，更是完全不曾提及。

2. 从民间文献看汪启淑的生平经历

数年前，笔者因编辑《歙县的宗族、经济与民俗》[③]一书，曾两度前往歙县绵潭考察。绵潭位于新安江北岸，是汪启淑的桑梓故里。在当地，我收集到一些与明清时代徽商相关的珍稀文献[④]，这些文献，对于弥补此前汪启淑传记资料之不足，提供了

---

① 北京燕山出版社 1999 年版，第 423 页。
② 如张健：《清代徽州藏书家与文化传播研究》一书中有"汪启淑及其'飞鸿堂'藏书"一节，即沿用此一说法。（安徽师范大学出版社 2015 年版，第 64 页）
③ （法）劳格文（John Lagerwey）、王振忠主编："徽州传统社会丛书"，复旦大学出版社 2016 年版。
④ 我曾据此考证芳坑江氏徽商的先世经商地，参见拙文：《徽商·毛文龙·辽阳海神——歙县芳坑茶商江氏先世经商地"平岛"之地望考辨》，《江南社会历史评论》第 6 期，商务印书馆 2014 年版。有关汪启淑的文献，近年仍有流出绵潭者，如："书适安草庐诗后，即请讱庵先生教正。多才徐孝穆，高馆葺绵潭，黄海何年别，青山到处探，梦怜姜被冷，舞爱月姬憨，三叠阳关唱，周郎细细谙。藉甚长安道，人传秋水篇，滥竽殊忸好，锦瑟思华年，麟管香生梦，隃糜淡扫笺，谁情参末座，袭屐斗翩翩。畹兰鲁芳拜稿。"另外，韦力《甲午春得书记（中）》，亦提及汪启淑辑《锦囊印林》二卷（清乾隆十九年汪氏香雪亭钤印本，巾箱本，册页装，1 函 2 册），见《东方早报·上海书评》2014 年 7 月 6 日。

汪启淑画像

重要的新史料。

（1）关于汪启淑的生卒年

在这批文书中，有一册佚名无题抄本，从内容上看，应属于民间文书中的"金银袋簿"。所谓金银袋，与汪启淑差相同时的歙县人吴梅颠，在其所撰的《徽城竹枝词》中这样描述：

> 墓祭三回重本源，清明冬至及中元。
> 寒衣烧献金银袋，但只清明许乞墦。

上揭的"墦"即坟墓，而"乞墦"一词出自《孟子·离娄下》，谓向祭墓者乞求所余酒肉。这首竹枝词状摹的是徽州人在清明、冬至及中元祭祀时，都需要焚烧金银袋以祭奠祖先。根据近年来劳格文教授与我在徽州的调查，在当地人的讲述中，金银袋是用纸糊成、类似信封式的袋子（约长35公分、宽25公分），

歙县绵潭汪氏"金银袋簿"

内装金银锡箔、冥钞，袋上以毛笔正面书写祖先名讳，背面则写着"×年×月×日……封"的字样。在歙县，每家每户都备有一册"太公簿"，俗称"金银袋簿"（有的也称为"水源木本"），用以记录本户历代祖先的名字，以便于在书写"金银袋"时加以参照。而在绵潭汪启淑后人家中找到的这册金银袋簿，其上就有汪启淑的明确记载：

皇清诰封奉直大夫工部都水司　　　府君汪公
朝议大夫户部山东司　　　　　　　显先高祖讱荼
中宪大夫兵部职方司　　　　　　　孺人方氏
郎中加三级

其下的署名是他的"玄孙男存育、存位，来孙男立功、立森全百拜"。另外，金银袋簿还记录：汪启淑"字慎仪，号秀峰，又号讱葊"①，"墓小溪"（墓地位于歙县小溪，小溪在绵潭的东北、棉溪口之西北）。他的生卒年是"雍正戊申年七月初二日子时，嘉庆戊午三年九月三十日"。可见，汪启淑应生于雍正六年（1728 年）七月初二②，卒于嘉庆三年（1798 年）九月三十，享年七十一岁。光绪《娄县续志》卷 20 写作"年七十二卒"，显然是根据民间的算法。

（2）关于汪启淑在松江的活动

① 问舍求田

在这批文书中，有数份契约相当引人瞩目。其中之一为：

> 立加绝文契管数人茅魁，上年奉主命，曾将娄县三十九保一区十二图金沙滩厅房一所，央中卖售王［汪］府，得受房价银五伯［百］两正。今因前价木［不］敷，复央原中曲议杜绝银贰伯［百］两正，其银当日交足。自绝之后，恁从拆卸改造，永远居住，与售主无涉。此系两相情愿，各无异言，恐后无凭，立此加绝文契为证。
>
> 计开
>
> 银色九八　平十三号，九兑。
>
> 康熙二十八年三月　日立加绝文契管数人茅魁　押

---

① 关于字、号，以往记载颇多混淆。《飞鸿堂印谱》第 2 集，有"钱塘汪启淑字慎仪、号秀峰鉴藏图书印"。（人民美术出版社 2011 年版，第 13 页）第 4 集，有"慎仪别字秀峰之章"。（第 206 页）

② （清）汪启淑编：《飞鸿堂印谱》第 1 集，第 169 页，有徐钰的"生于戊申"印，与此恰相吻合。徐钰为徐鼎（调圃）之弟，见汪启淑《飞鸿堂印人传》卷 7。

中　　章尔谷

　　　　吴俊生　押

　　　　曾在御　押

　　　　章斯臧　押

　　　　郁倩英

年　月　保
实收契见房价加绝银两足
见仝前

　　这是一份加绝文契，也就是与"找价"相关的契约，亦即土地交易完成以后，卖主仍向买主索取加价的文书。娄县是清代松江府的附郭县之一，于顺治十三年（1656年）析华亭县置，治所在今上海市松江区松江老城。据嘉庆《松江府志》卷83记载："汪启淑字慎仪，歙县人，父某，业鹾，徙娄县，居金沙滩。"此外，光绪《娄县续志》卷20亦载："汪启淑字慎仪，号秀峰，其先为歙县人，因业鹾于松，居松之西关外金沙滩，遂家焉。"[1]上揭加绝文契，就是有关金沙滩房屋交易的契约。

　　从汪氏的"金银袋簿"来看，汪启淑的父亲叫汪岐亭（字左黄），生于康熙乙丑年（二十四年，1685年）十二月初五日，卒于乾隆丙辰年（元年，1736年）二月十七日。值得注意的是，上揭契约的形成时间是康熙二十八年（1689年），是时，汪岐亭才四、五岁，而将娄县三十九保一区十二图金沙滩厅房出卖的时

---

[1] 《飞鸿堂印谱》第5集中，有"何似金沙滩上放憨时"。（第207页）

间，更早于康熙二十八年。由此看来，购买房子的主人应当是汪岐亭的父辈甚至祖辈。方志所言其父因业鹾徙居娄县金沙滩的说法，可能并不完全确切，汪氏始迁松江者应早于汪岐亭。

另外，根据"金银袋簿"所载，汪岐亭的妻子方氏，从姓氏上看应是歙县人。续娶康氏，则为松江人。另有两个小妾顾氏和沈氏，一是苏州人，一是松江人。由此可见，汪岐亭的主要生活范围应在以松江为中心的江南一带。

契约中的三十九保一区十二图，据乾隆《娄县志·疆域》："三十九保有区二，属一区者曰乡二图、乡四图、七图、八图、南北十二图。"[①] 故金沙滩应位于三十九保一区的南北十二图。那么，汪岐亭、汪启淑何以定居此处？这显然与当时的盐业经营有关。据光绪《娄县续志·建置》：

> 松江批验所大使署在集仙门外三五十九图，……今废。
> 盐仓在集仙门外三五十九图批验大使署侧，今废。

根据盐法志的记载，松江批验所在府治西南二里娄县地方，该所专掣横浦、浦东、袁浦、青村和下砂五场引盐。其中，下砂头场引盐赴掣，由一灶港经奉贤县蔡家桥，转入青村港，过南桥，出黄浦抵所，凡一百一十五里[②]。由此可见，汪氏父子卜居此处，是因为当地毗邻盐务衙门，这与淮南盐商聚居于扬州河下

---

① 《娄县志》，（清）谢庭薰修、陆锡熊纂，清乾隆五十三年刊本，成文出版社1974年版，第145页。
② 嘉庆《钦定重修两浙盐法志》卷1《疆域》，第58页。

颇相类似。今查清代中叶的《松江城守营讯舆图》①，该图中的府城西南方，有一"金沙滩桥"的地名。而这一地名，在今上海市松江区仍然存在。从各方面的证据比对来看，汪启淑侨寓的松江西关外金沙滩，应即迄今尚存的"金沙滩桥"一带。

金沙滩在松江府城的西关外，这里，除了是早期盐务衙门所在地之外，也是当时比较繁华的区段。据晚明范濂指出："东西二门，系商贾辐集之地，故倭夷回禄之后，宦室富民或以此更新，或以次修复，遂成都会。而西尤加三倍于东。"②清代前期，这一带经过了官府系统性的整治③。从相关文献来看，此处也是徽商聚居的地方。光绪《娄县续志·建置》："新安义园在谷阳门外护龙桥北，徽人之商贾力作于松江者众，病故后，旅榇所在暴露，程师羲、查家驹、汪绳蕙、黄楚珍、黄德达、程诗嘉募建是所，停厝掩埋，集有公款，存典生息。咸丰年间，司事程礼智，将公款置田一百七十余亩，以期久远。"这段史料反映的时间可能较晚，但徽商在当地的活动应由来已久④。

上引的加绝文契，内容是茅魁曾将娄县金沙滩厅房出卖与汪

---

① 谢国兴主编：《方舆搜览——大英图书馆所藏中文历史地图》，"中央研究院"台湾史研究所 2015 年版，第 201 页。此图为上南下北，左东右西。据编者判断，年代为清道光二十年至二十二年（1840—1842）。

② ［明］范濂：《云间据目抄》卷 2《纪风俗》、卷 3《纪土木》，《笔记小说大观》第 13 册，江苏广陵古籍刻印社 1983 年版。

③ 乾隆《娄县志》卷 2《建置志》："雍正中，筑金沙滩一带沿城石岸。乾隆五年，重修西门外护城石堤。"

④ 黄敬斌在《郡邑之盛：明清松江城的空间形态与经济职能》（《史林》2016 年第 6 期）中一文提及，在松江府城西门外有徽州会馆，虽然此一会馆的始建年代不详，但可作为徽商活动的一个旁证。

府，获得银 500 两。根据江南一带的习惯，后又加找了 200 两。该份康熙二十八年（1689 年）的契约文书，说明早在康熙前期，汪家就在松江府娄县金沙滩一带活动了。

事实上，徽商汪氏在松江一带的盐业经营可能还可上溯到明代。《敕修两浙盐法志》卷 2《图说·松江批验所图记》：

> ……至明崇祯十三年，用御史冯垣登言，始建所于松江，辖掣昆、常、嘉、太、华、娄、上、青等州县引盐。商人汪肇章等捐建于斗武浜，在府城西南二里，去运司三百五十八里①。
>
> 运盐河旧名放生河，自建所后，易今名。……水流沙积，年久湮淤。康熙六十年，商人汪承章等议请设法疏浚，松江府知府周镐元实董其役，按闸旧址，筑坝蓄水，合西北泖、淀巨流，由北而东，循河故道，潮回流迅，沙不停淤，舟楫顺行，商民便之②。

上述的"汪肇章""汪承章"等，都是盐业的旗号，其的名未见记载，不过，他们都在明末清初于松江府各地修浚河道，筑坝蓄水。这些汪姓的徽商，可能就与汪启淑的祖先有关③。

---

① 《敕修两浙盐法志》卷 2，第 69 页下。
② 《敕修两浙盐法志》卷 2，第 70 页上—下。
③ 原位于上海南市区城隍庙旧址的雍正十年（1732 年）《善信乐输鼓亭工食碑》中，捐输者中，首列"鹾业公所汪"，应是汪姓的徽州盐商。（上海博物馆图书资料室编：《上海碑刻资料选辑》，1980 年版，第 19 页）

盛清时代的松江府

此外，在这批新见的徽州文书中，另有一份契约记录：

> 立卖田文契俞铨英，为因粮银急迫，今央中龚日父等，
> 将自己二十五保二图过字圩田壹亩正，卖到汪府管业，三面
> 议得价银肆两正。其田自卖之后，听从过户输粮，耕种召
> 租，并无上下言阻，恐后无据，立此卖契为照。
>
> 计开　四址：东至龚地，西至张田，南至沈浜，北至盛地。
> 乾隆四年四月　日立契俞铨英　押
> 　　　　　　中友　龚日文　押
> 　　　　　　　　沈廷章
> 　　　　　　　　杨占堂

　　　　从徽州到江南：明清徽商与区域社会研究（修订版）

钱书文　押

实收契内银俱足。

　　这份1739年的卖田文契，与前引的加绝文契都说明——在盛清时代，歙县绵潭汪氏曾在娄县一带求田问舍。而之所以如此，显然与他们的盐业经营密切相关。此一动向，与清代前期徽商在江南各地的贸易以及土著化进程，是完全吻合的①。

　　② 盐业经营

　　在新见的这批文书中，还见有两份珍贵的盐业契约，其中之一为：

　　　　立合同议单，亲友章盈海、周侍彤、薛树三、徐位人、徐玉文等，今有汪秀峰先生祖遗上、南、南下砂汪世丰名下汪茂丰、汪洪发等年额季引宪照壹万引，议租与孙存斋先生配掣，自熊院九掣，乾隆三十一年秋冬租起，至三十四年春夏止，租销陆掣，期满仍还汪处，彼此不得阻掯，在地公店公销……

　　"汪秀峰"即汪启淑，从其祖上开始，就在上海、南汇一带

---

① 　关于这一点，《清高宗实录》卷1255乾隆五十一年辛未上谕也称："上年江苏、安徽、山东、湖北等省被旱较重，民气未复，如江苏之扬州、湖北之汉口、安省之徽州等处地方，商贩聚集，盐贾富户颇多，恐有越境买产、图利占据者，不可不实力查禁。"《清实录》第24册，中华书局1986年版，第869—870页。

从事盐业经营。契约中称呼甲方为"汪秀峰先生"，乙方为"孙存斋先生"，这说明书写契约者，对于汪启淑和孙存斋皆颇为敬重。孙存斋即孙述曾，据清朝官员履历，"孙述曾，浙江人，年四十三岁，由贡生遵川运例加捐知府。乾隆四十二年三月内用湖南宝庆府知府"。从现籍上看，孙述曾是仁和（今杭州）人，祖籍是否徽州不得而知，但他与长年居住在杭州的汪启淑颇相类似，也是通过捐纳步入宦途。合同议单中提及的"汪世丰"是汪氏家族经营盐业的花名旗号，其下另有"汪茂丰""汪洪发"等子户①，他们所控制的盐引是10000引。当时议定，从乾隆三十一年（1766年）秋冬租起，到三十四年（1769年）春夏为止，租与孙承斋经营。

合同议单中的"上、南、南下砂"，是指上海、南汇和南下砂。清雍正四年（1726年），从上海县划出长人乡与下沙盐场设立新县南汇。据《敕修两浙盐法志》卷1《疆域》记载：

> 下砂场，旧在上海县十九保新场镇，今属南汇县②。
> 新场镇，元初迁盐场于此，故名。今为下砂场盐课司，一名南下砂，一名石笋里。元时北桥税司、杜浦巡司皆徙此，歌楼酒肆，贾衔繁华，县不是过也③。

---

① 据光绪《南汇县志》（民国十六年重印本）卷6记载，雍正十年（1732年），南汇海潮灾害，十一年旱，岁歉且大疫。十二年春犹饥，诸多商人参与捐输。其中，"醝商汪茂丰捐银五十两"。另据嘉庆《松江府志》卷26，十一年，汪茂丰等"或收瘗尸棺，或出谷赈济，其好义尤可风焉"。
② 《敕修两浙盐法志》卷1《疆域》，第27页。
③ 《敕修两浙盐法志》卷1《疆域》，第28页。

当时，嘉兴松江分司属下有西路场、鲍郎场、海沙场、芦沥场、横浦场、浦东场、袁浦场、青村场、下砂场、下砂二场和下砂三场①。下砂场也就是南下砂，即新场镇。

根据盐法志的记载，浙省引盐行销本省十一府及江苏之苏松常镇四府、太仓一州、安徽之徽州一府、广德一州，并江西之广信一府。在浙江，雍正四年（1726 年），以巡抚兼理盐务。至乾隆五十八年（1793 年）复专设盐政②。合同议单中的"熊院"，应指浙江巡抚兼管盐政熊学鹏，此人系江西新建人，进士出身，于乾隆二十七年（1762 年）十一月出任浙江巡抚③。

上揭契约中提到了"公店"一词。何谓公店？歙县民间日用类书《简要抵式》抄本记载："公店，股分之店。"则公店当为合股经营的店铺。而就盐业经营的语境来看，"公店"应是代替盐商从事买卖活动的机构。乾嘉时代，在扬州新城五城巷就有引行公店，而在丁家湾则有丁家湾公店，凡替盐商经手代办的商厮商伙全都集中于此，所谓"门非曝卤煎沙地，货有甲乙丙丁纲，交易无私贪夜盛，不关己事为人忙"④。上揭这首诗，说的是丁家湾一带靠近盐商聚居的扬州新城南河下和北河下，虽然并不是淮盐生产的地区，但在这里的交易却十分忙碌，其对象则是各

---

① 《敕修两浙盐法志》卷 7《户口》。

② 嘉庆《钦定两浙盐法志》卷 22《职官二》，嘉庆七年（1804 年）刊本，"浙江文丛"，浙江古籍出版社 2012 年版，第 593 页。

③ 嘉庆《钦定两浙盐法志》卷 22《职官二》，第 596 页。

④ （清）林苏门：《邗江三百吟》卷 1《播扬事迹·丁家湾公店》，广陵书社 2005 年版，第 15 页。

个年份的纲盐。当时的淮盐运销，是以每年的干支纪年作为名称，称为"某某纲"，如乾隆元年为丙辰年，则当年运销的淮盐也就称为"丙辰纲"。此一契约中提到的"公店"，应当也就与此类似。

在上揭的合同议单中列有 14 条的协议，其中的前 3 条是：

一、议上、南销数，世丰名下两股正引宪照，向销壹万余引，孙处租销。除上、南额引壹千柒百贰拾捌引外，余盐请照过掣。

一、议□议之日，兑交押租九七元丝足兑银捌千两，租期满日，汪处照数兑还孙处。

一、议引租，每引九七平色足兑银肆钱，每掣领引之日，先兑银壹千贰百两，总以实销之数为准，或有长短，掣后揭算找付。

汪启淑所有的"汪世丰"名下之 10000 余引，租与孙存斋销售。孙存斋租借盐引，需先交付押租 8000 两，这笔钱等租期届满时，由汪启淑如数交还与孙氏。第 3 条规定了转租的费用，即每引需银 4 钱，总计 10000 余引，每次运掣就需要支付 4000 余两，先行兑银 1200 两，余银待掣后揭算找付。据此推算，每年汪启淑仅靠出租这些根窝，就可获利 4000 余两。

第 4 条、第 5 条是租借双方的交接账目：

一、议三十一年春夏以前，若有引课、帑杂未完，俱系汪处自行办纳；秋冬以后，一切课费、摊捐，俱归孙处承办，与汪世丰号无涉。

一、议汪世丰号子户汪茂丰、汪洪发、汪□□〔日昌〕、汪世茂名下三十一年以前并无承领兵本、帑息未完，止有三十一年冬世丰承领新帑壹宗，汪处自行办纳；倘有随程完缴之举，孙处随程完纳，即于引租之内除算。

双方的租借是从乾隆三十一年（1766年）秋冬开始，故春夏以前的课税等，仍由汪启淑名下的汪世丰自行承担，此后则由孙存斋负责。第五条还提到汪世丰号下的子户，计有汪茂丰、汪洪发、汪日昌和汪世茂。当时约定，在交接期间，如有必须随秋冬以后完缴属于汪世丰原先的债务，则由孙存斋先行缴付，以后再根据实际支付的银两，在引租内扣算。所谓程，也叫"程引"或"引程"，亦即盐引之义①。其中提及的"帑杂"、"帑息"和"新帑"等，是指两浙帑盐应交的税课。根据盐法志的记载，帑盐之设，起于雍正五、六年间，"盖发官帑以收余盐，而仍资商运"，目的是防止私盐盛行②。

第6条至第14条，涉及"汪世丰"在松江一带的相关设施

---

① 关于这一点，《敕修两浙盐法志》卷10《程式》中，有"松所帖式·给商运卖限帖"："两浙盐院为给帖照运以速转输事。照得两浙商盐，奉部颁引目，按季配掣，运往各属住卖，例给限帖照运，法綦严也。查帖文开载松所商名引目若干，照则纳课若干，凡各商引盐运到，住卖各该州县衙门，先将引程投验，该印官查明程引盐数，俱相符合，帖内填注无弊字样，盖印，即行起店开卖，毋许留难阻滞。"（《敕修两浙盐法志》卷10《程式》，第12页上）

② 嘉庆《钦定重修两浙盐法志》凡例，第6页。

及其债务之处置。这些规定包括：

一、议汪处在场、在所廒房，照例另行输租，凭折按掣支付。

一、议上、周两处公寓房屋，每年议定租金元丝银壹百陆拾两，凭折按季交付。

一、议各船户预撮水脚等项，交代之时，查明数目，孙处运盐，每引代为扣还贰分，按掣交付汪处。

一、议公堂预撮巡费，省中预付分例各用，查明若干，照数、照股会还。

一、议三十一年春夏之盐，统候汪世丰号销完，孙处再行运发接销。

一、议所有上、南店欠丰号本股一半，自向各本店友划收，至于零星各店之欠汪处，自至公寓坐提，不涉孙处之事。

一、议丰号芦沥场中贰秤，向有灶欠，汪处自行扣除；至于场秤贰杆，不在租内。

一、议汪世丰号，熊院九掣，春夏配剩存场之盐，照依时价，揭与孙处掣配秋冬额引。

一、议丰号所有周浦本船壹只，孙处付过足钱柒拾千文，钱不起利，船不起租，一切修理，不涉汪处之事。租限满日，汪处交还足钱柒拾千文，其船仍付汪处管业，所有物件，另有清账交代。

以上十四条，俱系三面议定，两相情愿，各无翻悔，欲后有凭，立此合同议单贰纸，各执壹纸存照。

乾隆三十三年四月　日立合同议单亲友　徐位人　押

　　　　　　　　　　　　　　　周侍彤

　　　　　　　　　　　　　　　章盈海　押

　　　　　　　　　　　　　　　薛树三　押

　　　　　　　　　　　　　　　徐丕文

　　　　　　　　　允议　孙存斋　押

　　　　　　　　　　　　　　　汪秀峰　押

　　　　　　　　　代书　章兰阶　押

　　在上述 14 条之后与年月日署名之前，写有"乾隆三十七年七月廿七日三面掣销，此议作为□□"字样，此 21 字与契约内其他文字的字体稍有区别，显然是后来所添加的文字。鉴于前文提及"六掣"之后，则正好到乾隆三十七年七月春夏。故此，此 21 字之末的"□□"，可能为"废纸"二字。这应当是合同双方之义务履行与权利获得结束后，对旧契的一种处置。实际上，该契约之上的确有大幅涂抹的线条，明显反映出当事人销毁此契的做法。

　　在上述的合同议单中，汪启淑还只是将行盐的权利租借与人。过了五年以后，他就将部分盐业根窝出售。关于这一点，乾隆四十二年（1777 年）十月，另有一份合同议单这样写道：

　　　　立合同议单，亲友吴稼莘、许春岩等，今因汪秀峰先生，将松所上、南二县汪世丰名下年额叁千肆百伍拾陆引

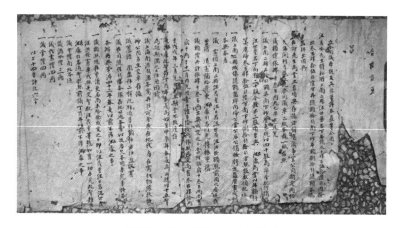

清乾隆四十二年（1777年）的合同议单

内，拨出叁百肆拾伍引陆分，并随额余引南下砂年额捌拾引，随额各填盐牌，出顶与□（汪？）在郊先生为业，立有顶契存据。兹将应议事宜，公同酌定，两相允协，开列于后，立此合同议单二纸，各执一纸存照。

该份合同议单，除称"汪秀峰先生"外，对于契约的另一方也同样是敬重有加，称之为"汪在郊先生"。据《全浙诗话》二十七"汪浚"条："浚字在郊，钱塘人，槐塘弟。"文中的"槐塘"即汪沆（1704—1784），祖籍歙县汪村，其祖先于宋绍熙壬子（1192年）迁歙县槐塘，明初迁居杭州，入商籍，汪沆遂为钱塘诸生[1]。此人少从厉鹗学诗，诗与杭世骏齐名。最为著名的一首诗就是："垂杨不断接残芜，雁齿虹桥俨画图，也是销金一

---

① 嘉庆《钦定重修两浙盐法志》卷25《商籍二》，第706页。

锅子，故应唤作瘦西湖。"据说，扬州瘦西湖之得名，即由于此。他与汪启淑过从甚密，曾为《飞鸿堂印谱》撰写跋文①。其弟汪浚字蔗塘，亦字在郊，入两浙商籍。由兄弟二人的履历可见，汪沆、汪浚两人都与盐业有着千丝万缕的联系。

这份合同议单，其下也分列 14 条：

一、议额价银肆千叁百两，九七平色足兑；

一、议上、南二县正余引额并南下砂，历来统以四十股为率，分配行销，内汪世丰名下向有二十股，今拨出二股，顶售与汪（在）处为业，以年额科算，应归叁百肆拾伍引陆分，南下砂捌拾引，余引亦照股数领配。

一、议上、南二县城镇随额盐牌，向归公堂、公店公销，按撂起盐，历有成例，各无参差。

一、议宪颁上、南二县汪茂丰、汪日昌、汪世茂、汪洪发额照，前因火废，现在禀请道宪补给，竟更汪（在）处引名，以免转辗禀请。

一、议额价共计银肆千叁百两，立契成交之日，当付银贰千叁百两，尚有贰千两，于十一月内兑付壹千陆百陆拾两，银照两交，尚有叁百肆拾两，于戊戌年三月兑付，□立期票，不致迟误。

一、议汪（在）处配掣，以丁酉年春夏为始，至甲辰年春夏为止，统以十五掣为期，期满之日，任凭回赎。

---

① （清）汪启淑：《飞鸿堂印谱》第 2 集，第 147—150 页。

一、议上海、南汇、周浦各寓，并在所仓廒、在地栈房、在寓什物傢伙，概归公用，另立交单存据。

一、议芦沥团盐秤二杆，既经顶售引额，秤亦任凭收买。

一、议在司随程引杂各课，在地公巡各费，以及店欠各项，未完事件，各归各办，两无牵涉。四十二年春夏以前，不涉汪（在）处之事。

一、议额照现在禀请更名，尚未给发，成交之日，即以汪茂丰、汪日昌、汪世茂、汪洪发宪单代照，先交掣配汪茂丰等号，如有一切未完，此掣虽用汪（秀）处引名过掣，总照前议丁酉年以前，不涉汪（在）处之事。

一、议中礼，南北各送。

一、议酒水礼三两。

一、议代书礼四两。

一、议管礼四两。

以上十四条，计改六字。

乾隆肆拾贰年拾月　日立合同议单亲友吴稼莘　押

　　　　　　　　　　　　　　许春岩　押

　　　　　　　　　　　　　　许上林　押

　　　　　　　　　　　　　　吴又超　押

　　　　　　　　　　　　　　唐汝器　押

　　　　　　　　　　　　　　吴稼轩

　　　　　　　　　　　　　　汪舜臣　押

　　　　　　　　　　　　　　章谢庭　押

```
                    阮宁宇

                    杨逸群

        代书    徐调圊    押

        允议    汪秀峰    押

                汪在郊    押
```

    首先，这份合同议单的书写者颇为有名。"代书"徐调圊的数方朱文印，如"奇石幽篁心所欲"①"梦魂犹在水云乡"②"蚤知穷达有命，恨不十年发读书"③"山中习静观朝槿，松下清斋折露葵"④等，皆收入汪启淑的《飞鸿堂印谱》。徐调圊的生平较为少见，只有汪启淑的《飞鸿堂印人传》卷7中，有一个比较详细的小传：

    徐鼎字玉文，号调圊，江苏华亭县人，胜国文贞公后裔。父淞，字齐南，潜德不仕，精究象纬，于西洋测量、制器之法，无弗洞彻。调圊鬌髫即失恃，家又清苦，不获专攻举业，以博科第，每郁郁焉。对客蔼然可亲，耽静退，斗室萧条，寂坐终日。幼嗜六书，习摹印，兼善文、何两派，俊逸健雅，颇饶古趣，而于汉人翻砂拨蜡、浅深轻重，有得心应手之妙。早年丧偶，不复续弦，人以义夫目之，淡于名

① （清）汪启淑编：《飞鸿堂印谱》第3集，第67页。
② （清）汪启淑编：《飞鸿堂印谱》第5集，第230页。
③ （清）汪启淑编：《飞鸿堂印谱》第1集，第230页。
④ （清）汪启淑编：《飞鸿堂印谱》第2集，第130页。

利，即米盐偶缺，晏然自安①。

可见，徐调圃是明代"文贞公"徐阶的后人，因科场失意而郁郁寡欢，经济状况亦颇为拮据。不过，可能是因为他的篆刻技术高超，再加上汪启淑之有心接济，故而该契约的代书礼竟高达4两。

其次，合同议单计有14条，其中的第1条"价银肆千叁百两，九七平色足兑"，是指汪启淑出售松所上、南二县的345引6分以及南下砂年额80引所获得的报酬。而从第2条的规定来看，上海、南汇二县正余引额并南下砂"历来统以四十股为率，分配行销"，其中，汪世丰名下计有20股，此次是拨出2股，出售与汪在郊。第6条说"以丁酉年春夏为始，至甲辰年春夏为止，统以十五掣为期"，"丁酉"即订立该份合同议单的乾隆四十二年（1777年），而"甲辰"则是乾隆四十九年（1784年）。"期满之日，任凭回赎"，可见该合同议单虽然说的是出售盐引，但实际上却是可以回赎的。

此外的其他诸条，提及徽州盐商在上海、南汇二县城镇设有公堂、公店，协调浙盐的运销。而汪启淑在上海、南汇和周浦等地，都有寓所、仓廒及栈房等。文中提及"在地公巡各费"，是指因防止私盐，除了官方的巡缉之外，商人也私雇盐捕，水路又添巡盐船只②。

---

① （清）汪启淑：《飞鸿堂印人传》，第23页。
② 嘉庆《钦定重修两浙盐法志》卷首《诏旨二》乾隆元年正月二十日奉上谕，第24页。

据嘉庆《钦定重修两浙盐法志》记载，松江批验所派行引目59633引①，而从乾隆三十三年（1768年）的合同议单来看，汪启淑祖遗的上海、南汇、南下砂汪世丰名下汪茂丰、汪洪发等年额多达10000引，仅此一项，就约占松江批验所派行引目的六分之一强。而从乾隆四十二年（1777年）十月合同议单的第2条规定来看，上海、南汇二县正余引额并南下砂"历来统以四十股为率，分配行销，内汪世丰名下向有二十股"，这二十股与前揭的10000引究竟是怎样的关系，目前尚不清楚。但上述这些，显然只是汪启淑在松江府的部分盐业经营。作为大盐商，他在浙盐的其他产区，可能也还有不少其他的根窝。不过，无论如何，就现有的资料可以看出，与扬州盐商相似，乾隆时代的不少徽州盐商，都通过租售盐引，成为凭执根窝获利的有闲阶层。

3. 歙县绵潭山馆的盛衰递嬗

在汪启淑从事盐业经营的全盛时期，他不仅在江南的许多地方都有园亭寓所②，而且还在家乡绵潭大事营建。在汪启淑

---

① 嘉庆《钦定重修两浙盐法志》卷5《引目》，第170页。
② 清人祝德麟《悦亲楼诗集》卷25，清嘉庆二年姑苏刻本。292。《汪秀峰启淑自新安至三首》："野鹤任飞翻，绵潭馆自存，莫嗤三窟狡，独拥百城尊。"诗注曰："君藏书最富，诏求遗书日，献书数百种，特邀恩赍《图书集成》。所居绵潭山馆在歙，而杭、禾、松俱有宅。"《飞鸿堂印谱》第5集跋："新安汪秀峰水部诗人也，武林筑别业数间，颜其堂曰飞鸿，暇日博览文史，旁及六书八体之学，刊集古印存、退斋印类等十数种，其一则曰《飞鸿堂印谱》。"（第135页）除此之外，杭世骏《道古堂全集》外诗，乾隆四十一年刻、光绪十四年汪曾唯修本，《兰溪城下宿汪启淑寓馆》，可见，他在兰溪亦有寓馆。

的《飞鸿堂印谱》中，计有"黄山农"[1] "练江泽农"[2] "绵潭渔叟"[3] "绵潭渔长"[4] "绵潭醉侯"[5] "绵水芦人"[6] "绵津狂叟"[7] "黄山樵客"[8] "练水潜夫"[9] "绵潭渔父"[10] "练溪狂客"[11] "练江钓徒"[12] "蓼山病农"[13] "练水潜夫"[14] "绵潭钓徒"[15] "绵川居士"[16] "绵津拙懒居士"[17] 和"新安江上渔翁"[18] 等十数方印，反映了其人对桑梓故里的深厚情感。除了在江南各地求田问舍之外，在绵潭当地，汪启淑也频繁购买土地。在这批新见文书，就见有数份契约[19]，其中的一份卖契就写道：

　　立便契人汪之埭仝弟汪之地、侄光镆，今因正用无措，

① （清）汪启淑编：《飞鸿堂印谱》第3集，第29页；第5集，第230页。
② （清）汪启淑编：《飞鸿堂印谱》第1集，第44页。
③ （清）汪启淑编：《飞鸿堂印谱》第1集，第91页。
④ （清）汪启淑编：《飞鸿堂印谱》第1集，第30页。
⑤ （清）汪启淑编：《飞鸿堂印谱》第1集，第111页。
⑥ （清）汪启淑编：《飞鸿堂印谱》第1集，第169页；第3集，第123页。
⑦ （清）汪启淑编：《飞鸿堂印谱》第3集，第236页。
⑧ （清）汪启淑编：《飞鸿堂印谱》第2集，第125页。
⑨ （清）汪启淑编：《飞鸿堂印谱》第3集，第29页。
⑩ （清）汪启淑编：《飞鸿堂印谱》第3集，第64页。
⑪ （清）汪启淑编：《飞鸿堂印谱》第3集，第70页。
⑫ （清）汪启淑编：《飞鸿堂印谱》第4集，第163页。
⑬ （清）汪启淑编：《飞鸿堂印谱》第4集，第174页。
⑭ （清）汪启淑编：《飞鸿堂印谱》第4集，第241页。
⑮ （清）汪启淑编：《飞鸿堂印谱》第4集，第24页。
⑯ （清）汪启淑编：《飞鸿堂印谱》第3集，第244页。
⑰ （清）汪启淑编：《飞鸿堂印谱》第1集，第222页。
⑱ （清）汪启淑编：《飞鸿堂印谱》第2集，第19页。
⑲ 其中的一份是乾隆四十一年（1776年）江南安徽等处承宣布政使司印行的契尾。

自愿将祖遗庆字肆伯〔百〕拾肆号，计地税肆分伍厘玖毫陆丝，土名牛岭上大园，四至照依原形清册管业，凭中立契，出便与汪族侄孙名下，三面言定，时值价银拾肆两整，其银当即收足，其地随即管业作种，其税随即过割，入户支解，无得阻执。倘有内外亲房人等异言，俱系便人承当，不干买人之事，恐口无凭，立此便契存照。

　　乾隆三十六年四月　日立便契人　汪之地　　　（押）

　　　　　　　　　　　　　　　　汪之埭　　　　（押）

　　　　　　　　　　　　　　　　汪光镟　　　　（押）

　　　　　　　　　　　中见人　汪绳枝　　　　（押）

　　　　　　　　　　　代书人　汪光铭　　　　（押）

另一份契约为：

　　立卖契人汪启敖，今因正月，自情愿将庆字肆伯二拾叁号土名牛岭，计地税壹分，今身立契，出卖与族侄孙名下为业，三面言定，得受价银拾二两正，其银当即收足，其地听凭随即管业，无得阻执。此事两相情愿，倘有亲房内外人等异言，俱身卖人承当，不干买人之事，恐口无凭，立此卖契永远存照。

　　乾隆四十六年十二月　日立卖契汪启敖　押

　　　　　　　代口书中人　汪树廷　押

　　上揭两份卖契，皆盖有"库房挂号讫"印，这是经过官府确认的红契。上述契约虽然未标明来源地点，但其中有"庆字肆伯二拾叁号"字样，今据《歙县都图地名及各图字号》，庆字为三十六都一图，下属绵潭、张潭、吴村、庄坑、红源、李黄塘各村①，故此契应当就属于绵潭。而从生活的年代及姓名辈分来看，汪启敖应当是汪启淑的同辈人。由此可见，汪启敖将地产立契出卖与族侄孙。而这些契约既保留在汪启淑后人手中，应与盛清时代汪启淑家族购买土地密切相关。

在绵潭当地，流传着"一夜打十八只茅斯"的故事——说的是乾隆年间，汪启淑得到清高宗的御赐宝书，便在村脚建起御书楼。因村中沿河大路宽窄不一，汪启淑想将它修直，直通杨树下、杨树巷。在下村的大路边有一只"茅斯"（粪窖），业主汪浦成死活不让开路，经双方协商，汪浦成要求汪启淑拿银子来填满茅斯再行开路。最后，汪启淑答应次日拿银子来填满。翌日，等汪启淑抬着银子来填时，一夜之间沿路又冒出了十八只茅斯，汪启淑见状，只好抬着银两回家，大路也不再修了……② 这一故事虽是民间传说，但也从一个侧面反映了汪启淑对于家乡村貌的整治与建设。

在盛清时代，汪启淑在绵潭曾建造过一处豪华的园亭名胜。对此，民国《歙县志》卷 1 记载.

---

① 《歙县都图全载》三十六都一图庆字上乡，则包括里黄汰、里庄坑、漳岭上、大麦坞、绵潭、绵潭坑诸村。
② 汪卫东:《歙县水南绵潭的民风民俗》，载王振忠编《歙县的宗族、经济与民俗》，第 206—207 页。

绵潭山馆，在绵潭，汪秀峰启淑故宅，有葆真、切庵、翠香阁、律素书厅、啸云楼、息轩、待月篰诸胜，同时名流至者，皆有题咏，今废。

绵潭之西有玉屏山，山之后为仁源，而绵潭山馆就在源之口①。山馆的营建时间较长，在营建过程中，汪启淑不断请人帮他题诗②。他还请徽州休宁人戴厚光作《绵潭山馆十景图》③，又由钱陈群作《绵潭山馆长卷》④，并"汇萃留题山馆诸名宿诗文为一册"⑤。在该册的卷首有一题识：

———————————

① （清）汪启淑编：《飞鸿堂印谱》第 1 集中有高小琴、黄掌纶、张炯、马谦的"绵潭山馆"印，第 83、140、136、179 页。第 4 集中，有桂馥的"绵潭山馆"印。第 5 集，有徐鼎（调圃）的印，第 126 页。据歙县绵潭人汪卫东的讲述，绵潭山馆位于新安江南岸的河口处，为了便于母亲和妻子南渡前往绵潭山馆游玩，汪启淑专门出资设置了渡船。此一渡船直到咸丰或光绪年间，方才被众人所接管，形成了类似义渡的组织。绵潭山馆的位置，与绵潭村水口处的"御书楼"以及村内的一经堂三者，形成了一个三角形的格局。

② 汪启淑曾说："予之营斯墅也，较曩者文端所咏，已四倍之矣。"（（清）沈叔埏：《颐彩堂文集》卷 5《绵潭山馆记》，第 47—48 页）

③ 据沈叔埏《颐彩堂文集》卷 5《绵潭山馆记》，此图应成于"辛丑秋"之前，即乾隆四十六年（1781 年）秋之前。清嘉庆二十三年沈维铹武昌刻本。汪启淑《续印人传》卷 5 中有《戴厚光传》，《续修四库全书》子部艺术类，第 91 页。该书亦作《飞鸿堂印人传》，复旦大学藏有刊本。从中可见，戴厚光字滋德，号花痴，安徽休宁县人，工诗，善人物、山水、花鸟，著有《花痴印镜》等，印作曾被选入《飞鸿堂印谱》。

④ 清钱陈群《香树斋诗文集》诗续集卷 25《儿子汝诚久病初愈，以临仿碑版遗意，予所藏松雪手迹二种，及予新刊绵潭山馆长卷，付之，题一绝句》。

⑤ （清）郑虎文：《吞松阁集》补遗卷 40，清嘉庆刻本。钱载《箨石斋文集》卷 10《红药坪记》："职方汪君秀峰官京师日，尝索其绵潭山馆之诗，久而未能以应也。去岁丙午，乃更其园中日增之景，而一时名流未有诗与文者，俾择之，加粉泽焉。"清乾隆刻本。

歙之水南，去郭三十余里，曰绵潭。潭西有玉屏山，山后有仁源，邑乘云产砚石，今不可得矣，源口汪子秀峰绵潭山馆在焉。入山馆，由莓径达翠香阁，历律素厅，折而经友竹居、息轩，升葆真堂，巡西廊至讱庵，登清芬榭，过安拙窝、待月籁，入蓉阳茨室，穿花腴菜圃，供煮茗。复折而东，取道爱吾庐、床上书连屋、桂寮，造啸云楼，楼后一泓，即洗句池，池北为恣慵所，秀峰偃仰读书处也。恣慵所后，面山南向，有楼三楹，曰花巢，庭中真假山，绝似邓尉峰头，故名精黛岩。其退斋左出耐圃，则可登漱霞亭及爽台。缘萝磴添树冈，有卧处可小憩，趋茗坡、花神庙，迤逦红药坪，过岭则岩舫，竹中小隐在焉。半山中有吟香槛、留云壁、话雨窗、御诗亭，下山即把秀阑，阑前梅桃最繁，坐听泉精舍，则溪泉浪浪盈耳。越蕙楎鹿柴，出枳篱，步仁源，坐钓矶，看晴雪堰飞流溅玉。广虽不及百亩，因山高下曲折，创建庐屋，四向冬夏之景，皆有所宜。凡山中旧有之修篁乔木，或得为我有，或不得为我有，而远近高下，山馆则无不得而有之，然后知造物故无尽藏，而善取于造物者，尤无尽藏矣[1]。

此一题识见于郑虎文的《绵潭山馆纪游》，此人于乾隆三十二年（1767年）以后曾赴徽州主讲紫阳书院十年。当时，

---

[1] （清）郑虎文：《吞松阁集》补遗卷40，清嘉庆刻本，第392—393页。

从徽州到江南：明清徽商与区域社会研究（修订版）

他携二子前往徽州，汪启淑的族弟汪肇龙（字稚川）"以文行，为群贤所推，开私塾于朱子祠东之古怀德堂"，后成为其二子之塾师。据郑虎文讲述，汪肇龙为婺源经师江永的高足，[①] "稚川则尤精篆，尝译岣嵝禹碑、太学石鼓文，援据精确，能正古人所讹阙。又尝得古盘盘铭，虽深通六书者，读之皆舌桥不能下。稚川译出之，定为三代时卿大夫争田、两姓结盟歃血之盘，其文则誓书也。众咸叹为绝学"。根据汪肇龙的自述："此某幼所耽习，凡古之碑刻，传者幸尽得见之矣。他若鼎彝款识、秦汉印章，罔不旁搜博考，而一本于六书之学，以贯通之。然后历代之沿变，庶几不误于形似，使信于耳，而未信于目，终鲜确据也。"他还说，幸运的是，自己的兄长汪启淑，其人"博学好古，尝集家藏汉以上铜章玉印为印谱，谓余粗学于此，命襄其事。余居于绵潭山馆，晨夕考辨，而实证以古人之篆法者，殆弥岁月。某之学未成，而推测古今真赝、传者之谬误，如视诸掌矣。"《绵潭山馆纪游》一文，大约作于乾隆四十九年（1784 年）以后。从中可见，绵潭山馆曾是汪启淑与同好怡情养性、切磋学问技艺的重要场所。

在盛清时代，许多人都分别吟咏过葆真堂[②]、切庵、翠香阁、莓径、律素书厅、啸云楼、蓼阳茨室[③]、息轩、待月簃和泽花腴菜井诸景。管见所及，计有下述诸人：

---

① 《池上寄慎斋江永》，《四库未收书辑刊》第 10 辑，第 28 册，第 47 页。
② （清）汪启淑：《飞鸿堂印谱》第 2 集，吴钧"葆真堂"、王直川"葆真子"印，第 128、129 页。
③ （清）汪启淑：《飞鸿堂印谱》第 5 集，吴兆杰"蓼阳茨室"。

作　者	篇　目	年　代	资料来源
沈初	《题汪秀峰绵潭山馆十景》		《兰韵堂诗文集》诗集，清乾隆间刻本
钱陈群	《绵潭山馆十咏》		《香树斋诗文集》诗续集卷15，清乾隆刻本
沈大成	《汪秀峰绵潭山馆十首》		沈大成《学福斋集》（乾隆三十九年刻本）诗集
郑虎文	《绵潭山馆纪游》	乾隆四十九年（1784年）	《吞松阁集》补遗卷40，清嘉庆刻本
钱载	《红药坪记》	乾隆五十二年（1787年）夏	《箨石斋文集》卷10，清乾隆刻本
吴寿昌	《汪秀峰农部山馆十咏》		吴寿昌《虚白斋存稿》卷4《冰衔集下》，清乾隆五十五年刻本
吴玉纶	《安拙窝记》		《香亭文稿》卷5，清乾隆六十年滋德堂刻本
蒋士铨	《绵潭山馆十首》		《忠雅堂文集》卷26，清嘉庆刻本
吴俊	《绵潭山馆十咏》		《荣性堂集》卷5《古今体诗》，清嘉庆刻本
祝德麟	《汪秀峰启淑自新安至三首》		《悦亲楼诗集》卷25，清嘉庆二年姑苏刻本
纪昀	《汪水部启淑绵潭山馆十咏》		《纪文达公遗集》诗集卷10，清嘉庆十七年纪树馨刻本
王寿曾	《绵潭山馆十咏》		《闻音室诗集》卷3《阅水集》，清嘉庆二十一年王元善等刻本
梁同书	《花腴石瘦廊赋（并序）》		《频罗庵遗集》卷9文4，清嘉庆二十二年陆贞一刻本
沈叔埏	《绵潭山馆记》		《颐彩堂文集》卷5，清嘉庆二十三年沈维铄武昌刻本

作　者	篇　　　目	年　代	资料来源
翁方纲	《绵潭山馆十咏为坳堂郎中赋》		《复初斋诗集》卷14《宝苏室小草四》，清刻本
赵怀玉	《桂寮赋（并序）》		《亦有生斋集》文卷1《赋颂连珠》，清道光元年刻本
杨伦	《绵潭山馆杂咏为汪农部赋》		《吴会英才集》卷12杨伦《九柏山房集》

　　上述诸人，皆是当时的名流硕彦，其中有不少人实际上并未到过徽州，更没有参访过绵潭山馆，他们只是应汪启淑之邀撰写了相关的应酬之作，不过，这也从一个侧面反映了徽商孜孜不倦地扩大交友圈的一种努力。当时，除了整体上的吟咏外，还有不少人对其中的一些景观加以吟咏。如清人梁同书有《花腴石瘦廊赋》，其序曰：

　　　　绵潭山馆者，秀峰汪氏别业也，枕峦带渚，旷如奥如，架构幽奇，登临胜赏，陋庾信小园之赋，比王维辋川之居。主人于是平章风月，跌宕琴尊。早岁浮家，结骚坛之缟纻；中年入洛，委幽赞于簪裾。时则有若嵇、阮名流，山、王贵侣，烟驱墨染，点翰舒笺，赠以瑶华，镂之珉玉。张功甫南湖桂隐，一一标题；顾阿瑛玉山草堂，人人留咏。可谓山水有灵，亦惊知己，蝉冕所映，弥有光华矣……①

---

① （清）梁同书：《频罗庵遗集》卷9文四，清嘉庆二十二年陆贞一刻本。

乾隆丁未（五十二年，1787 年）初夏，钱载有《红药坪记》：

  歙县之南三十余里，有水曰绵潭，潭之西玉屏山，山之后仁源，而山馆在源之口。举夫山与潭之胜，高下左右，松萝花竹之映带，一一品题。而名之皆可喜，则职方之意之所寓，而固使览者将遍游其间也①。

吴玉纶《安拙窝记》：

  汪讱庵，好古士也，家富于书，于歙之南乡，筑绵潭山馆为读书处，缘山下上，即景而分题其胜者以数十计，安拙窝其一也②。

潘奕隽《汪讱庵〈漱霞轩诗钞〉序》曰：

  绵潭故歙中山水胜处，讱庵家世鼎盛，又素有园亭池馆，清华明瑟，可栖可游，日与二三同志觞咏其中，四方贤士闻之，无不仰羡，以为知足知止，有古人恬退之风，而讱庵之学日益富，诗日益深造，不可窥其津涯矣。……讱庵居京师，既以交于贤士大夫为乐，退而居于乡，复以山水文字自娱，于时俗所荣，竞奔走惟恐不及者，漠然绝无所撄于

---

① （清）钱载：《箨石斋文集》卷 10，《红药坪记》。
② （清）吴玉纶：《香亭文稿》卷 5，清乾隆六十年滋德堂刻本。

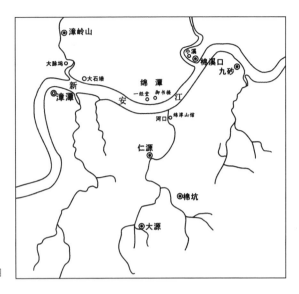

徽州歙县绵潭形势图

怀，宜其诗之吐弃，一切日进于古也欤 ①。

潘奕隽出自歙县大阜，在歙南素有"周漆吴茶潘酱园"，由于酱商与盐商往往是二位一体，所以大阜潘氏也是盐商世家。据潘奕隽说，"新安绵潭汪与大阜潘世为婚姻"，故潘奕隽与汪启淑为中表亲。某年三月，潘奕隽收到汪启淑从歙县寄出的《漱霞轩集》，遂写下上述的序文。

除了绵潭山馆外，汪启淑另建有"御书楼"。在汪氏所撰的《切菁诗存》中，有"绵潭渔唱""飞鸿堂初稿""兰溪棹歌""瓯江游草""邗沟集"和"客燕偶存"。其中的"绵潭渔唱"，就是

_____

① （清）潘奕隽：《三松堂集》文集卷 1《策问表序》，清嘉庆刻本。

吟咏桑梓故里的诗歌。据说，他在献书后得赐御书，遂在绵潭建有书楼（民间俗称"御书楼"）。他的《绵潭渔唱》中有一首《书新建书楼壁》：

> 筑得书楼俯小溪，巍崇直欲与云齐。
> 荫门只种先生柳，涂壁何须隐士泥。
> 看雪休辞冲雪上，听莺莫惜其莺啼。
> 落成底用朋人贺，一首新诗信笔题①。

此外，他还有《书楼宴坐》诗等②，此一"御书楼"，如今早已不见踪迹。笔者根据相关的文献记载及实地调查，在"徽州歙县绵潭形势图"中绘出一经堂、御书楼和绵潭山馆之位置。

4. 盐业式微与桑梓故里之衰败

盛清时代与汪启淑过从甚密的厉鹗，在其所撰《樊榭山房集》中，有"汪秀峰自松江载书归，招同人小集。分韵'雪压扁舟浪有棱，载来书重恐难胜。'"从中可见，汪启淑在松江的活动，除了盐业等方面的经营之外，访书、购书也是重要的内容。

不过，随着汪启淑的过世以及汪家盐业的衰落，他的书籍也随之消散。清代著名的徽商鲍廷博在《庶斋老学丛谈跋》中指出：

---

① 《四库未收书辑刊》第 10 辑，第 28 册，第 45 页。
② 《四库未收书辑刊》第 10 辑，第 28 册，第 48 页。

从徽州到江南：明清徽商与区域社会研究（修订版）

右盛庶斋《丛谈》，楷书精致，出自钱塘汪西亭（立名）氏，吾友郁君潜亭（礼）所贻也，间有误书，思之不适，闻某公有善本，欣然偕潜亭往借，秘不肯宣，仅录林吉人两跋相授耳，是为乾隆甲午。迨嘉庆甲子，始据钱功父本，一扫乌焉之讹。往读某公所著《清暇录》，历数近来藏书家，而自述其储蓄之富。曾几何时，已散为云烟矣，不知其所之矣①。

文中的"《清暇录》"亦即《水曹清暇录》，故而其中提及的"某公"，自然是指汪启淑。鲍廷博出版《知不足斋丛书》时，因想对宋刘昌诗《芦浦笔记》加以校勘核对。乾隆三十九年（1774年），他得知汪启淑的"飞鸿堂"藏书楼藏有元人盛如梓所撰的《庶斋老学丛谈》，对《芦浦笔记》之校勘颇有助益，遂携好友郁礼一同前往汪府借阅，不料却遭拒绝②。上述这段文字，就是后来的有感而发。

关于汪氏藏书之"散为云烟"，《顾千里先生年谱》卷上嘉庆七年（1802年）壬戌三十七岁条记载：

中元前三日，茇圃以三十金，得先生最宝贵之影宋钞本《韩非子》。先生跋之曰：此《韩非子》为钱氏述古堂影宋钞本，曾藏泰兴季氏，见于二家书目者也。今装池尚仍钱氏之

---

① 鲍廷博辑：《知不足斋丛书》第 26 集《庶斋老学丛谈跋》，民国铅印本。
② 关于这一过节，详见张健《清代徽州藏书家与文化传播研究》，第 73 页。

旧，首叶有季氏藏书铃记，可证其确然矣。近日从新安汪启淑秀峰家所谓开万楼者卖出，遂于杭郡转入余手，缘力不能蓄，复为荛圃黄君捐三十白金取去，岂物固各有主耶！抑物虽好，而有力者始能聚耶！

"荛圃黄君"亦即清代著名藏书家黄丕烈。关于黄氏收购汪启淑的开万楼藏书，在黄丕烈的《士礼居藏书题跋记》卷3中亦有记载：

《五行类事占》七卷，明钞本，嘉庆辛酉秋坊间收得汪秀峰家书，内为《五行类事占》三册。因忆《读书敏求记》曾有是书，归检之，卷数却合，知为旧本。且卷中有秀水朱氏潜采堂图书，又知为竹坨藏本，第一、二册部面上犹为竹坨手书，洵可宝也！第三册部面既失，册尾多破损痕，字间有伤残者，命工重加补缀，俟觅善本足之，其纸皆明代嘉靖时册籍纸背，间可辨认，盖犹是嘉靖年间人所钞也。
又《续录》："己巳春，余为武林之游，上城隍山索观古书于集古斋。盖其主人在杭城书估中为巨擘，而去岁又新收开万楼书也。"[1]

由此可见，开万楼藏书，后来多被杭州的集古斋书贩所购买。另外，根据许承尧的描述，汪启淑之藏印，后来悉数归于歙

① （清）叶昌炽著：《藏书纪事诗》卷5，上海古籍出版社1999年版，第522页。

县西溪汪氏之善述堂：

> 汪启淑字秀峰，一字讱庵，歙绵潭人，巨富，工篆隶刻，喜声誉，有印癖，著《续印人传》，收藏古今名印极多，此其所编印谱之一，（引者按：指《集古印存印谱》）且为稿本，颇可贵。秀峰殁后，家亦中落，所藏印全归西溪汪梅影绍增，此从汪梅影故箧中发见也。①

除了书籍、藏印的纷纷散佚之外，汪氏的房产等也陆续转手。在绵潭，御书楼早已不见踪迹，而汪启淑的府第"一经堂"，则不断地被分割。此一建筑，取《三字经》中"唯一经"之句义，意思是不需家财万贯，唯"一经足矣"，这与"万般皆下品，唯有读书高"颇相仿佛。"一经堂"内有藏经室，收藏经史子集和佛学经典②，藏书极为丰富，并有诵经堂，后被火焚不存。因汪启淑名声太大，以至于"一经堂"后来涵盖了绵潭原来土名"坑边"的各房支。在绵潭收集到的这批契约中，有一份与"一经堂"相关的阄书：

---

① 许承尧：《重威堂藏书题记》第 84 页 "集古印存印谱" 条。另参见：许承尧《疑庵随笔》"汪秀峰藏印晚年质于西溪汪氏善述堂" 条，载安徽博物院编《许承尧未刊稿整理研究》，安徽美术出版社 2017 年版，第 117 页。
② （清）汪启淑：《飞鸿堂印谱》第 1 集卷首有 "秀峰先生二十一岁小像"，完全是位佛教居士的形象，页 15。第 2 集，有释佛基的 "讱庵道人" 印，第 24 页。第 5 集，"忍庵居士"，第 206 页。现存的汪启淑文书中，也见有一佛经抄本残卷。

立阄书姚青公之孙存仁、存位，曾孙观闯等，自讱庵公至今，已达六代，虽无九世同居之德，亦有大被同眠之谊。现今子孙繁衍，兄弟一堂，虽已分炊，各立门户，所有讱庵公遗下屋宇、基地等业，年深日久，良莠不齐，不能不另立阄书，各管各业。是以商诸兄弟子侄，作三股匀分，挽托族中长辈，眼同钉界，俟后各守各业，务遵先人遗训。元浩公早夭，元恒公无后，只得均由三家三节祭祀，各尽孝思，世世子孙，毋忘毋怠，惟愿房房昌大，代代绵长。此系合众一心，并无反悔，恐口无凭，立此阄书存照。

屋宇基地等业例〔列〕后：

（一）一经堂，大门套

三股匀分，楼上南边房一步，归存仁

　　　　　　　　北边房一步，归观闯等　　经管

　　　　　　楼下房一步，归存位等

（二）大厅，上堂，依老例作三股匀分，左观闯等

　　　　　　　　　　右存位等　　经管

　　　　　　　　　　中存仁

（三）大厅，下堂，作三股公业

　　　　　　醉墨诗厅　上堂　公众取用

（四）照壁后公众取，屋外斜角基地，贴与楼上，后房归存仁经管

　　　　　楼上　东边房一步，归观闯等经管

　　　　　　　　西边房一步，归存位等经管

　　　　　　　　后房一步，归存仁经管

（五）醉墨诗厅，下堂

作三股匀分：存位等一股，观闵等一股，与存仁官厅坦一股对掉，此业归存仁经管

（六）馆里，作三股匀分，左归存位等

右归观闵等　　经管取用

中归存仁

（七）眠云室，即前堂，各管各业，堂前地公众取用

（八）东北堂，作三股匀分，左存仁

右存位等　　经管

中观闵等

（九）后堂，作三股匀分，左存位等

右存仁　　　　经管

中观闵等

墙院基地，归观闵等经管

（十）老灶屋基地，左存仁

右存位等　　　　经管

（十一）官厅坦基地

作三股匀分，存仁一股，与存位等一股，观闵等一股，醉墨诗厅下堂对掉

此业归存位等、观闵等作两股匀分。

左观闵等经管，愿样一尺五寸，基地与存位等

右存位等经管，愿样马房外余地与观闵等

（十二）屋基坦菜地

各管各业

（十三）上阜头塘磅

各管各业

（十四）上阜头厝基屋八棺

作三股匀分

（十五）虎形、旱村，石桥里，熟地

前由元晟取来，另再出洋三十元，以兴膳莹（此洋当日付清），此业归存仁经管

再，所有各处坟墓余地，归三股公业，日后三家均不得变卖。老坟白虎手，三家不能取用

立阄书姚青公之孙		存仁	押
		存位	押
		存忍	押
		存育	押
	曾孙	观闵	押
		善来	押
		福来	押
		金生	押
		来金	押
		观生	押
		观富	押
		金海	押
	族长汪正余		押
	房长汪炳福		押
	汪观法		押

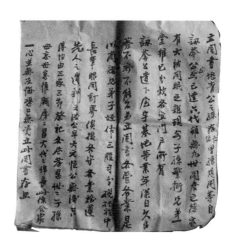

汪启淑后裔的分家阄书

汪其盛　押

汪社元　押

本支家长汪荣泽　代

代书汪仲萱　印

民国二十一年国历七月吉日　立

再批：一经堂大厅，现有后门，并无出路，日后起造，不开门扇。

汪根正

再批：复丰户完粮计钱若干，统归三股滩〔摊〕派，不得推三阻四。（汪椿印）

阄书的封面题作"民国二十一年国历七月吉日立阄书一样三本"，其内容是将房产、坟墓厝基等作了详细的分阄。这份1932年的契约，距离汪启淑的时代已过了六代。我没有找到与汪启淑直接相关的绵潭汪氏族谱①，但据前引绵潭汪氏的"金银袋簿"，可见汪启淑以下的系谱：

先高祖讱庵（字慎仪，号秀峰，又号讱庵）

先伯祖道传

先曾祖循矩、先曾叔祖墨君、先曾叔祖梦花、先曾祖云樵（号云樵，行五）、先曾叔祖味琴

先伯祖环五（号印林，行一，讳其中，原其佩）

先伯祖镇远（讳其珠，字记斋，号吉生）

先伯考福禄

先祖考兆青（字我春，号寿予）

先伯考元浩

先外祖灶狗（路口人）

先考元明（讳元明，号让之，别号月卿）

先考元恒

上揭的系谱，是以汪存育、汪存位等人具名。而此二人，正是上揭阄书中的主要角色，因此可以比照而观。"布衣暖，菜根香，诗书滋味长"②，汪启淑似乎也很向往诗书传家，但从"金银袋簿"所载来看，除了汪启淑名下记有一串官衔之外，其后人皆无可资夸耀的事迹，这大概说明汪氏的后裔已经衰落。另外，此

---

① 《飞鸿堂印谱》第3集中有"颍川后裔八十三世孙启淑印"，第225页。"颍川侯八十三世孙"，第27页。第5集，第228页，"颍川侯八十三世孙"。

② （清）汪启淑编：《飞鸿堂印谱》第1集，俞珽印，第150页。

　　　　　　从徽州到江南：明清徽商与区域社会研究（修订版）

契中的押署非常简单，有的是文字，有的是划十，可见立契的各当事人文化水准并不太高。其中，"观闪"是贱名。不过，"金银袋簿"中有一份格式活套：

> 付冥银一包，
> 一经堂众亡婢、仆收领，
> 亡婢红云、锦菊二人收领，
> 一经堂主给。

这明显说明，"一经堂"仍然构成汪氏后裔一个松散的整体。而这从1932年阄书中的分家与共业中，也可以明显地看出来。

5. 余论

（1）在迄今尚存的徽州文书中，土地契约占绝大多数，而有关商业方面的契约文书并不多见。在汪启淑相关契约文书中，不仅有涉及盐业经营的契约，而且还有一些与桑梓故里相关的土地契约、分家文书。据此，我们可以探讨盐商的经营活动和社会生活，考察徽商由盛转衰的过程，故而弥足珍贵。上述契约的发现，不仅是徽商研究的珍贵史料，而且对于江南社会史的研究，亦有重要的学术价值。

从现有的资料来看，除了盐业贸易之外，汪启淑还从事其他方面的经营活动。清朝同光年间华亭（今上海松江）人王文珏，在其所撰《听莺仙馆随笔》卷4中，有"汪秀峰员外"条：

贤郎汪秀峰员外启淑，徽州人，乾隆时寓吾金沙滩，富甲一邑，设质库七。后入都，因徽州程仪曹世醇同乡，主其客邸。时有胡道人，亦与程往来，性嗜酒，不谷食，不轻见客。汪闻其名，欲见之，道人不可，乃与程谋阚其来也。即之，道人色然起曰："汝汪启淑耶，见我何为哉？"历责数十事。汪惶窘伏地，道人曰："汝能痛改前非，可保首领，不然殆矣！汝三日后有奇祸，亦可小惩大诫也。"后三日，汪出顺城门，触石坠车首几殒，数月始愈，乃稍稍敛迹。或曰：道人乃西山老狐也。后秀峰自都回，仍寓吾郡，一夕尽火其质库，而家业荡然矣。

该则末注曰："事见《三异笔谈》，参以昔所闻于前辈者。"[①]今查许仲元《三异笔记》卷1《胡道人》条，胡道人历责汪启淑的"数十事"不得其详，不过，在当时的江南，人们对于富商巨贾的仇富心态根深蒂固。特别是对徽州典商和盐商的仇视，更是由来已久[②]。至于汪启淑在松江富甲一邑，有七家典铺，后一夜被焚，家业荡然，显然是王文珪的见闻。

从前述的考证可以看出，清代前期，徽商纷纷在江南各地求

---

① 上海市松江区博物馆、华东师范大学古籍研究所编：《明清松江稀见文献丛刊》第一辑，上海古籍出版社2015年版，第300—301页。

② 在江南，"徽州朝奉锡夜壶"之谚，就是对徽州典当商人的讥讽。而对盐商的仇视，清人章鸣鹤在《谷水旧闻》中即曾指出："海滨穷民以盐为业，而奸商百端攻之，谓之私枭。夫朝廷之法，征盐税耳。说征之于民，税额岂有不足者？而必假手于奸商耶？"（上海市松江区博物馆、华东师范大学古籍研究所编：《明清松江稀见文献丛刊》第一辑，第25页）

田问舍。与此同时，他们往往将盐业经营的特许权转租他人，凭执根窝过起了悠闲富裕的生活。也正因为如此，他们饱衣暖食，在文化上的建树亦颇为引人瞩目。

（2）《杭郡诗续辑》中有汪启淑的小传，说他"少工吟咏，当杭世骏归田，日与厉鹗诸人结社南屏，启淑以终贾之年，骋妍抽秘，进与诸老抗"[①]。而在汪启淑所编的《飞鸿堂印谱》第三集之后，有跋曰：

> 昔云林倪迂以赀雄一郡，所居有清閟阁，藏书三千卷，手自勘定，三代鼎彝古琴，分别左右，时与二三好友啸咏其间；玉山主人顾阿瑛，倾财结客，购古书名画及三代鼎彝秘玩，集录鉴赏，略无虚日。今汪君之赀不减二子，其搜罗古刻，爬梳真赝，集为成书，几与二子为劲敌。二子胸襟洒落，倪迂暮年尽斥买其田产，以与贫交；顾阿瑛晚自号金粟道人，以家事尽付其子，日以诗酒与东南名士为风流文章之会，数百年后人访其遗址，尚为流连不能去。君以英妙之年，性好古而力足以致之，武林又才人薮，水陆冲衢，四方名流，舟车辐辏，日有其人，其视二子，当必无古今人不相及之感[②]。

此跋将汪启淑与倪云林、顾阿瑛二人相提并论，认为较之古

---

① 民国《杭州府志》卷170。
② （清）汪启淑编：《飞鸿堂印谱》第3集，第56页。

人亦不遑多让。另外，第一集跋曰：

> 秀峰汪君，性豪迈，姿潇洒，虽席丰履厚，而能洗涤尘襟，不与世俗伍，其殆矫矫出群、超然物外者欤！一时名宿，咸折节乐与之交，或花间联句，或月下分题。每一诗出，脍炙人口，几同洛阳纸贵，以故地无远近，莫不知钱唐之有汪秀峰矣①。

在汪启淑的广泛交游中，不乏当时的著名学者。除了前述为绵潭山馆题词的诸多名流之外，江永曾为《飞鸿堂印谱》第三集作跋②，而钱大昕也为其《水曹清暇录》作序③。这些，都反映出徽州盐商广事交游的俗好。另外，汪启淑一生游踪南来北往，见多识广，他又以江永、沈德潜等人为其业师④，故品味颇为上乘。

在与诸多名流的交往中，汪启淑的身份相当多面。他是盛清时代江南著名的四大藏书家之一，其人"博收载籍，乾隆间开四库馆，以所藏善本献，与武林振绮堂汪氏相埒，赐书通德，并为东南文献世家"⑤。关于这一点，连他自己也颇有舍我其谁

① （清）汪启淑编：《飞鸿堂印谱》第1集，第68页。
② （清）汪启淑编：《飞鸿堂印谱》第3集，第93—94页。
③ （清）汪启淑著：《水曹清暇录》，北京古籍出版社，1998年版，第1页。另，书木乾隆辛丑（1781年）翟槐跋曰："秀峰著述笺注甚富，时名公巨卿皆按集为之序。"（第255页）
④ （清）汪启淑著：《水曹清暇录》卷3《沈德潜诗》、卷16《花卉》条，第44、252页。
⑤ 民国徐世昌《晚晴簃诗汇》卷85，民国退耕堂刻本。

之感①，当时人编有《开万楼藏书目》②。

除此之外，他还是篆刻家。清人祝德麟有《汪秀峰启淑自新安至三首》，其中的第二首这样写道：

> 刻苦浑忘富，劳谦不有身，印藏秦汉古，刀奏籀斯神，诗律商前辈，谈锋压众宾，为怜香茗句，不惜采芳频。

诗注："君工铁笔，藏古印至三千余方。采闺秀诗，刻集成八十卷。"③前者是指他编辑《飞鸿堂印谱》，在此过程中，汪启淑亦招养食客。据《杭郡诗续辑》记载："凡同时工铁笔者，悉重聘，延之家园，亲与参订，务合古法，亦盈万纽，汇为《飞鸿堂印谱》四十卷。"例如，钱塘人周芬（字兰坡）擅长铁书，曾"下榻汪启淑飞鸿堂数载，临摹忘寝食，署款亦苍秀工谨，制纽别具雅驯，兼善造锦匣，装潢平正，镂砚铭最得古法"④。

除了《飞鸿堂印谱》之外，汪启淑还有《飞鸿堂砚谱》《飞鸿堂墨谱》《飞鸿堂瓶谱》和《飞鸿堂鼎炉谱》等，表现出他对

---

① （清）汪启淑著：《水曹清暇录》卷1《江浙藏书家》条曰："……近时则赵谷林'小山堂'，马秋玉'玲珑山馆'、吴尺凫'瓶花斋'及余家'开万楼'。"（第15页）

② （清）叶昌炽撰：《藏书纪事诗》卷5"汪秀峰启淑"条补正引《杭州府志·艺文》："《开万楼藏书目》，钱塘汪宪撰。"（上海古籍出版社1999年版，第523页）王锷、伏亚鹏点校的《藏书纪事诗》认为汪启淑又名宪，似即据此。（北京燕山出版社1999年版，第423页）但综观各传记，并无汪启淑又名"汪宪"的说法，实为误读。

③ 清人祝德麟《悦亲楼诗集》卷25，清嘉庆二年姑苏刻本。

④ 民国《杭州府志》卷150《人物十一·艺术二》引《续印人传》，第2848页。

文房清玩的广泛兴趣。此外，他同时还是位出版商。清人王昶在《汪秀峰〈田居杂记〉序》中指出：

> 汪君秀峰，以博学工诗文名江浙者五十年，著述十数种，莫不传播艺林，谢官退老，穿穴书史，标新摘异，忆生平之游历，友朋之传述，诗句之风华，刺举而诠次之。……兹书事必有据，语必有本，研神志怪，必有助于惠迪从逆之理①。

类似于《田居杂记》这样的著作，显然也是为了出版而编纂。在江南各地的游历中，汪启淑广蓄姬妾。对此，清人沈善宝在《名媛诗话》中曾指出：

> 姑苏王绀仙（碧珠）咏《红梅》云：修竹断霞三径晓，空山香雪一枝温。同伴朱宝才（意珠）咏黄梅云：天寒只合藏金屋，心淡谁知托玉壶。皆能刻画。二珠为汪讱庵郎中启淑侧室。讱庵选闺阁《撷芳集》，二珠分任校雠，故所学日进。太仓胡畹芳（佩兰）亦讱庵侧室，有《国香楼诗钞》。畹芳工画兰竹，兼精声律，《寄主人》云：珍簟生凉感别愁，闲听风竹满庭秋，惟应团扇情相似，空对山楼月一钩。……②

---

① （清）王昶：《春融堂集》卷 37 序，清嘉庆十二年塾南书舍刻本。
② （清）沈善宝：《名媛诗话》卷 4，清光绪鸿雪楼刻本。

此处提及的"二珠"，都是苏州人。而太仓人胡畹芳，也是汪启淑的侧室。此外，彭蕴璨《历代画史汇传》（清道光刻本）卷68，还提及汪启淑的另一侧室："杨瑞云，字丽卿，号静娥，吴人，歙汪讱庵侍姬，居枫江，画工恽家法，能诗善书，因讱庵有印痴，篆刻颇秀润，年二十有一，卒于吴门舟中。"[1]这些姬妾，在其出版活动中起到了重要的作用。

在汪启淑的出版活动中，他也编印过一些医书，如《医方集解》《本草备要》等，尤其是前书"文理颇通，世多读之"[2]。因此，他本人甚至也被后人视作医家。据民国《巩县志》卷13记载：

> （曹）建福，字符五，少具用世志。……乃专力医术，初读灵素，渐泛滥河间、东垣、丹溪各家，终乃守汪讱庵之学而精研之，一时洛岸南北，赖以息黩补剮者，踵趾相接。

汪启淑的一些著作，直到19世纪末、20世纪初，仍被视作"医学南针"[3]。其人著作中的一些观点，也仍然受到后人的批评和关注[4]。

---

① 民国曹允源《吴县志》卷74下，民国二十二年铅印本。潘奕隽有《题汪讱庵水部亡姬杨芳卿画海棠卷》诗，见《三松堂集》（清嘉庆刻本）诗集卷9。《续印人传》卷8，有《杨瑞云传》，第113页。

② 清吴瑭：《温病条辨》卷6《解儿难》，清嘉庆问心堂刻本。

③ 《申报》中华民国九年（1920年）8月2日、民国二十三年（1934年）5月14日。

④ 凌镜清：《正汪讱庵素灵类纂约注经脉二失》，《医药月刊》第21期，第10—12页。

（二）晚清民国时期江南城镇中的徽州木商

新近发现的徽商章回体自传《我之小史》抄稿本二种，是目前所知唯一的一部由徽商创作、反映商人阶层社会生活的长篇小说。作者詹鸣铎出身木商世家，本人及父、兄等曾在浙江石门、杭州一带经营木业，书中对于商业经营方面有着诸多翔实的描摹。由于该书是纪实性的自传，作者一再声称自己所作的皆为"信史"。为了证实或证伪，笔者曾以同时收集到的日记、文集以及族谱资料相互比勘，结果发现书中所述的故事，的确均属真实可靠。[①] 因此，可以利用《我之小史》提供的资料，研究晚清民国时期的徽州乃至江南的社会史。

盐、典、木商人号称"闭关时代三大商"，其中的徽州木商，素以席丰履厚著称于世，俗有"盐商木客，财大气粗"之谚。在徽州木商中，以婺源木商最为著名，"安徽省，土产好，徽州进呈松烟墨，婺源出得好木料"[②]——这句俗谚，即明确指出婺源

[①] 《我之小史》是婺源末代秀才詹鸣铎的章回体自传，该书计有抄稿本甲、乙二种，共正续 25 回，全书计 20 余万言。该书的发现，是近年来徽州民间文献收集中最为重要的收获之一。参见拙文：《徽商小说〈我的小史〉抄稿本二种》，载《华南研究资料中心通讯》2004 年第 1 期；《从徽州到江南：末代秀才的生活世界》，《读书》2006 年第 8 期、第 9 期；《徽商章回体自传〈我之小史〉的发现及其学术意义》，《史林》2006 年第 5 期。

[②] 《各省物产歌》，载胡祖德《沪谚外编》，"上海滩与上海人丛书"，上海古籍出版社 1989 年版，第 88 页。《九州十八府物产歌》亦曰："二月里，（转下页）

从徽州到江南：明清徽商与区域社会研究（修订版）

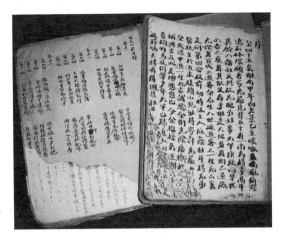

詹吟铎《我之小史》
抄稿本二种

的墨业及木业之闻名遐迩。在以往，徽州的盐商和典商受到学界较多的关注，相关成果也颇为丰硕，而木商则因史料的相对匮乏，较少有人涉及。①《我之小史》作为徽商的自传，不啻提供了木商世家的一部家族史，因此具有极高的史料价值。

1. 庐坑詹氏的木业经营

清末徽州知府刘汝骥在《婺源县杨令兆斌申报筹办选举批》中指出：婺源"幅员既广，人文亦盛，其茶商、木客有五千元以上

（接上页）杏花开，坚致木料出婺源。歙砚徽墨湖州笔，惠泉山泥佛面团团。"（《沪谚外编》，第188页）可见，在民众心目中，婺源木材与歙砚、徽墨、湖笔以及惠山泥人一样，成为江南一带知名的品牌。

① 管见所及，目前有关徽州木商的研究论文，主要有：王珍《徽州木商述略》，载《徽州社会科学》1991年第2期；唐力行《徽州木商的经营方式与木业公所》，载氏著《明清以来徽州区域社会经济研究》，安徽大学出版社1999年版，第174—189页。

之资本及不动产者更不乏人，皖南之望县也"。① 而《我之小史》续编第 1 回中，有"适国家行公债，邑尊阴公国垣发照会，我村的文会填我名字，内有'木行生意发达，请认领'字样，此殆承湘伯指教的"之记载。② "湘伯"也就是婺源官绅江峰青，他是詹鸣铎的姻戚，后为民国《婺源县志》之总纂，他对詹家的情况应当是瞭如指掌。上述两条史料所指的内容虽然不尽相同，但由此亦可推断，在婺源的茶商木客中，詹家应是当地囊丰箧盈的商贾之一。

詹鸣铎是清代徽州府婺源县北乡十三都庐坑下村人。庐坑位于今江西婺源县的东北部，亦是近代铁路工程专家詹天佑的祖籍地所在。附近岗峦起伏，山地众多，历来就是徽州木商辈出之地。

婺源自宋代以来，便以木业经营闻名于世。根据日本学者斯波义信的说法，宋代婺源每年四月八日的五通庙会，可能就是以山村为地盘的商人们所举行的祭市。③ 木业经营对于婺源地域社会的生产和生活影响较大，对此，民国《婺源县志》卷 3《疆域三·星野·候占》正月条就记载："是月也，莳松秧，插杉苗，栽杂木。谚传：立春前后五日栽木，木神不知。商人采木植于山，农家芸二麦。"可见，木业经营已作为一种岁时活动，深深地植根于民众的日常生活之中。

不难想见，木业经营有助于积累大笔的资金。及至明初，庐坑詹氏便已崭露头角。如生于洪武二十五年（1392 年）的詹健，

---

① 刘汝骥：《陶甓公牍》卷 8《批判·宪政科·婺源县杨令兆斌申报筹办选举批》，《官箴书集成》第 10 册，黄山书社 1997 年版，第 533 页。
② 《我之小史》第 1 回《陪官长谈话投机，哭慈亲抚膺抱痛》。
③ （日）斯波义信：《宋代徽州的地域开发》，载刘淼辑译《徽州社会经济史研究译文集》，黄山书社 1988 年版，第 17—18 页。

"家业最厚，时称八大房，富户之家，秋米三百余石，富达金台，名传郡邑。又当北京宛平县富户，置田百余亩，以备充应，造宅数十间于德胜关"。① 由此可见，早在明代初年，詹氏家族中就已出现了豪富之家。

　　就明清时代的情况而言，庐坑詹氏经营木业，一个重要的据点便是亳州（即今安徽省亳州市）②。从清朝乾隆年间编纂的《新安庐源詹氏合修宗谱》来看，庐坑詹氏迁居亳州等地，至迟自明代中叶就已开始。譬如，31世詹文朗（大约明嘉靖、万历时人），迁亳州；③32世詹士骐（大约明万历时人），亦迁亳州。④这些迁居亳州的人，主要从事的就是商业经营。如乾隆二年（1737年）詹朗在为其祖父"斗南公"作传时，就这样写道：

　　　祖父斗南公讳轸元，孟慈公子，端元公从兄也。性孝友，年十三，父母相继殁，公哀号痛泣，克尽孝思，因家贫不能营葬，遂跋履山川，远贾于亳。十数年间艰苦备尝，赀财稍裕，窃欣然喜曰：此天之厚吾，使得以终葬事也。遂抵里妥先灵，凡葬祭典礼，悉遵于古，罔敢有越。……初，端元公失怙，旅江西，公常拊膺叹曰：吾家门衰祚薄，内鲜期功强近之亲，承先人祀者惟弟与吾，复糊口四方，参商不

_____

① 《新安庐源詹氏合修宗谱》，廿六世柱一公条下，"中国国家图书馆藏早期稀见家谱丛刊"第61种，北京线装书局2002年版，第4册，卷2，第1—2页。乾隆二年（1737年）詹之灏《健公传》亦曰：詹健"丰于财，秋米三百余石，而角巾野服，未尝自炫其富也。推食解衣，未尝自私其富也"。（同上，第1册，卷首，第1页）
② 《新安庐源詹氏合修宗谱》，乾隆四十九年（1784年）梁巘跋。
③④ 《新安庐源詹氏合修宗谱》第4册，卷2，第5页。

见，其奚以安？因至乐邑相访，携手同归，共贾于亳，两人相得甚欢，情深管鲍，谊若同胞。

"斗南公"和"端元公"之妻均为亳人，"斗南公"于康熙戊辰（二十七年，1688年）殁于亳。[1]直到雍正十二年（1734年），"端元公"之子詹子乾仍然"羁守在亳遗业"。[2]至于"遗业"究竟是什么，据《乾吉公传（湄潢二公附）》记载，至少有一部分是"鱼盐之业"。[3]鱼盐生理是徽州人的传统职业之一，尤其是盐业，更为徽商所擅长。除此之外，木业也是婺源人专精的一项生业。据《新安庐源詹氏合修宗谱》记载："茂十二公"下迁南京；[4]35世詹时仁（晚明迄至清康熙间人），"轻财任侠，自婺迁

---

[1] 《新安庐源詹氏合修宗谱》第一册，卷首《斗南公传》，第1—2页。

[2] 《新安庐源詹氏合修宗谱》第1册，卷首《存政公传暨配李氏节孝匾序》："余家邻亳，新安之婺邑詹子乾吉商于亳，与余善。敦厚质直，君子人也，子若侄皆醇谨有家法，知为世德之家，非偶然者。余询之，因述其家世源流，且言曰：先父端元，字存政，六龄失怙恃，流寓在外，稍长，辗转江右，迄成人，偶获吉梦，归贫如故。年二十七，抵亳，从堂先伯斗南公时在亳，先父与之共贷本经营，渐稍丰裕。吾母李氏，亳女也，生计在亳，顾不忍祖宗坟墓荒凉，寓亳数年，携吾母与伯母支氏同回籍，创立室家，如新迁然。祖墓次第修整，斯时余兄弟尚未成立，而先父随先伯捐世矣。……余命蹇，三娶矣，余羁守在亳遗业，晨昏阙如，每远离，未尝不泣沾襟。"（第2—3页）

[3] 《新安庐源詹氏合修宗谱》第一册，卷首《乾吉公传（湄潢二公附）》有曰："公讳至中，字乾吉，号春谷，端元公长子。公少孤，性孝友，母李太君青年苦节，玉洁冰清，……吾家生计在亳，公遂远涉江干，卓志成立，家业日丰，置祀田，兴社会，输赀创建水口石桥，以利济而兼护宅，乐善不倦，乡间称之。在亳时，曾与中州太史南晖宋公、登莱守吴公、睢阳窦公、太史彭公、太史李公诸缙绅先生游，咸谓公有古君子风，殆不得志于时，而托于鱼盐者欤。"（第5页上—6页下）

[4] 《新安庐源詹氏合修宗谱》第4册，卷2。

从徽州到江南：明清徽商与区域社会研究（修订版）

江宁，是本枝之始祖"。^①37 世詹士旸（1597—1672），"妣金陵上河张氏"（1600—1642），"公好读书，工书法，隐于亳为木商焉"。^②自明代以来，南京的上（新）河就是江南最为重要的木业中心之一，长江中上游的竹木在此汇集，并由此转运、销售至长江下游三角洲各地。詹士旸之母为上河人，而他自己则在亳州为木商，这反映了木业运销网络中两个关键的环节——亳州与南京的密切关系。

外出经商显然让一部分人积累起巨额的资产，乾隆年间《新安庐源詹氏合修宗谱》之编纂，就得到了寓亳族人的资助。^③光绪《亳州志》卷 18《艺文志·诗赋》中有《谯城竹枝词》99 首（选 15 首），即为徽州人詹介堂的诗歌^④，从姓氏来看，詹介堂可能就是出自庐坑的詹氏族人。

就詹鸣铎家庭的情况来看，其高祖"营木业于亳，……后以水灾负金而走，竟被溺毙"。^⑤据道光《亳州志》记载，当地"商

---

① 《新安庐源詹氏合修宗谱》第 4 册，卷 2，第 6 页。
② 《新安庐源詹氏合修宗谱》第 4 册，卷 2，第 7—8 页。
③ 《新安庐源詹氏合修宗谱》第 1 册，卷首《庐源谱序》："前春余寓亳，族人寄示以修谱之举，余亟喜而同襄盛典，兹谱告竣，世次明，昭穆序，我族中百余年，凡嘉言懿行，不得书于史者，皆得书于谱。"（第 4—5 页）
④ （清）钟泰等纂修，光绪二十年（1894 年）刊本，"中国方志丛书"华中地方第 665 号，台北成文出版社 1985 年版，第 2065—2068 页。
⑤ 清宣统三年（1911 年）詹鸣铎：《先大父蕃桢公行述》，载抄本《振先杂稿》（按：该书为詹鸣铎文集，未刊）卷 3。《我之小史》第 10 回《买棹泛湖中选胜，辞亲往连市经商》："按先曾祖喜禄公，字维春，清国学生。父逢荣公，营木业于亳，值水灾，负金而逃，至半途，值蛟水至，乃抱大树，不意水力甚大，连树带根拔起滔去，以是溺毙。（有一客与公同爬树上，后随水漂荡泗到岸，说起此事，谓公大约已溺毙。……）"

贩土著者什之三、四，其余皆客户。北关以外，列肆而居，每一街为一物，真有货别队分气象。关东、西，山左、右，江南、北，百货汇于斯，分亦于斯。客民既集，百物之精，目染耳濡，故居民之服食器用，亦染五方之习。"① 雍正年间，亳州牙行多达1040余家，市廛颇为繁华。对此，时人描叙曰："夫亳为南北通衢，中州锁钥，雍、梁、兖、豫、吴、楚百货辐辏，霜蹄尘辇，担竖贩夫，络绎不绝"②。当地的朱文公祠在北关外，为徽商会馆；另有关帝庙为西商会馆，许真君祠（万寿宫）在城东北一里，系江西客民所建③。不过，由于"亳地形素称平旷，无山阜为障，故川涂往往多溃决"④，也就是说，此地一马平川，多水灾之患。乾隆四十三年（1778年）、四十四年（1779年）、四十五年（1780年）、四十九年（1784年）、五十二年（1787年）以及嘉庆三年（1798年）等年份，"节被黄水成灾，城关四乡集场多被冲没，牙户逃亡"。⑤ 道光《亳州志》的前揭记载说明，亳州一带的水灾颇为频繁，詹鸣铎的高祖就是在这样的背景下溺水而死。

高祖去世后，詹鸣铎之曾祖在族人的帮助下，"醵金兴创南货业于昌江，……一蹶再振，坐享赢余"。"昌江"在江西浮梁县南门外，亦名大河或北河，自徽州祁门县流入浮梁县，此处似指

① 道光《亳州志》卷7《舆地·风俗》，"中国方志丛书·华中地方"第664号，清任寿世等修，刘开等纂，清道光五年（1825年）刊本，台北成文出版社1985年版，第270页。
② 土鸣：《重修洪河桥碑记》，载乾隆《亳州志》卷12《艺文》，清郑交泰等纂修，"中国方志丛书·华中地方"第663号，台北成文出版社1985年版，第1124页。
③ 乾隆《亳州志》卷3《坛庙》，页217。
④ 王鸣：《重修洪河桥碑记》，载乾隆《亳州志》卷12《艺文》，第1123页。
⑤ 道光《亳州志》卷19《食货·杂课》，第787页。

景德镇。当时正值太平天国前后，詹鸣铎的曾伯祖仍客于亳，可能也是继承祖业，[①] 从事木业经营。叔高祖詹逢怡先是在武昌经商，太平军兴之后返归故里，"中年迭生五子，食指日繁，乃不得不谋生计，于是改辙乐邑茶、木经营，数十载水宿风餐，险阻备尝矣"，[②] 也就是说，詹逢怡后来在江西乐平一带从事茶、木贸易。到了詹鸣铎的父亲詹蕃桢时，"贸易钱江，经营木业，既忧劳之兼尽，亦勤俭以支持。惟思辛劳一生，为谋利薮"，[③] 亦即在杭州一带经营木业。

除了父亲詹蕃桢外，詹鸣铎的兄弟也都从事木业经营。光绪三十三年（1907年），二弟詹耀先在庐坑家中"做成木码，有四百余两之多。初到屯溪致祥庄，支洋一千元，尚不敷用"。[④] 从《我之小史》的记载来看，詹耀先在家中从事木业经营似乎有好几年，[⑤] 规模相当不小。光绪三十四年（1908年）"做木码，到牛坑地方，被霉水汆去排甲一帖，损失千金"。[⑥] 三弟礼先随父亲在杭州江干木行经商，一直到光绪三十四年自杀为止。四弟绍先曾入杭州的木业学堂，自然也与木行有关。[⑦] 而詹鸣铎的儿子

---

① 詹鸣铎：《先大父蕃桢公行述》。
② 《振先杂稿》卷2，光绪三十三年（1907年）所作《叔高祖逢怡公行述》。
③ 《振先杂稿》卷4，《自为先严及三弟赈孤疏（先严周年日）》。
④ 《我之小史》第10回。
⑤ 《我之小史》续编第1回《陪官长谈话投机，哭慈亲抚膺抱痛》："近年以来，我家二弟耀先在家做木码，堆在大路，未免有碍交通"。
⑥ 《我之小史》第11回《禀人书清言娓娓，接弟信文思滔滔》。
⑦ 《我之小史》续编第1回："母亲带领全家，至城站，打电话至木业学堂，唤我四弟同来，看厨拍照。"据民国二十一年（1932年）《杭州市经济调查》三《文化教育篇》，杭州有私立木业学校和私立木业第二初级小学，见吴相湘、刘绍唐主编《民国史料丛刊》第12种，传记文学出版社1971年版，第126—127页。

詹志善，于民国七年（1918年）四月到连市镇阜生木行为徒学业。① 后来，又进入湖州朱吉记木行"学习木业"。② 可见，庐坑詹氏为木业世家，的确是名不虚传。

至于詹鸣铎本人，也有很长一段时间皆在木行内谋生。光绪三十四年（1908年），他曾奉父命前往练市，"投阜生行，司理账目"，③ "闲居无事，谙练木业行当，凡龙泉码子、木业市语以及推游水图，并清排本等之装排式，抄得一本，不时披阅，故司内账缺，而于卖木、卖板之事，兼营并务"。④ 所谓龙泉码子，是指木业中标准的计量单位，也就是以木材圆径计算杉木的方法。当时，詹鸣铎抄录了一册包括龙泉码子在内的商业书，时常翻阅以熟悉相关业务。民国九年（1920年），祖母谆谆告诫詹鸣铎，"谓浙江木业，为全家命脉，须自前往帮同负责，不得委任他人"，所以他"承命而往，与兄弟等经营于外"。⑤ 翌年，詹鸣铎就任石湾阜生行经理，⑥ 所往来者，亦多木业同行。⑦

从《我之小史》及《振先杂稿》等资料来看，詹蕃桢在浙江开设有数家木行，有关这方面的资料颇为丰富、翔实，以下勾稽相关文献，简要概述詹蕃桢的木业经营。

（1）石门镇德昌隆木号

这是詹蕃桢最早开设的一家木行，系合股经营。

---

① 《我之小史》续第2回《往邑城带儿就学，赴杭省携眷闲游》。
② 《我之小史》续第4回《发哀启为祖母治丧，挂归帆代善儿婚娶》。
③ 《我之小史》第10回。
④ 《我之小史》第11回。
⑤⑥ 《我之小史》续第4回。
⑦ 在詹鸣铎的《振先杂稿》中，有一些祝贺木行开张的对联，如民国十三年（1924年）《代贺大来木行开张》等。

石门镇位于浙江嘉兴府西部，此处地濒运河，交通便利，是以榨油业闻名的江南市镇，[①] 俗有"小瓜洲"之称[②]。因运河水在此北流东折，其形如带，俗称"石（门）湾"。

光绪二十年（1894年），詹蕃桢与江峰青一起在石门合开德昌隆木号。[③] 在木号中，詹蕃桢担任经理。詹鸣铎曾记录自己12岁赴石门时所看到的德昌隆木号：

> 我当时初到，仰见其屋粉墙横书"德昌隆木号"五大字。一班伙友，或倚柜台，或立门首，相延入号。父亲命我参拜后，少不得有番茶丏［面］款待。其时行内伙友为丁馥成，绍兴人；余子良，婺源沱川人；汪顺星，裔村人，即湘伯的姑丈；学生为江子青；而詹文镜时尚未到。排司为王四德、夏起发，而程阿六亦未到；伙头为老许，称许司务，系义乌人。[④]

从上述可见，德昌隆木号中除了绍兴、义乌人之外，其余的

---

① 石门作为榨油业的市镇，曾引起诸多研究者的重视。如樊树志《明清江南市镇探微》（复旦大学出版社1990年版，第261页）、陈学文《明清杭嘉湖市镇史研究》（群言出版社1993年版，第245—252页）。《我之小史》亦指出："对面油坊多市面"。（续第3回《开振记形骸放浪，玩杭州兴会淋漓》）

② 光绪《石门县志》卷11《杂志类·丛谈》："邑中地种梅豆，堪作腐，远方就市者众，商人从北路夏镇、淮扬、楚湘等处贩油豆来此，作油作饼，又或转贩于南路，商人豆船皆集包家堰，谓之小瓜洲。"（第1974—1975页）"中国方志丛书·华中地方"185号，清余丽元纂修，清光绪五年（1879年）刊本，成文出版社1975年版。

③ 詹鸣铎：《先大父蕃桢公行述》。

④ 《我之小史》第3回《到石门旋及嘉善，返故里先过杭州》。

多是婺源人（沱川、裔村均为婺源地名）。据载，三年之内，德昌隆木号蒸蒸日上。后来，詹蕃桢因与江峰青发生龃龉，德昌隆木号分析，詹蕃桢在石门另立阜生木行①。德昌隆木行改为德隆，由江峰青独开，行中经理为汪云祥（即汪顺星），还有账房潘显堂，以及伙友詹文镜、詹汉成等。②

（2）从杭州江干"隆记"木行到"生记"木行

除了石门镇德昌隆木号外，光绪二十二年（1896年），詹蕃桢又与江峰青在杭州江干合立隆记木行。

杭州江干，位于钱塘江滨，水陆交通相当便利，早在清乾隆时代，婺源木商江扬言就在杭州候潮门外创立徽商木业公所。此后，江干一带就一直成为江南木业的中心。民国年间发行的《浙江商报》③，经常发布有关木材行情涨跌的消息。如民国十三年（1924年）十二月十七日就有《木板最近之市况》：

> 江干各木行，近日以来因天久不雨，上江之江水涸旱，木板之来源继绝，故市价增涨，近日市况为昌化木二十二贯，遂昌木二十贯，龙游木二十五贯，松板每方售四元五角，次者三元八角云。

---

① 民国十年（1921年），詹鸣铎担任该行经理，而由其"四弟绍先为副，同心辅佐"。（《我之小史》续第3回）民国十年（1921年），"行内生意，做至年终，大不讨好"。至次年，不能继续，只得出顶于人。（《我之小史》续第4回）
② 《我之小史》第8回《做新爹甲辰得子，游泮水人已成名》。
③ 该报商业等方面的内容，被剪裁、装订成一本。（封面题作"商报小说"，该报发现于歙县南乡，可能是徽商自己搜集的剪报材料）

同年同月二十六日亦有《木板市价之回涨》：

> 江干各木行，以近来江水干浅，各路之货，均不能运杭，兼之销场畅旺，存底不丰，故公议将售价增高一贯另，现在行盘，严州木十三贯另，淳安木十五贯零，小隶木十二贯，徽州木十八贯零，江山木二十二贯，下江松板每方三元四五角，徽州松板四元二三角，据云尚须涨云。

当时，江干不仅是发布木业行情的中心，而且木材一业中围码用的篾尺，也以江干"裕记"所制者为其标准，称"裕记公正篾尺"，一般围量手均用此尺。[1] 而在晚清民国时期，在杭州的木业经营中，徽商占有重要的地位。[2] 根据民国二十一年（1932年）《杭州市经济调查》商业篇记载，杭州木料业经营者，"以杭、徽二帮为多，绍、宁帮次之，金、衢、严、处及苏帮又次之。……徽帮经销徽州木材，曰徽木。其进货每遇春水暴涨，由徽州及本省金、衢、严各属之山客编木成排，自钱江上游运集于本市江干一带，每排杉木十分之八，松木十分之一，木板十分之一。由木行以整排销于市内之各木号，或由水客将木排转由运河

---

① 陈从周：《梓室余墨》卷3，生活·读书·新知三联书店1999年版，第239—240页。
② 《我之小史》第7回《同扣考羞归故里，痛落第哭往杭州》中，提及宋凿鳌"及父亲在江干时代，他在菱湖经理木行"。凿鳌后来也在江干经理过木行。（见同上书第10回）

《徽商公所征信录》

销于太湖流域之江、浙各县。木号进货，多向江干木行批购，直接向产地采办者甚少"①。这是有关徽商在杭州木业经营的概括性描述，至于其中的个案，《我之小史》第 11 回中詹蕃桢写给儿子詹鸣铎的信，则是再好不过的例子：

> ……塘栖生意，恒太全前月交易近万余，亦云佳；石门大昌道二三日即有洋四五百来杭，生意亦可云畅旺；我行资本现搁洋一万数千，六月间仅只收到洋一百元，……江干同懋生资本数万，生意仍小。别人家客货可以卖去，而该行敷本之货存行候烂，卖之不行，均是人手之故。如我阜生资本货色处处制胜，而无人问津……②

---

① 《杭州市经济调查》第 2 册，第 624 页。
② 《我之小史》第 11 回。

杭排决定初三、四到埠，新市、塘栖各行缺货，内河水浅，此刻排不通行。如天再十日无雨，则二凉亭并内河不能装排矣。[1]

在信中，詹蕃桢谈及各处木行的销售业绩，其中"恒太全"、"大昌道"和"同懋生"等皆系木行的名称。而上述的"二凉亭"位于杭州城东南的钱塘江滨，应是徽木运至杭州的一个据点。当时，木业以杭州为中心，与新市、塘栖、石门、余杭和上海[2] 等地形成运销网络。对此，《我之小史》记载："时父亲与湘伯合开隆记木行于杭州江头，其生意是批发，不是门市，为上下客之总机关，通钱庄，做往来，较之石门，相悬远甚。"[3] 所谓江头，亦即杭州的江干。"按杭江干木行，为代客买卖，凡上客松杉板木，均是运杭寄售"[4]。这些记载，与民国年间杭州木业调查资料中反映的木业经营状况基本吻合。

光绪二十二年（1896 年），詹蕃桢与江峰青在杭州江干合开隆记木行之初，"开局堂皇，一新其旧，府君全权在握，如上下所交接之总机关，所谓冲烦疲难，更比官场为甚，而府君全神贯注，心一于是，而不及乎他，故能操奇计赢，日新月盛，以义为利，近悦远来，由是四年，其气象之峥嵘，千人共见，而府君运

---

① 《我之小史》第 11 回。

② 《我之小史》第 3 回："且是年春，父亲以余杭山头木码有纠葛事情，往为调理。夏四月，又以上海裕大板行勒销松板，先信后发，连运二船，父亲大怒，偕丁馥成往上海阻止，并理账目。"

③ 《我之小史》第 4 回《回家来频年肄业，受室后屡次求名》。

④ 《我之小史》续编卷 2 第 5 回《为谋事留杭暂搁，过新年到处闲游》。

筹帷幄，神乎其技，亦不战而屈人之兵"。① 不过，正当木行如朝旭东升之时，詹、江二人却产生矛盾，以致宾主离心。光绪二十七年（1901年），詹蕃桢与江峰青分门别户，自己另开生记木行，结果"经此分析，两败俱伤"。② 当年，詹鸣铎曾到杭州，"到行后，参见父母。时行内司内账，仍是查信之，伙友为江子青、滕登贵等上客约二三十人，余筱村、余汝丰、王灶哩以及程起东、汪权泰、吴敬熙父子等，均在行内，热闹之至"，③ 由此可见，生记木行的规模，仍有数十人之多。

（3）连市镇阜生木行

连市亦作练巿，属湖州府。光绪《归安县志》载："练市镇，在县东南九十里。……分东西栅，客船停泊，市廛数十家。"④ 对此，詹鸣铎亦有一些描述：

> 练市乃一小小码头，隶湖州归安县界，招揽四方生意，地亦适中，惟远近多有木行，实逼处此与争利权，商战之余，自不得不以欢迎买客为第一义。⑤

> 练市，这个地方不大，东栅、西栅中有一条正街，店面不甚多，我家阜生行在东栅头。⑥

---

① 詹鸣铎：《先大父蕃桢公行述》。
② 《我之小史》第7回《同扣考羞归故里，痛落第哭往杭州》。
③ 《我之小史》第7回。
④ 光绪《归安县志》卷6《舆地略六》，清陆心源等修，丁宝书等纂，清光绪八年（1882年）刊本，"中国方志丛书·华北地方"第83号，成文出版社1970年版，第43页。
⑤ 《我之小史》第8回《做新爹甲辰得子，游泮水人已成名》。
⑥ 《我之小史》第11回《禀人书清言娓娓，接弟信文思滔滔》。

此处的"珊"作"栅"，可见，练市地面虽不太大，但却有不少木行。关于詹蕃桢在连市设立阜生木行的经过，詹鸣铎指出：

> 这个木行历史，我当初不清悉，后听余子良谈起，我父亲为余维周空账，追至湖州不得，乃将售木排抵偿运回，初在袁家汇搭篷另售，颇有生意，以是捐"阜生"行帖，设一门市的木行。……当日以余子良为经理，初在袁家汇，有坤福等为伙友，继而移至练市，有汪某、许某为伙友，学生为王某、邵某。①

袁家汇位于练市镇西北（在今湖州市区东南）。光绪三十四年（1908年），詹鸣铎到练市，看到"行中情形，仍与昔日一样"，"其时行内经理余子良，回家未来，他如丁馥成、王启光、邵丙贵，都在行内。此外则学生子二，排司务二，烧饭老许，即昔日之许司务，排司系阿六，即昔的程阿六。后来子良到，带进承周，则加一学生。承周即我的表弟，为香姑弟第三子"。②人数在十人以上。从《我之小史》的记载来看，詹鸣铎曾在阜生行司理账目。

练市木行的生意似乎颇为清淡，宣统元年（1909年），练行年总"仅存洋两仟七百六十四元一角七分"，③以至于詹鸣铎慨叹"阜生诚生记之蠹也！"

---

① 《我之小史》第8回。参见詹鸣铎《先大父蕃桢公行述》。
② 《我之小史》第11回。
③ 《我之小史》第18回《接杭电匍匐奔丧，办民团守望相助》。

2．婺源木商的社会生活管窥

（1）詹蕃桢、鸣铎父子的异同

根据清末的调查："婺邑二十年前服饰崇朴素，富商大贾往来江淮吴越间，皆穿土布衫，虽茶寮酒肆之中，楚舞吴歌之地，莫不称为'婺源朝奉'。"[①]那些往来江淮吴越的富商大贾，一身毛蓝土布长衫、红青土布马褂和双梁阔头粗布鞋，出入于茶寮酒肆、笙歌罗绮之间，虽然被苏松一带的民众传为笑话，但这些穿着土布衫的"婺源朝奉"之节俭，亦颇受世人敬重。

詹蕃桢便是"婺源朝奉"的典型代表，他在浙江从事木业，"艰难谛造，惨淡经营，其勤俭一生，形容莫罄"。[②]对此，宣统三年（1911年）詹鸣铎在所作的《先大父蕃桢公行述》中回忆说："不孝时十二岁，随府君往。记得由江干步行至万安桥，由万安桥趁夜航船至石门，其苦不可名状。盖府君一生勤俭，习惯已成自然，有如是者。"[③]在《我的小史》第3回中，詹鸣铎又具体说道："父亲为人最俭朴，虽开木号，而每坐夜航船，……其船人杂，有宁波人骂'娘当吸弄泡'，甚为拥挤。我与父亲卧头舱，诸客出入，时踏我被上经过，殊为可厌。父亲与我均寝不成寐。"[④]夜航船比较拥挤，收费应比白天更为便宜[⑤]，据此可见詹父之俭啬。

---

①　《陶甓公牍》卷12《法制科·婺源风俗之习惯·服饰》，第596页。

②③　詹鸣铎：《先大父蕃桢公行述》。

④　《我之小史》第3回。

⑤　陈学文先生的见解与此相反，他认为："夜航船运费要比白天高。"（见氏著《明清时期太湖流域的商品经济与市场网络》，浙江人民出版社2000年版，第69页）似乎有点不可思议，姑俟待考。

不仅自奉甚俭，詹蕃桢对于儿子詹鸣铎也管束极严。詹鸣铎称："不孝仰事俯蓄，我衣取之，我食取之，惟于生记、阜生是赖焉。故不孝之安逸，府君一'勤'字之所赐也；不孝之饱暖，府君一'俭'字之所赐也。府君勤俭一生，以庇荫于我后嗣，不孝何心，其能不感昊天之德于罔极乎！府君自奉约而待人必丰，课子严而馈母至厚。"① 所谓自奉约而待人必丰，未必完全属实，但"课子严"却的的确确是詹鸣铎的深切体会。当时，德昌隆木号在南皋桥，离街不远。詹鸣铎上街游玩，"每到接待寺走走，看人卖梨胶糖。父亲每月给我另〔零〕用钱二百文，剃头、洗衣以外，无多浪费，不过吃吃豆腐浆、糖大饼，及每次二十文之火炙糕、寸金糖。若面馆吃面，只领过子青一次的情，自己却不曾去过"。② 可见，作为木商子弟，詹鸣铎每月可供花销的金钱寥寥可数。在父亲的严格管束下，詹鸣铎之日常行事颇为谨慎小心，因"父亲不喜时髦"，他在上海时常戴的一顶六合帽，回到杭州就只得"拆下暗为藏放"。③ 他曾被人约去打茶会、吃花酒、观海潮，"父亲见我屡易长衫，对我训骂，以致所约不成"。④ 看来，在父亲的严厉管教下，詹鸣铎日常行事尚颇收敛。

不过，作为木商子弟，詹鸣铎及其兄弟与父亲的想法大不相同。对此，詹蕃桢在光绪三十四年（1908 年）七月初四日的一封信上，曾抱怨自己的三个儿子"不知世务"，令自己"吞声隐

---

① 詹鸣铎：《先大父蕃桢公行述》。
② 《我之小史》第 3 回。
③ 《我之小史》第 16 回《游沪渎赏烂漫春光，办自治结文明团体》。
④ 《我之小史》第 12 回《闻弟耗命驾来杭，奉亲命买舟归里》。

泣，百忍不言"。在信中，他详细比较了父、子两代人在生活观念上的诸多差异：

> 父在局署时，官纱纺绸长衫，尚未穿过；湖绉宁绸长袍，尚未做过。即手头丰盈，常以在家训蒙时，吾母训吾之言，存在心里，刻刻不忘，惟恐汝等儿子吃苦。不料延至今日，汝等如此奢华，将父牛耕之钱，任情挥霍。汝年廿六，汝妇寄信与汝，令汝为汝子做单裤，云及汝妇狠（很）不懂事，汝在外非捣金穴。汝为父子，身穿纺绸官纱，然则汝父捣金穴不成？汝之子则单裤俱无，父之子则个个均穿纺绸官纱。反是以思，则青衿之子懂事，厨下之妇懂事，可想而知，任情挥霍乎？不任情挥霍乎？亦可想而知之矣。

在詹蕃桢眼里，长子詹鸣铎"生平不知保惜物件，用钱不知节省"，是其一大缺点；次子玉儿（詹鸣珂）生意亏本之后，两手空空来到杭州，"衣裳则一件无有。父吞声隐泣，不发怨言，嘱伊勤俭自持，以图恢复之计，着伊做几件竹布衣裳，以免多费。不料仍不遵教，又做丝绸。父钻心刺骨，气不自伸"；三子和儿（詹鸣球）更是"浇离成性"，为人处世大于大脚。在父亲眼里，"兄弟三人，热则纺绸官纱，冬则宁绸湖绉"，"非鱼肉不能吃饭，非丝绸则无衣穿"，完全不知稼穑之艰难。因此，他执意要为三子分家。① 在上述这封信中，詹氏父子两代对于生活的

---

① 《我之小史》第 11 回。

不同看法，表露得淋漓尽致。

（2）木商的日常生活

戏剧史家戴不凡先生曾回忆：从前浙江建德有一出睦剧，其中的一个情节是讲一个徽州木商之子，在大骂亲生父亲爬灰之后，自己又跳墙去与邻居妇人偷情，结果被邻居的婆婆发现，又打又骂了一场，后者用一些粗俗猥亵的徽州话，将新安木客骂得狗血淋头。类似于此徽州木商在各地追芳逐艳的风流佚事并不罕见，詹鸣铎亦曾记载，练市木行"行伙王某，与邻妇通，被船厂夥敲诈未遂，致行殴辱"。[①]

徽商素有"乌纱帽"和"红绣鞋"之癖，一些财大气粗的木商在外，囊丰箧盈之余，常思娶妾宿娼。如木商宋凿鳌"刻薄成家，颇有些储蓄，置田产，购姬妾，以娱暮年"。[②]"宋凿鳌"当为绰号，他与詹家不睦，故在詹鸣铎笔下，其人的形象颇为负面。不过，关于他的纳妾一事应非杜撰。詹鸣铎的父亲詹蕃桢也拟娶温州女子郑宝莲为妾：

> 湘伯以名进士作宰。父亲由石门及江干，经理隆记木行，蒸蒸日上，以故湘伯与之情投意合，相得益彰。是年湘伯至温州购一女儿，郑姓名宝莲，将贡诸抚宪，以充下陈。父亲见之，约略道好，湘伯遂以赠之，后索价二百金，父亲由是与之介意。但幸郑家女儿，呈妍贡媚，差足自慰。……母亲去后，祖母亦闻这个消息，心中已大不然。不料一日偶

---

①② 《我之小史》第11回。

出大路，听见挖树的报告，说我父亲现娶的如夫人，甚为得意：我母亲吹笛，那个如夫人唱曲，我父亲乐不可支。……后凤山某木客，笑嘻嘻的，又对我祖母说：那个如夫人，外地的人，真不解事。我父亲代他做衣服，已用去百余金，他［她］还不如意……①

上述的记载，虽然有其他木客的夸大其词，但詹蕃桢为了娶妾一事花费不赀，则应当也是事实。与乃父相似，詹鸣铎亦常流连花丛：

是日又与罗游行，至曹泰来门首，遇彩月阁打扮素净，与罗打个照面，亦颇动心。又一日，吴君约打茶会。……当日我在杭州江干，与吴君朗吾茶店坐坐，酒馆登登，又和阿宝月下夜游，都觉有趣。……那个时候，我在行无事，因人天气，似觉无聊。一日忆故人于拱，闻金枝已字人，而小宝仍在。前情回想，未免犹有遐思，乃独往访。至小宝房，不见；入金枝房，……。登高升楼，问彩月阁，则道：外势走白相去哉。俄而彩月阁至，……娘姨请点人，我张眼一望，点张素卿。素卿乃近而进水烟，其余立退。素卿呈妍贡媚，我乃喜笑颜开，触机而发，言之娓娓，大有老白相神情。……我于此道虽未老断轮，而较之前通，大有天渊之别。……及另入素卿房晚膳，唤红烧羊肉、蟹羹等味来过酒。

---

① 《我之小史》第 5 回《从业师再投邑试，事祖母重到杭州》。

饭后开唱，有雏妓名阿奶，为扯胡琴，唱《五更》、《五点》之歌，声调温婉。我平日所唱的《四十大姐》，可虜同调。是夜也唱数句，大家好笑，都道：唱得吭啥。而素卿尤屡称"翘个翘个"。素卿淡红衫子，细小身裁。他的同居，一名月卿，一名小宝，不及他风韵天然。及乎吃粥之后，登小舞台，则一缕香肌好，红罗小抹胸，可与知者道，难与俗人言了。次早十点钟，闻隔壁娘姨，代客唤卤汁面。我与素卿走起，素卿掠月梳云，又为我搭辫子。未几，乞大少请奴吃蟹云云。是早用过点心之后，约全入明月镜相馆拍之。那时风俗，尚以裙下双钩为重。素卿莲船盈尺，拍照之际，命以花钵蔽之，是亦藏拙之一道。此照我们两人对坐，我穿灰色呢袍，花青花缎马褂；素卿内着水红衫，罩以湖绿夹袄，珠联璧合，玉人一双。所谓甜蜜的光阴，神圣的爱情，大有鲽鲽鹣鹣之意。两人那时的热度，即携手渡北冰洋，亦煦煦然如登春台……①

在杭州，詹鸣铎曾被约往花牌楼打茶会。"花牌楼向为船妓，称九姓渔船，后来渐移上岸，今已鳞次栉比，沿街走过，每闻弦歌之声。我回忆戊申年，曾随吴君、罗君打过茶会。"②"戊申年"即光绪三十四年（1908 年），当时詹鸣铎于"生意余闲，上街游玩，吃酒于杏花村，后来街上新开文明茶馆，内设雅座，改良榻

---

① 《我之小史》第 12 回《闻弟耗命驾来杭，奉亲命买舟归里》。
② 《我之小史》续第 3 回。

茶，亦曾前去茶叙"。①

　　除了打茶会外，詹鸣铎对于看戏情有独钟。光绪二十一年（1895年），"是年有荣富苏州失业回来，在行耽搁。夏排司近荒于嬉，与之顽（玩）耍。隔邻有妇，私藏男子，我方凿壁窥之。至乡间出会，陆地有扮犯人，扮地戏者；船上有上层扮戏，下层奏乐者，蛮箫社鼓，醋畅淋漓。至是而本地风光大半领略，口音亦随声附和，有不期然而然的相似"。②因时常看戏，詹鸣铎对石门一带的方言也颇为谙练。光绪三十四年（1908年），在练市镇看戏，"觉得下路的戏，水路班子，确演得好。曾看有《乌龙院》《张公馆》《海潮珠》《白水滩》《京杀皮》等戏，比杭州戏园尤佳。又到韩山看会，与王启光叫客船，颇阔气。……至所出的会，和昔日差不多：拈香扮犯，地戏继之，鼓乐喧阗，肉香尤盛。按肉香以针刺臂，丝引提炉，随神游行，以表诚敬，此与焚顶斋身同一用意，乡人迷信的旧习惯由来已久。且那个地方，还有什么叫做蚕花戏，里巷歌谣，男女合演，这个伤风败俗，不可为训，似宜禁止。又有跳板船，卖花烟，客到即吸，每口纳洋一角，多多益善。客人吞云吐雾，兼可偎翠依红，我至多也吸过十余口。"③类似的记载，在《我之小史》中所见颇多，均足以反映其人的日常行事。

3. 余论

　　明清以还，徽商外出前往江南各地经商，往往利用同乡的官

---

①② 《我之小史》第11回。
③ 《我之小史》第3回。

僚势力，官商合作，相得益彰。江峰青就与詹蕃桢合开木行，而且，之所以选在石门，可能与同乡官僚的扶持也有关系。[①]詹鸣铎在练市阜生行时，与官场中人亦颇为热络。"我在这行内，炮船头子尝来结纳，联络感情。新任警佐拜客，又来投刺，这地方中木行总算有些场面。行伙王某，与邻妇通，被船厂伙敲诈未遂，致行殴辱。本行人怒，呈送二府，虽未重办，那人规避了数月，这也可见得木行的声威"。[②]木商与盐商、典商合称为"闭关时代三大商"，其实，及至晚清民国，徽州木商声势之煊赫，似乎仍不减当年。

詹鸣铎曾总结父亲的经商之道，说："府君之经商也，如变把戏然出没不测，如睹跑马然陵厉无前，而其唯一之宗旨，则不外'勤俭'二端。尝谓生意者，意由人心中以生，故做生意，谓之权子母，母以生子，生生不已，而生财之道在是矣。"[③]詹蕃桢经商以"勤俭"为不二法门，而詹鸣铎则迥然有异，他在经商时始终显得心不在焉。民国八年（1919年），詹鸣铎在婺源县开张振记店，"店事亏款甚巨，一再迁址"。该店开张三年，"店中平昔弦歌不辍"。[④]他自己认为："振记不过以生意为名，经商之道，全不考究"。三年之内，店中共蚀去银元1500余。当时，詹

---

① 《我之小史》续编第1回《陪官长谈话投机，哭慈亲抚膺抱痛》："步东先生，曾做过石门县，他的胞兄余老三、余老四，在杭州都滑头。"步东先生即余丽元，婺源沱川人，同治十一年（1872年）以后任浙江嘉兴府石门县知县，亦即光绪五年（1879年）《石门县志》总纂。

② 《我之小史》第11回。

③ 詹鸣铎：《先大父蕃桢公行述》。

④ 《我之小史》续第2回。

鸣铎在杭州的二弟来信调侃"恭贺振记万岁",而詹鸣铎回信则曰"朕亡无日矣"。这一对答颇为滑稽,据说,"一时城内文人学士互相传诵,播为美谈"。看来,詹鸣铎似乎丝毫不以生意亏蚀为忧。民国九年(1920年),詹鸣铎在石湾阜生行内做老板,但他于行内生意一概不问。他的妻子和三弟媳,"每日上午及夜里均作竹林游"。他自己则"闲暇无事,坐在楼上,抄录生平杂稿,并补著《我的小史》续篇第二回"。对于这样的生活,詹鸣铎显得颇为自鸣得意,他说自己写"质芬讼事始末那一段文字,笔歌墨舞,酣畅淋漓,真觉文入妙来无过熟"。第二年弟弟耀先忽将生记行另招外股经营,"自己兄弟占作殳本洋一千二百元,派每人三百元,其中内容不甚清悉,我胃平昔颟顸,亦不深究"。①民国十年(1921年)詹鸣铎至石湾,担任阜生木行经理,"虽是虚衔,然各事都要放在心里,与去年之闲散不同。正事之外,上街闲玩,无非长乐园吃茶,一乐园吃面,接待寺看戏,听弹词,听小热昏,至于宗阳庙石门县看会,盐桥帮搓小麻雀,跳板船过金菊仙,尤其余事"。②可见,他完全没有经商的兴趣,而只是耽于享乐。

詹蕃桢、鸣铎父子迥然有别,这与他们个人的经历有关。詹鸣铎对于科举考试相当热衷:光绪三十年(1904年),22岁的詹鸣铎到达杭州以后,父亲"使在行内读书习字,而生意一事,不使干预"。③当他金榜挂名时,"如醉如痴,口中暗暗称:'挂匾

---

① 《我之小史》续第 3 回。
② 《我之小史》续第 4 回。
③ 《我之小史》第 7 回。

从徽州到江南:明清徽商与区域社会研究(修订版)

挂匾，散卷散卷。'盖我祖母有节孝匾，父亲要候入泮，代为悬挂，乃不得意，以此属望我。我平日勉承父志，盼望已久。且看见他人所刊试草，有名有字，有父兄朋友的批评，私慕殊切，未知何日邯郸学步，如愿以偿，今日如此，实获我心，故二语之出，殆流露于不自觉"。[①] 他考上秀才后，便以乡绅自居。后来又逛过大上海，进过新式学堂，还在当时时尚的《红杂志》上发表过文章，显然不同于埋头生意的老朝奉詹蕃桢。因此，他更向往的似乎是乡绅文人的社会生活，从商只是一种不得已而为之的职业，故此其人始终缺乏足够的经商热情。

---

① 《我之小史》第 8 回。

三、"徽厨之乡"与"衣被天下"

（一）清代以来江浙一带的徽馆业

明代以来，"徽商"作为一个商帮的总称，频繁出现于各类史籍中。不过，明清时代的徽州府下辖六县，如果从商帮内部来看，各县人群从事的重点生业各具特色。其中，歙县以盐商、茶商最为著名，休宁的典商在江南闻名遐迩，婺源的木商、茶商和墨商极负盛名，而绩溪则以徽馆业著称于世。[①] 所谓徽馆，是指徽菜馆和徽面馆的总称。徽馆是绩溪人经营的一种传统行业，较之席丰履厚的盐商、典当和木商等商界巨擘，一般说来，绝大多数徽馆业的商人因其小本经营而显得不太起眼，再加上徽馆业所从事的是人

---

① 关于这一点，即使是在徽州本土，也相当显著。民国时期的调查显示："徽州各业，各有帮派。茶业多婺源、歙县人，绸布洋货多黟县人，烟酱杂货多青阳人，酒肉菜馆多绩溪人，理发瓷器多江西人。"见《中国经济志》下册（民国史料丛刊第 9 种，传记文学社印行），休宁县，第 581 页。

们日常生活中最为普通的营生，较前三者似乎也并没有更多值得记录在案的专业知识。故此，有关于他们的文献记载也就相对较少。管见所及，以往涉及徽馆业的成果以民国以来的绩溪县志和徽馆当事人的回忆录最为重要。鉴于徽馆业商研究的薄弱，本文拟利用族谱、方志、民谣、笔记、小说和徽商征信录，以及其他一些档案史料，以扬州、杭州和上海等城市为例，对清民国时期江浙一带的徽馆之源流脉络及其相关的慈善事业，作一初步的探讨。

论文除最后的结语之外，共分三个部分：首先是通过对《扬州画舫录》记载的诠释，藉以考察徽馆早期发展的脉络；其次勾稽各类史料，概述杭州和上海的徽馆业；再次则利用新近发现的《新安惟善集六安材会征信录》以及两种《徽宁思恭堂征信录》，对杭州和上海两地与徽馆业相关的慈善事业，作一简要的分析。

1. 扬州——徽馆早期发展的一点考证

绩溪素称"徽厨之乡"，但徽馆（亦称馆店业）始于何时以及徽馆早期发展的脉络轨迹，迄今尚不得其详。1963年在台湾出版的《绩溪县志》指出："烹调业也是吾绩新兴事业之一。此业创始于何时不可考，其始仅创设于徽州府、屯溪、金华、兰溪、宣城等县市；继则扩展及于武汉三镇、芜湖、南京、苏州、上海、杭州等各大都市，则是随近百年来海禁大开，工商业的发展而日臻发达。"[①] 而1998年大陆出版的《绩溪县志》则认为：

---

① 台北市绩溪同乡会编：《绩溪县志》第3编附编《绩溪县的经济》，1963年版，第715页。此书部分复印件承台湾"中央研究院"近代史研究所的谢国兴研究员惠寄，特此致谢！

当代徽菜馆

"县人旅外经营徽菜馆，创年无考。"① 该书接着缕述了"上海徽菜馆""杭嘉湖徽菜馆""芜湖徽菜馆""武汉徽菜馆""南京徽菜馆""西南地区徽菜馆"和"国外徽菜馆"等的概况。不过，在上述对徽馆历史的追溯中，都没有提到"扬州"的名字。而我以为，这恰恰是徽馆发展史上一个关键性的城市。关于这一点，虽然以往学者都反复征引下述《扬州画舫录》卷11《虹桥录下》的一段记载，但似乎都没有作出过合理的解读：

> 城内食肆多附于面馆，面有大连、中碗、重二之分。冬用满汤，谓之大连；夏用半汤，谓之过桥。面有浇头，以长鱼、鸡、猪为三鲜。大东门有如意馆、席珍，小东门有玉

---

① 绩溪县地方志编纂委员会编：《绩溪县志》，黄山书社1998年版，第439页。

麟、桥园，西门有方鲜林店，缺口门有杏春楼，三祝庵有黄毛，教场有常楼，皆是类也。乾隆初年，徽人于河下街卖松毛包子，名徽包店。因仿岩镇街没骨鱼面，名其店曰合鲭，盖以鲭鱼为面也。仿之者有槐叶楼火腿面，合鲭复改为坡儿上之玉坡，遂以鱼面胜。徐宁门问鹤楼，以螃蟹面胜。而接踵而至者，不惜千金买仕商大宅为之，如涌翠、碧芗泉、槐月楼、双松圃、胜春楼诸肆。楼台亭榭，水石花树，争新斗丽，实他地之所无。其最甚者，鳇鱼、车螯、班鱼、羊肉诸大连，一碗费中人一日之用焉。[①]

笔者以为，该段记载应是与徽馆直接相关的重要史料，其中有数点颇值重点阐发：

其一，与李斗差相同时的林苏门所著之《邗江三百吟》卷9《名目饮食》，有"三鲜大连"条，曰："不托丝丝软似绵，羹汤煮就合腥鲜。尝来巨碗君休诧，七绝应输此盎然。"诗注："扬州有徽面之名，三鲜者，鸡鱼肉也。大连者，大碗面也。外省人初来扬州郡城，入市食面，见大碗汤如水盎，几不敢下箸。及入口，则津津矣。"[②]可见三鲜大连，也就是徽面。在当时的扬州，精擅徽州鱼面的玉坡面店相当著名，林苏门《续扬州竹枝词》

---

① 中华书局1997年版，第266—267页。按：原书标点有误，今酌改。

② 《扬州历代诗词》第3册，人民文学出版社1998年版，第480页。关于三鲜大连等，臧榖：《续扬州竹枝词》亦有："浇头先问肉鸡鱼，卖面东家本姓徐。一碗百钱随意吃，晚来收账醉仙居。"（《扬州历代诗词》第4册，第409页）汪有泰《扬州竹枝词》："一钱大面要汤宽，火腿长鱼共一盘。更有稀浇鲜入骨，蚌螯螃蟹烩班肝。"（同上，第602页）

有："荷包内造佩京刀，热客来游声价高。访得玉坡尝口味，大连熬面仗蚌螯。"[1] 这是描写当时玉坡面店食客盈门的热闹场景。至于"徽包"，亦在扬州盛行一时，林溥的《扬州西山小志·市肆十二首》："郡城酒面馆列肆相望，连面各处驰名，点心制法极佳，有灌汤包子，尤擅一时。"[2] 总之，《扬州画舫录》提及的三鲜浇头和"大连"、"徽包"等，都与徽州有关。

其二，康熙、乾隆时人王锦云的《调寄望江南九十七首·扬州忆》中有："扬州忆，市脯可延宾。绣石茶坊矗到晚，桥园面肆闹凌晨，畅叙瓮头春。"[3] "桥园"应当就是《扬州画舫录》所述小东门的桥园，这首诗描述了面馆生意火爆的场景。清末黄鼎铭（别号惺庵居士）的《望江南百调》亦曰："扬州好，面馆数名园。浇别三鲜随客点，肴烹四簋及时陈，饱啖价休论。"[4] 这些，都与《扬州画舫录》的上揭记载一脉相承。《扬州画舫录》所谓城内食肆多附于面馆，恰恰点明了徽馆最为重要的一个显著特征。直到民国时期出版的《上海宝鉴》仍然说："徽州菜与本地菜，情形多属相同，惟兼售面食。"[5] 菜馆和面馆合二而一，且环境优雅，或许有利于吸引更多的顾客。

基于上述的两点说明，笔者以为，《扬州画舫录》的记载，

---

[1] 《扬州历代诗词》第 3 册，第 413 页。

[2] 抄本 1 册，扬州师范学院（今扬州大学）图书馆藏。

[3] 《扬州历代诗词》第 3 册，第 53 页。

[4] 《扬州历代诗词》第 4 册，第 859 页。

[5] 《（旅沪必备）上海宝鉴》第 14 编，上海世界书局印行，第 2 页。此书私人收藏，因有残损，具体刊刻年代不详。另，民国时人陈伯熙编著的《上海轶事大观·菜馆之今昔观》亦曰："徽馆兼售汤面，可随意小吃，取价尚廉。"（上海书店出版社 2000 年版，第 187 页）

应是乾隆年间徽馆业在扬州盛况之真实写照。换言之，徽馆业在乾隆时代的扬州已颇为发达。而徽馆业之发达，与"精鉴聘名庖"①的徽商之嗜好密不可分。诚如《扬州西山小志·市肆十二首》所言："大抵郡人以盐务为业，率习于浮华而精肴馔也。"乾隆初年，徽州人在盐商聚居的河下街开徽包店，兜售松毛包子，这或许就是后来灌汤包子的前身。而合鲭面店所仿的歙县岩镇街没骨鱼面，也正是由大盐商徐赞侯的侄孙徐履安所首创。②另外，林苏门《邗江三百吟》卷3《俗尚通行》中有"装元宝锅"条，曰："黄金鼎向彩筵登，满座馨香郁气蒸。绝似炼金经九转，不添炉火暖腾腾。"该诗自注："火锅，即火碗、火壶之类，用好锡为之，向来或圆或方，足以适用，今则象形元宝，预装年肴，亦贸易者所为也。"所谓贸易者所为，一般情况下，在扬州很可能指的就是徽商。而且，绩溪岭北一带冬季酒席上的"一品锅"（后来亦成为徽馆中的一道名菜），与上述的描写颇有相似之处。③虽然我们无从知晓绩溪"一品锅"最早出现的确切时间④，

---

① ［清］王锦云：《调寄望江南九十七首·扬州忆》，见《扬州历代诗词》第3册，第55页。

② ［清］李斗：《扬州画舫录》卷14《冈东录》，页334。《扬州画舫录》卷11《虹桥录下》，有"汪银山没骨鱼"，为家庖的名菜。（第253页）从汪银山的姓氏来看，应当也出自徽州。

③ 据绩溪县地方志编纂委员会编《绩溪县志》记载："岭北农村冬季酒席为'一品锅'，将初制的菜肴，分层盛入双耳铁锅，置于炭火上温烧2至3小时。普通一品锅称'火龙锅'，底层盛腌渍菜或萝卜丝、干豆角，上盛鸡、鱼、肉、圆子、顶盖豆腐包（每人4只）。高等一品锅称'三鲜锅'。……"（第1040页）

④ 根据徽州民间传说，"一品锅"最早出现于明代，见季家宏主编：《黄山旅游文化大辞典》，合肥：中国科学技术大学出版社，1994年版，第614页。此说尚待具体史料的确证。

亦即它与扬州的"装元宝锅"究竟孰先孰后，但上述的记载至少说明——扬州与绩溪的饮食时尚具有某种程度的相互影响。至于说是后世以绩溪人为主的徽馆业受到扬州商人饮食嗜好的影响，还是绩溪饮食时尚此时就已在扬州的徽馆业中盛行，则有待于今后更多史料的进一步确证。[①]

综上所述，从《扬州画舫录》的记载来看，扬州应是徽馆业发展史上一个关键性的城市，徽馆业的发展，与两淮盐商及扬州城市的繁荣有着密切的关系。而且，这一阶段徽馆业的发展，从一开始就与徽商的活动密切相关。

2．杭州和上海的徽馆业

明清以来，长江中下游一带素有"无徽不成镇"的说法，与扬州的情形相似，杭州也是徽州人聚居生业之地。从明清传统的交通路线来看，从徽州到杭州，有一条"徽州府由严州至杭州水路程"。诚如该路程之后所附的一首《水程捷要歌》所述的那样："一自渔梁坝，百里至街口。八十淳安县，茶园六十有。九十严州府，钓台桐庐守。橦梓关富阳，三浙坽江口。徽郡至杭州，水程六百走。"[②]新安江一水东下，便可直接到达杭州。在杭州的钱塘

---

① 对扬州"徽馆"明确的记载，迄今我只找到晚清焦东周生《扬州梦》卷3《梦中事》的一段史料："早点若包若饺，粗者若糕若糖糕，若馒若蒸卷，徽馆略小价半，止一钱一枚，颇精致。"（"美化义学名著丛书"，上海书店出版社1982年版）

② （明）西陵憺漪子选辑：《天下路程图引》卷1，见杨正泰校注《天下水陆路程、天下路程图引、客商一览醒迷》，山西人民出版社1992年版，第361—362页。

江滨，有"徽州塘"等地名。清民国时期，杭城内外不仅有诸多盐商巨贾，而且更有不少徽州下层民众在杭州务工经商。《沪谚外编》中就有一首《天竹枝》的民谣，描写"旧式商店学徒苦处"：

> 天竹枝，尖叶头，人生最苦住徽州。端正儿童出门学生意，路远遥遥娘心忧。写封平安信，寄到家里头，叫我爷娘勿多愁，我在杭州做伙头，一日三餐锅焦饭，一夜三个面蘖头，手像乌鸡爪，脚比炭柴头，口是灶肚，鼻是烟卤，眼睛咕噜圈，面是铁火钳，头发两边披，耳朵南瓜皮，吃了苦来无话处，幸喜无毛无病骨头健，少年吃苦苦中还有甜。[①]

根据当代辞书的诠释，徽州歙县话中有"伙头"一词，也就是厨师、炊事员的意思。[②]《沪谚外编》的作者胡祖德是寓居上海县陈行乡的徽商后裔，祖籍在徽州绩溪。他所收录的这首《天竹枝》，正是当日大批徽州人在杭州充当学徒的真实写照。[③]

---

① 胡祖德著：《沪谚外编》，"上海滩与上海人丛书"，上海古籍出版社1989年版，第41页。

② 中国复旦大学、日本京都外国语大学合作编纂：《汉语方言大词典》第2卷，中华书局1999年版，第2047页。

③ 在黟县，民国时期采集的一首民谣，亦有《信奉母亲》："信奉母亲不要愁，男儿在外做火头。初一、十五三块肉，一精一肥一骨头。猫弟弟，拖了去；狗哥哥，拖了去；狗哥哥，咬转来。手竟好像乌鸡爪，脚竟如同火把头。周身一个污糟片，捧起碗来眼泪流。伏望加珍爱保重！男儿叩上又磕头。"（《古黟新语》第12号"编余随笔"，民国十五年（1926年）八月一日出版，第25—26页。该杂志藏安徽省黟县档案馆）黟县民谣素有"渔亭桥下杭州路"的说法，渔亭系黟县的对外水运码头，该谚是形容黟县人多往杭州务工经商，故上述《信奉母亲》，实际上也反映了杭州学徒的日常生活。

在徽州人鳞集麇聚杭州的背景下，徽馆业也有了发展繁荣的外部环境。新近发现的清末婺源秀才詹鸣铎所著《我之小史》（徽州章回体纪实性小说稿本）中，有不少反映在杭州务工经商的徽州人之活动，其中作者就多次提及杭州的徽菜馆：

> ……父亲道：我带你吃酒去。我道：还有二客哩。父亲乃率我及二客至大兴馆小酌，才坐定，命我陪客，已先回行。（第5回《从业师再投邑试，事祖母重到杭州》）
>
> ……显昭系我的岳丈，时司理同福兴内账，我曾往他行玩过。他有日请我与二弟吃大兴馆，叫两肴，颇为夏令妙品。（第7回《同扣考羞归故里，痛落第哭往杭州》）
>
> 原来我去岁在家，内子已兆有身，……来杭至今，悬盼已久，今得此信，飞跑出来一看，方知果然，报道七月二十四我善儿降生。这个喜信接着之后，父亲连忙请行客吃大兴馆。……当下到大兴馆，约计二席，随意小酌。（第8回《做新爹甲辰得子，游泮水人已成名》）

小说中提及的"大兴馆"，也就是杭州著名的徽菜馆。上引第一例是作者詹鸣铎自徽州到杭州时，开木行的父亲请他和两位朋友赴大兴馆小酌；第二例是在同福兴司账的岳父（婺源人），请作者及其二弟到大兴馆品尝夏令佳肴；第三例则是因作者生子，其父为庆贺孙子出世，请行客（绝大多数也是徽州人）吃大兴馆。可见，徽馆是徽州人款待客人（尤其是同乡亲朋）的重要场所。另外，在《我之小史》中，还有几处吃面的例子：

及到杭州江头，父亲上岸，投曹泰来行。我后到，亦蒙请吃丐［面］。（第3回《到石门旋及嘉善，返故里先过杭州》）

父亲那时不在嘉善公署，已改至石门湾，与湘伯合开德昌隆木号。且木号中，父亲为经理，此番系带我往投该处。我当时初到，仰见其屋粉墙横书"德昌隆木号"五大字。一班伙友，或倚柜台，或立门首，相延入号。父亲命我参拜后，少不得有番茶丐［面］款待。（第3回）

父亲每月给我另用钱二百文，剃头、洗衣以外，无多浪费，不过吃吃豆腐浆、糖大饼，及每次二十文之火炙糕、寸金糖。若面馆吃面，只领过子青一次的情，自己却不曾去过。（第3回）

痴先生难为了这东乡老，请他至河滩下馆子吃丐［面］，记得他吃了两大碗。（第7回）

上述第一例为作者初到杭州的曹泰来行（徽州人开设的转运过塘行），第二例是到石门湾的德昌隆木号，第四例系屯溪东乡老因代作者等人寻找渡船，得到痴先生的酬谢。而第三例则表明，下面馆吃面对于靠父亲提供零花钱的作者来说，仍然是颇为奢侈的行为。由此看来，徽州人嗜面，[①] 而请人吃面则是他们款待客人的一种礼数。

---

① 徽州人无论是社会上层还是下层人物均嗜食面。乾隆年间侨寓扬州的歙县人方士庶有《新安竹枝词》曰："山轿平扛压两肩，中途随处索盘缠，河西桥畔籴儿面，绝胜唐模与揭田。"原诗小注曰："舆人途中飧为吃盘缠，（转下页）

至于杭州的徽馆，早在同治年间，钱塘人范祖述的《杭俗遗风》中，就有简略的一段描述：

> 徽州馆店所卖之面粗而且硬，其各种各价均与苏州馆同，惟面两样耳。再，有名为小碗面一种，每碗十八文，上加肉片、蛋皮、虾仁等物，碗大味鲜，量浅者可以抵得一顿饭矣。亦有素面店，小碗每十文，上加素丝点心，净素小菜，面汤亦各二文。[①]

这是说在杭州城内的徽馆，出售徽州风味的小碗面，有荤、素两种。以往涉及徽商在杭州饮食业中的活动，大都引述该段资料。[②] 而新编方志及绩溪人的回忆，一般亦认为绩溪人在杭

（接上页）唐模、碣田面少味佳，彼则独嗜簿儿面，盖贪多也。"这是轿夫嗜食面的例子。而《（歙县）大阜潘氏支谱附编·文诗钞》，则记载了返乡省亲的徽商后裔食面的情形："（光绪七年四月初六日）天暮，煮面为餐，移时就睡"；（《歙行日记》）"（初七日）在衙前吃面"；（《歙行日记》）"进徽州府城北门市头，……至察院前头，就市吃面，……登城阳山，投如意寺。天色已晚，老僧法兴年六十四，汲泉煮茗，味颇清冽，以素面供客"；（《癸未省墓日记》）"晤华生兄，知篁斋之子三岁患恙，以建面贻之"。（《癸未省墓日记》）关于这一点，可参见拙文《徽商展墓日记所见徽州的社会与民俗——以〈（歙县）大阜潘氏支谱附编文诗钞〉为中心》，上海图书馆编《中国谱牒研究》，上海古籍出版社1999年版。

① （清）王锡祺：《小方壶斋舆地丛钞》第6帙，杭州古籍书店1985年版，第8册，第164页。"中国方志丛书"华中地方第527号，收录《杭俗遗风》同治三年（1864年）手抄本（成文出版社，1983年版），前有同治二年范祖述自序。

② 如陈学文《明清徽商在杭州的活动》，见杭州徽州学研究会编《杭州徽州学研究会十周年纪念文集》，1997年版。

州开设面馆，最早可上溯至同治年间，①其所根据的史料也就是《杭俗遗风》中的这段记载。的确，"馆店"也就是徽馆的另外一种称呼。不过，应当指出的是，《杭俗遗风》的记载还只是描述了徽面及其相关内涵（如浇头、价格等）。其实，从常理上推断，徽馆在杭州的历史应早于同治年间，甚至可能不会晚于徽馆在扬州繁盛的乾隆时代。其原因大致有三：一是从交通方面来看，杭州是长江下游三角洲繁华都市中离徽州本土最近的一个城市。新安江一水东下，即可到达杭州。绩溪民谣所谓"一脚到杭州"，即指从绩溪到杭州之直接近便。而徽馆由徽杭路向外拓展，杭州是必经之地。二是从需求方面来看，杭州不仅是盐商钜贾麋居的城市，而且，在当地务工经商的中下层民众也为数极多，徽面馆和徽菜馆显然大有市场。②三是绩溪是与歙县接壤的一个县份，当歙商在杭州如日中天时，各类消费服务业也必然会随之兴起。换言之，徽州商帮内部的分工协作，也使绩溪人进入徽馆业成为可能。当然，由于资料的缺乏，我们无从了解从乾隆到同治年间徽馆业在杭州乃至整个长江下游三角洲发展的详细情况，我们甚至也无从知晓同治以后很长一段时间杭州徽馆业的运作状况。此处只能从晚近的一些档案中，窥见徽馆业的一些情况。

① 绩溪县地方志编纂委员会编：《绩溪县志》，第 440 页。
② 明人方承训《复初集》卷 31，就曾记载明代歙商方录到杭州开设醴馆（酒馆）的史实。（参见拙著《徽州社会文化史探微——新发现的 16 至 20 世纪民间档案文书研究》，上海社会科学院出版社 2002 年版，第 55—56 页）。酒馆与菜馆实际上并无明显的界限，至少，酒馆可视作徽菜馆的前身。

表 1 杭州市面点业职业工会会员名册（民国三十六年六月）①

会员证号码	姓　名	性别	年龄	籍贯	职业	入会年月	服务处所或住址
二三	方炳生	男	四五	徽州	面点	三十五年四月	延龄路新兴馆
二四	章正坤	男	四八	徽州	面点	三十五年四月	延龄路新兴馆
一三三	李荣春	男	一八	徽州	面点	三十五年四月	羊霸头浙宁公所
三四〇	张宗法	男	二二	徽州	面点	三十五年四月	湖墅卖鱼桥
三五九	胡逸仙	男	二八	徽州	面点	三十五年四月	河坊街大兴馆
四一二	方福闪	男	二三	徽州	面点	三十五年四月	海月桥大兴馆
四五六	柯荣贵	男	四七	徽州	面点	三十五年四月	河坊街天兴馆
四五八	胡水金	男	三三	徽州	面点	三十五年四月	海月桥大兴馆
四五九	戴鸿富	男	二六	徽州	面点	三十五年四月	河坊街天兴馆
四七二	洪坐村	男	五二	徽州	面点	三十六年一月	南星桥大中华
四七三	周明灶	男	五〇	徽州	面点	三十六年一月	南星桥大中华
四七四	洪渭喜	男	三六	徽州	面点	三十六年一月	海月桥大兴馆
四七五	钱观寿	男	四〇	徽州	面点	三十六年一月	海月桥大兴馆
四七六	吴五春	男	四七	徽州	面点	三十六年一月	海月桥大兴馆
四七七	胡松广	男	二八	徽州	面点	三十六年一月	海月桥大兴馆
四七八	王明高	男	四八	徽州	面点	三十六年一月	海月桥大兴馆
四七九	潘锦木	男	四六	徽州	面点	三十六年一月	海月桥大兴馆
四八〇	汪亮馀	男	二七	徽州	面点	三十六年一月	海月桥大兴馆
四八一	汪明恒	男	四六	徽州	面点	三十六年一月	海月桥大兴馆

　　据台湾出版的《绩溪县志》描述：徽馆内部一般都分成三个部门：第一部门为柜台，设管账（即账房先生）1人，写堂簿（柜台先生）1至2人，其下另有一些学徒（即小先生）；第二部门是作场（即厨房），设有大司务（把手）1人，二炉、三

---

① 浙江省档案馆藏，全宗号35，目录号1，案卷号265。表1及表2资料均由笔者指导的硕士研究生邹怡同学提供，谨致谢意！

炉、头刀、二刀各 1 至 2 人，下手（学徒）数人；第三部分为堂口（餐厅），有领班 1 人，堂倌、跑堂各若干人。当然，每个徽馆还有经理（俗称舵手）1 人，负责总揽全馆事务。[①] 从表 1 来看，各会员的身份不得而知，不过，从其年龄自 18 岁至 52 岁不等来看，可能主要是指除经理之外的徽馆业职员。而另一份档案（表 2），则明确指出是徽馆业经理的名单：

表 2　杭州市面点商业同业公会会员名册（民国三十五年元月）

商　号	姓　名	资本额	性别	年龄	籍贯	行业	职务	地　　址
大兴馆	洪观寿	五千元	男	三九	徽州	面点	经理	河坊街一〇号
振源馆	洪安和	五千元	男	四八	徽州	面点	经理	湖墅卖鱼桥
源和馆	姚荣义	五千元	男	三〇	徽州	面点	经理	湖墅卖鱼桥
醉月轩	张良孝	五千元	男	三七	徽州	面点	经理	拱埠
五昌酒店	陈阿毛	五千元	男	二九	徽州	面点	经理	拱埠

上述的档案中，五个馆店的经理均为徽州人。除了经理之外，徽馆业的学徒基本上都来自绩溪（亦有少数是歙县人）。流行在绩溪有二首同名歌谣《徽馆学生意》，对此作了生动的描述，其中之一这样写道：

前世不修，生在徽州。

十三四岁，往外一丢。

吃碗面饭，好不简单。

一双破鞋，踢踢踏踏。

一块围裙，像块纪绪。

---

① 台北市绩溪同乡会编：《绩溪县志》，第 716—717 页。

其二作：

前世不曾修，出世在徽州。

年到十三四，便多往外溜。

雨伞挑冷饭，背着甩溜鳅。

过山又过岭，一脚到杭州。

有生意，就停留；没生意，去苏州。

转来转去到上海，求亲求友寻路头。

同乡多顾爱，答应肯收留。

两个月一过，办得新被头。

半来年一过，身命都不愁。

逢年过时节，寄钱回徽州。

爹娘高兴煞，笑得眼泪流。①

---

① 绩溪县地方志编纂委员会编：《绩溪县志》，第1019页。第二首民谣，另有
一种版本的文字与之稍有不同，而其内容则更为丰富："前世不曾修，出世
在徽州。年到十三四，便多往外遛。雨伞挑冷饭，背着甩溜鳅。过山又过
岭，一脚到杭州。有生意，就停留；没生意，去苏州。跑来拐去到上海，托
亲求友寻码头。同乡肯顾爱，答应给收留。一到上工日，伸手端股头（报
酬）。两个月一过，办起新被头。半个年一过，衣着都不愁。每逢过时节，
寄钱回徽州。爹娘高兴煞，心里乐悠悠。徽菜真不差，东南有名气。穷人顶
适合，生活有望头。别看系腰布，职司却风流。荷包蛋，狮子球，红烧肉，
大胖头。样样别有味，色彩更光流。当年小面棍，打到国边陲。养活多少
人，大家去追求。徽州菜馆业，实在大有为。"（引自汪昌益、胡祖禹：《一
生创业，功彪青史——胡元堂上海滩创业记》，载《绩溪县徽州学研究会会
刊》（内部资料）第4期，1995年3月。该文后删节发表于黄山市政协文史
资料委员会编《近代商人》，黄山书社1996年版）

上述的两首《徽馆学生意》，都是描述在徽馆从业的学徒生活之艰苦。其中，第一首是将徽州人外出谋生的俗语——"前世不修，生在徽州，十三四岁，往外一丢"，直接说成是"吃碗面饭"，也就是到徽馆学做生意，成了绩溪少年既自然而又颇为无奈的选择。证之以民国时期的调查——"菜馆面店，多为绩溪人开设，即沪杭各地所称徽馆是也"，[①] 可知此言不虚。而第二首的文字稍长，除了也说吃面饭是"前世不曾修"之外，还提及了当时徽馆的几处码头。揆诸实际，绩溪人外出多由县南的临溪上船，再往歙县深渡，沿新安江顺水而下。其后，首先到达的一个码头就是杭州。歌谣所状摹的携包袄雨伞外出，是当时贫苦人家出门的标准装束。[②] 根据此处的描述，只要杭州"有生意，就停留"，没有生意，则去苏州，或者"转来转去到上海"。歌谣显示，上海与杭州都是徽馆业发展的重要码头。

　　徽州人的饮食有着比较独特的口味，其最主要的一个特点就是嗜油（虽然说嗜油是中餐饮食中比较普遍的特点，但徽菜在这方面似乎表现得更为突出，尤其是对猪油的特殊嗜好）。[③]"徽人嗜油特甚，味尚油腻，外地旅客，初至该地，莫不感觉腻滑不能

---

① 《中国经济志》下册（民国史料丛刊第 9 种，传记文学社印行），歙县，第 517 页。

② 参见宅坦村民委员会编：《龙井春秋》，2000 年版，第 51 页。

③ 由于嗜油，侨寓外地的徽州人时常将猪油寄往家乡。清不著撰人稿本《杭俗怡情碎锦》有"果食类"，曰："猪板油，专有买者用盐拌熬化，盛小甬，徽州山乡收去，盐油亦大销场。"（"中国方志丛书"华中地方 526 号，成文出版社 1983 年版，第 35 页）晚清上海市民喜闻乐见的《图画日报》，（转下页）

入口，惟徽人则津津有味，据云以水土关系，非此不能维持肠胃健康"。① 民国年间出版的《上海宝鉴》，提供有当时上海徽馆的一份名菜单②：

表3　徽馆名菜单

冷盆	热　炒	汤　菜	其　他
肫肝 烧鸭 炝虾 油鸡	清炒鳝背 炒划水 炒虾腰 炒鸡片	走油拆炖 红烧鸡 煨海参 醋熘黄鱼 三丝汤	虾仁锅面 猪油豆沙山药泥

（接上页）曾刊登一乡音短篇小说，以上海一个普通菜市场清晨的热闹场景，展示各地移民的方言及嗜好，其中塑造的一个徽州人称："阿街买居油（猪油）。"（转引自熊月之主编《上海通史》第6卷，上海人民出版社1999年版，第493页）对此，江南一首题作《收猪油》的竹枝词这样写道："两只竹节收猪油，每日派人肉铺兜。猪油收来作何用，装入桶内销徽州。徽州地方少猪肉，猪油炖酱夸口福。更把猪油冲碗汤，吃得肚肠滑漉漉。"（引自沈寂主编：《三百六十行大观》，上海画报出版社1997年版，第76页）诗中的"猪油炖酱夸口福"，典出江南一带讥讽徽州人是揩油的祖师之笑话（见汪仲贤撰文、许晓霞绘图：《上海俗语图说》，上海书店出版社1999年版）。竹枝词描述说：当时有一种人拿着竹节，每天到肉摊上收猪油，收来后装入桶内销往徽州。这在迄今尚存的不少徽州文书中均可得到印证。另外，在《胡适口述自传》中，这位出自绩溪的徽商子弟这样解释说："……我们徽州人一般都靠在城市里经商的家人，按时接济。接济的项目并不限于金钱，有时也兼及食物。例如咸猪油（腊油），有时也从老远的地方送回家乡。"（唐德刚译注本，华东师范大学出版社1993年版，第3页）在传统徽州，人们对猪油这种高脂肪类食品的大量需求，是否与当地的富裕程度有关？它与徽州自然环境的关系究竟如何？这都有待于进一步的探讨。但从大批猪油输往徽州这一情形来看，徽州人口味嗜油，应是不争的事实。

① 《中国经济志》下册，歙县，第517页。
② 《（旅沪必备）上海宝鉴》第14编，第2页下。

从徽州到江南：明清徽商与区域社会研究（修订版）

对此，清末朱文炳《海上竹枝词》曰："徽馆申江最是多，虾仁面味果如何。油鸡烧鸭家家有，汤炒凭君点什么。"[1]该首竹枝词点明了上海徽馆的特色及其数量之众多。而《上海宝鉴》还提供了一份当时的徽菜馆名单：

表4　上海徽馆一览表

名　称	地　点	电　话
民乐园	四马路画锦里口	中央四三四三
老聚元楼	四马路浙江路口	中央六〇五九
第一春	四马路画锦里口	中央三七八一
聚和园	四马路四七五号	中央四九二二
聚宝园	四马路北大新街	
聚乐园	四马路石路口	中央四五三七
大庆园	宝善街	中央五四五五
天乐园	东棋盘街	
新华园	北河南路五九九号	
聚丰园	老闸桥北堍	
宴宾楼	新闸路（梅白格路东）	
海华楼	海宁路浙江路口	
三阳楼	抛球场（北京路北）	
春华楼	抛球场天津路南	
鼎新楼	盆汤衖天津路角	中央一九一九
鼎丰园	盆汤衖宁波路角	
庆福楼	浙江路南京路口	
中华楼	法大马路（大自鸣钟西）	中央五七四〇
其萃楼	法大马路南首吉羊街	

---

[1]　顾炳权编著：《上海洋场竹枝词》，上海书店出版社1996年版，第191页。

名　　称	地　　点	电　　话
万和楼	天主堂街（新北门口）	
八仙楼	法租界八仙桥	中央六八八六
醉仙楼	八仙桥西首恺自尔路	
七星楼	新北门内大街	
大醰楼	南市豆市街（龙德桥南堍）	
复兴园	小北门内（新舞台对面）	
新民园	小东门大街（小东门外）	
太和春	小东门大街（陆家石桥堍）	
同春园	北四川路崇明路口	
沪江春	北四川路虬江路口	
宝华楼	宝山路界路口	
同义楼	恒丰路（汉中路南）	

上表所列的徽菜馆多达 30 余家，晚清慈溪辰桥所作的《申江百吟》有："酒楼灯火接云霄，曲折兰房伴阿娇。下箸千金何足惜，一生几度醉春宵"。该诗自注曰："酒馆以聚丰园、复新园、三庆园为最。每一客座只设一席，遮以绣幔，挟妓侑酒，习以为常"。① 其中的聚丰园即为徽馆。②

除了杭州、上海这样的繁华城市之外，在江浙各地的市镇中，应当也有不少类似的徽菜馆。民国十六年（1927 年）出版的《徽侨月刊》，即有"徽州天丰园菜馆"的广告："本园创设已

---

① （清）辰桥：《申江百吟》卷上，见顾炳权编著《上海洋场竹枝词》，第 83 页。
② 关于聚丰园，海昌太憨生《淞滨竹枝词》另有："园号聚丰更复新，菜罗海味并山珍。一筵不杂中人产，暮暮朝朝买酒频。"（顾炳权编著《上海洋场竹枝词》，第 429 页）

二十余载，不惜工本，聘请上等厨司专办京苏大菜、各式大面、随意小吃、另拆碗菜，价廉物美，清洁适口，早荷各界赞许。至于座位清雅，侍应之周到，犹其余事，毋庸赘述。如蒙惠顾，请驾硖石茅桥西堍中□（？）巷便是。"①《徽侨月刊》是侨寓硖石的徽商创办的报纸。据广告可知，天丰园徽菜馆应创建于清末或民初。类似的徽菜馆，在"无徽不成镇"的长江下游三角洲，想来颇不罕见。

3. 杭州和上海徽馆的慈善事业——以徽商征信录为中心

有关杭州的慈善事业，日本学者夫马进教授在其《中国善会善堂史研究》中，曾对杭州善举联合体与同业行会（尤其是盐业、米业、箔业、锡业和木业行会）作了探讨。②南京大学范金民教授亦作有《清代徽州商帮的慈善设施》一文，重点分析了江南徽州商帮慈善设施的相关问题。③不过，可能是因资料的缺乏，此前尚未见有学者专门对与徽馆业相关的慈善事业作进一步的论述探讨。

前文提及，一般说来，绝大多数的徽馆本小利微，徽馆业在徽州商帮中的经济实力并不显著。《新安惟善堂后刊征信录》④中，

① 《徽侨月刊》第3期。关于《徽侨月刊》，参见拙著《徽州社会文化史探微——新发现的16—20世纪民间档案文书研究》，第446—486页。

② "东洋史研究丛刊"之53，同朋舍出版，1997年版。

③ 见周绍泉、赵华富主编《'98国际徽学学术讨论会论文集》，安徽大学出版社2000年版。

④ 安徽大学徽学研究中心的陈联兄慷慨提供他所抄录的《新安公所征信录》《新安惟善堂征信全录》等资料，特此谨申谢忱！

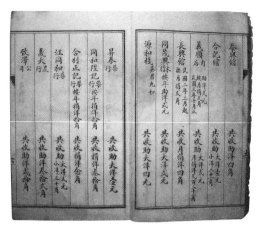

《新安惟善集六安材会征信录》

收录有同治、光绪多年间各商业捐输总录，从一个侧面可见杭城各业的经济实力。通常，商帮各业对于惟善堂的捐输，应当反映了各业的经济实力，从中可见，面业在杭州商业中的势力的确并不显著。或许正是由于面业之微不足道，故而有关于此的记载颇为少见。不过，《新安惟善集六安材会征信录》的发现，则为我们提供了窥见徽馆业慈善事业的重要史料。

《新安惟善集六安材会征信录》石印本一册[1]，由杭州珠宝巷华章石印书局代印。该书为六安材会征信录的第三期布告，起丁光绪二十□年（1905年）六月，迄至民国二年（1914年）腊月。[2]"新安"是徽州的别称，"惟善集"之名，应当与位于杭州

---

① 该书收集自歙南，据说来自徽州绩溪，封三以毛笔题写一诗，作"归乡昨夜宿江头，钱塘风送一扁舟，夜静潮声新月上，六和塔影水中浮。"

② 夹在《新安惟善集六安材会征信录》中的一张"收照"（收条），时间是民国四年（1915年），可见，六安材会在民国四年仍在继续活动。

江干海月桥里街乌龟山脚下的新安惟善堂有关。[①]另外，六安材会之"六"，可能系代表明清徽州的一府六县（"六安"的寓意当指六县侨民之入土为安），而"材会"则为施舍棺材的组织。该书序曰：

　　盖闻人生百年，如驹过隙，渺沧海之一粟，哀吾生之须臾，自古皆有死，此亦古今之同慨矣。愿死于桑梓，与死于异地，相去奚啻霄壤。嗟乎！关山难越，谁悲失路之人；萍水相逢，尽是他乡之客。旅中苦况，大抵如斯，昔人所以兴慨也。吾乡人来此作贾，后先继起，肩背相望，其间大半终岁勤动，仅资糊口者，不幸夭逝，束手无策。谁无父母？谁无妻子？睹兹景况，能不悲哉！同人有鉴于此，爰拟设立"惟善集六安材会"，少补万一。惟兹事体大，同人自愧力绵，负荷为难，端赖众擎共举，集腋成裘。所愿同乡善士各解囊金，或按月输助，又或按旬认解，俾得赞成，微物仪化者得所依归，即生者亦同深鳌戴矣。若四方仁人君子，鉴于敝会区区之愚衷，慨捐巨款，此则敝会不敢请耳，固所愿也。此启。

　　新安惟善集六安材会同人公启

---

① 参见叶少珊《近代徽州人旅杭经营概况》，载《近代商人》，黄山书社1996年版，第221页。清末秀才詹鸣铎的《我之小史》第12回《闻弟耗命驾来杭，奉亲命买舟归里》中提及，他的弟弟自杀身死，"是夜殓后，送入惟善堂。"第16回《游沪渎赏烂漫春光，办自治结文明团体》："时三弟仍厝惟善堂，而委云妹则已葬于对江去。"

六安材会"收照"

该序首先描述了徽州人在杭州经商者比肩接踵,接着指出其中的大部分人虽然整日辛勤劳作,却也只能勉强糊口。由此可见,"新安惟善集六安材会"针对的对象是在杭州务工经商的徽州下层民众。当时,"六安材会储材所,向设江干新安会馆别墅内"。江干位于钱塘江滨,自明代以来即有大批徽商麇聚。徽州文书"王氏家藏书"[①]中,有余国琛的《江干海月桥里街募添新安六邑厝所疏》,其中就提到:"江干地值通衢,路多候馆,每逢羁客之亡,致积旅人之枢。虽海月桥边,曾厝新安六邑,而溥福场外,安得广厦千间。肩髀之家未成,髑髅之山宛在。……"文中提及的海月桥,也就是一些著名的徽菜馆(如大兴馆等)之所在。

从上述的记载来看,"新安惟善集六安材会"应是新安惟善堂之下的一个慈善组织。笔者在翻阅《新安惟善集六安材会征信录》时,曾找到夹有书中的一张"收照"(收条):

    今收到

    顺泰祥善士乐   助

        每月输助小洋念四角正,当给

---

① 原书私人收藏。因该册文书扉页有"王氏家藏书印",姑拟其名。

　　　　　　从徽州到江南:明清徽商与区域社会研究(修订版)

收照，以凭核对是实。如无此条，

恐有濛［朦］混冒支，须至照者。

民国四年阴历七月　　　日　　　　给照

　　收照上盖"惟善集六安材会书柬"和"肥家润身，天谴雷诛；阻善误公，自遭天诛"的朱红印记。可见，惟善集六安材会的经费来源，源自同乡善士的慷慨解囊。关于这一点，《新安惟善集六安材会征信录》的第一部分，有当时活动在杭州的各行各业为"惟善集六安材会"捐赏的明细账：

表5　惟善集六安材会的捐助者

行　当	名　　　　称
面馆	长源瑞记，天兴馆、大兴馆、义源楼、怡丰园、泰兴馆、合记馆、长兴馆、源兴馆、浙盛馆、三源馆、同兴馆、四丰园、上源馆、三和馆、公和馆、一和馆、金和馆、涌丰楼、万云楼、醉仙楼、庆源馆、长源馆、源兴馆、三三馆、日和馆、泰和馆、乾源馆、益源馆、大丰馆、聚兴馆、裕升馆、振源馆、六聚馆、源和馆、永兴馆、春和馆、庆和馆、天庆园、留下庆春楼、天源馆
肉店	义和肉店①、长庚肉店、义顺肉店、洪升肉店、义隆肉店、瑞丰肉店、顺泰肉店、仁大肉店、源隆肉店、义泰肉店、元大肉店、添顺肉店、泳大肉店
漆店	李隆泰茶漆店
广货店	和生广货店、姚庆泰广货
过塘行	余锦洲

---

①　原注"内店"，"内"应作"肉"。

行　当	名　　　称
木行	恒益木行、同茂兴木行、德昌隆木行、何枢臣行、裕大木行、同大茂木行、同义兴木行
（堆）栈	源和栈（吴九如）
柴行	升泰柴行、同和升记柴行、合利正记柴行、江同和柴行
炭行	义大炭行
公司	致泽公司
茶食店	泰和斋、新裕和茶食店、毓香斋茶食、玉琳斋茶食、万泰昌茶食
墨庄	胡开文墨庄
油行	姜益长油行、江太和油行、福昌油行、豫泰油行、裕昌祥油行
腌腊	聚兴腌酱店
皮梁店	张恒隆皮梁店
南货店	元泰南货栈、震泰南货店、源隆南货栈
不明	临丰泰、汪纯甫、陈绍钦、同源安记、吴锡甫、钱裕顺、汪玉介、鲍文启、汪南祥、姜天申、正丰昌（宁简如）、许文华、王寿征、徐宝书、胡鉴明、宋履亨、程芝圃、张大长、章益庵、许兰卿、无名氏（2名）、桑增泰、胡君、政记、王敦仁、章仲川、汪锦祥、程霖泉、陈励堂、王沛元、程艺兰、章道生、朱茌安、周治平、程勉斋、章云山、汪桑圃、胡正大、江森泰、章顺隆、吴以清、汪孝和、胡正泰、汪华兴、许文泰、张灶和、邵功卿、邵子湘、胡寿山、方来贵、冯燮棠

从上表可见，参与捐赀者既有个人（上述"不明"者，计有 52 个，其中多数为个人，但有些看似人名者，其实也有可能是店铺或商号的名称），又有活动在杭州的各类商号。个中，为

"惟善集六安材会"捐赀最多的是面馆业（计41家）。而且，上述的捐赀之首另列有两项：

新安会馆　光绪三十二、三、四年面业祀孤，共余大洋四元，小洋式百十式角。

面业祀孤，光绪三十五年份余洋壹百角，其洋赈济安徽省水灾，会馆张董手。

"祀孤"是清明、中元时举行的民间信仰活动，目的是赈济孤魂野鬼。上述多年举行的"面业祀孤"，显然说明面业（亦即徽馆业）在"惟善集六安材会"中占有重要乃至主要的地位。面业之外，其他参与捐款的也多与面业有关。如肉店（12家）、茶食店（5家）、油行（5家）、柴行（4家）、南货店（3家）、广货店（2家）、腌腊（1家）和炭行（1家）等，皆与徽馆有着频繁的业务联系。除此之外，还有木行7家。盐、典、木号称"闭关时代三大商"，盐、典尤称钜商。而在上述的捐输名单中，未见有典当和盐业中人，却有多家木行跻身其间。杭州历来是木业的转运中枢，詹鸣铎的父亲就在杭州江干开设德昌隆木行（德昌隆木行之名，亦见诸《新安惟善集六安材会征信录》）。杭州木行参与惟善集六安材会的捐款活动，可能也与其本身与材会的业务往来有关。如所周知，"婺源出得好木料"，[①] 是江南各地人的共识。自明代以来，"产木坚致，历久不朽"的"婺源加料双辁"寿板，

---

① 《各省物产歌》，载胡祖德著《沪谚外编》卷上，第88页。

一向就是人们选择棺木的主要木料。而从新安惟善集六安材会的历年开支来看，的确也主要是购买棺材的费用：

> 十一月终，付亿顺材坊英洋拾五元正。
> 又，付又　又，英洋五元。①
> 宣统二年二月终，付亿顺材坊英洋拾五元正。
> 五月廿三，付描春手修材式具，洋念角。
> 又付大元手办徽材式具，洋壹百角。
> 九月二十，付亿顺材坊英洋叁拾元正。
> 宣统三年五月廿五，付亿顺材坊英洋四拾元正。
> 民国二年四月初五，付亿顺材坊英洋壹百元正。
> 民国三年八月二十日，付亿顺材坊英洋式拾元正。
> 十月十七，付亿顺材坊英洋四拾元正。

而从光绪三十一年（1905年）至民国三年（1914年）施出的材数来看，徽州一府六县中，绩溪有 29 人，歙县有 18 人，占绝大多数。

表6　受材死者的地域分布

县　　别	绩溪	歙县	休宁	婺源	黟县	祁门	其他
总　数	29	18	3	3	3	2	4
面业人数	18	4	1				

---

① 又，是指与上一行相应位置的文字相同。此处的"又，付又　又，英洋五元"，即指"十一月终，付亿顺材坊 英洋五元"。

表 7　受材死者的籍贯及其职业

编号	籍　贯	死者姓名	职　业	备　注
1	绩溪十三都仗〔伏〕岭下	邵家饶	大兴馆面业为伙	
2	绩溪孔雀坑	汪福生	平窑面店为伙	
3	歙县一都长潭村	孙向林	摇船为业	
4	歙县元正潭	吕青渭	苏州茶叶为业	返家经江干病亡
5	绩溪	程志周		在杭江头住家
6	歙县	汪观金	广源锡箔店为伙	
7	绩溪十四都	章渭明	面业为生	
8	歙县	胡六富	面业为生	
9	绩溪	程姓幼童		
10	歙县深渡	姚昌茂	苏州面伙	途中得病，殁于江干
11	绩溪	章观春	面业伙	殁于六聚馆，病亡
12	歙县	吴水谟	习面业未满，病故庆和馆	
13	祁门	罗异发	浙路做工	秋署〔暑〕时感病殁
14	常山	徐子祥		
15	绩溪十三都无村	章德茂	面伙	住满营八字桥，病殁
16	歙县东南源口	程君壁	客次苏州营业，返家江干，病故洪大房过塘	
17	绩溪十三都竹山	高观云	面业伙友	病亡旗营八字桥
18	婺源	陈灶法	腌腊业伙	
19		婺源人程金友之妻许氏		病殁江干，向设饭店
20	绩溪十二都由坑口	章渭生	天源馆面伙	殁会馆养病所
21	歙县因山	汪炳当	徽行司栈	
22	绩溪一都	张炳华	鲜肉业伙	
23	歙县	洪财顺	成衣业	病殁河墅
24	绩溪	汪观宝母		病亡江干

编号	籍　贯	死者姓名	职　业	备　注
25	黟县	何寿亭	花炮业为伙	
26	歙县	宋社洪	肉业伙	
27	绩溪十三都纹川	邵运贵	义源楼伙友	领材保人为义源楼邵灶和
28	绩溪一都塘川	邵志光	面业营生	领材保人为泰和馆吴玉成
29	杭州	钱耀堂	地保伙友	
30	绩溪十三都德井	汪明会	肉业为伙	病殁长庚店，领材保人为长庚号汪光曙
31	绩溪六母丘	张观全	面业为伙	病殁三三馆店内，领材保人为三三馆胡志星
32	绩溪孔雀杭	汪元春	醉仙楼为伙	病殁朱寿祥木作内，领材保人为醉仙楼汪炳全
33	绩溪八都上庄	胡闰发		病殁铁佛寺头，业儒，亦无积，恐后子孙归还，再上缘簿。领材保人为胡开文（胡景高，汪长和）
34	绩溪十三都伏岭下	邵炳关	义和为伙	领材保人为义和号程聚铨
35	歙县小溪	项和尚	天兴馆为伙	病殁店内
36	绩溪十二都由坑口	章渭龙之妻	周氏公馆厨司为伙	领材保人为泰兴馆章渭龙
37	绩溪西乡花根	葛定桃	漆匠为伙	病殁凤山门外
38	绩溪十一都	汪观元之妻	细点为伙	病殁艮山门外，保人为毓香斋、天香斋，领材夫观元
39	休宁	吴慎斋		病殁运署茶房
40	不详异乡人	病故老妇人		
41	休宁	张德和	面业为伙	病殁日和馆内，领材保人为吴玉成、日和馆
42	歙县	胡湘祥	画司营生	病殁江干海月桥论交楼
43	绩溪十五都鸭子庄	程正发	面业	病殁养病所，领材保人为章渭春、大兴馆

编号	籍　贯	死者姓名	职　业	备　注
44	休宁	朱姓	江干圣明栈伙	
45	绩溪	章宝仍	面业为伙	殁于演教寺前源兴馆
46	绩溪东乡十一都汪村	舒树俊	向在大兴馆为伙	保人为大兴馆，领材子舒汪聚
47	绩溪	邵玉仙	向在苏州面业	返里途中染病，即殁湖墅地方
48	歙县南乡白洋	汪连生	向茶业为伙	
49		妇人	本堂夫丁宝荣表嫂	"本堂"可能是指惟善堂
50	黟县四都	程晋三	南货为业	殁于江干海月桥下
51	歙县溪南	黄夏宝	江湖营生	病殁城隍山
52	绩溪余溪口	孔官光	面业为徒	病殁江干，领材保人为大兴馆、许晖吉
53	绩溪十三都	许士金	摊头为业	病殁天兴馆，领材保人为天兴馆、汪孝林
54	歙县西村	吴德悦	裁缝为业	病殁振源馆，领材保人为吴以发、振源馆
55	绩溪十四都	章忠福	肉业为伙	病殁下源兴肉店
56	歙县西乡	胡士林	向业柴行，后改摇船为伙	病殁化仙桥阿毛宅
57	绩溪	潘春平之女名祺忠		素住浙省内居宅
58	歙县	鲍高茂	向在苏乡元大布庄为伙	返徽洪大房过塘，病殁船上
59	黟县	程子云	向在江干训蒙	病殁家中
60	歙县朱家村	朱文盛	向在上洋永祥漆店生理	因病回徽，经过曹泰来搭船，即廿二夜病殁
61	婺源北乡	詹如意	向在海月桥卖马带	病殁江干
62	祈〔祁〕门	汪起新	向业茶业为伙	病殁西大街福田佛堂内

表8　受材死者的职业构成

职业	面业	(鲜)肉业	茶业	裁缝	漆匠	摇船	茶食	南货	腌腊	锡箔业	栈伙	做工	画司	花炮	训蒙	其他
人数	23	4	3	2	2	2	1	1	1	1	1	1	1	1	1	17

　　上述的第 1 号至 10 号棺木为光绪三十一年（1905 年）所施，第 11 号至 18 号为光绪三十三年（1907 年）所施，第 19 号至 28 号为光绪三十四年（1908 年）所施，第 29 号至 32 号为宣统元年（1909 年）所施，第 33 号至 40 号为宣统二年（1910年）所施，第 41 号至 49 号为宣统三年（1911 年）所施，第 50 号至 54 号为民国元年（1912 年）所施，第 55 号至 56 号为民国二年（1913 年）所施，而第 57 号至 62 号则为民国三年（1914年）所施。由此可见，每年施棺数目从 3 具到 10 具不等。而从接受施材者的身份登记来看，大致只有 3 人不是出自徽州[1]，不过，这都是一些特殊的例子：如第 14 号——"故异乡江山人徐子祥，乃父邀保证来会情商，无力购棺，暂行借殓，容后归材资八元。如其心愿不妥，竟成善举"，这显然是一项有条件的通融之举。而第 29 号——杭州人钱耀堂为地保伙友，"病缠已久，无依无靠，苦之不堪"，因此向惟善集施棺材会请求施给。第 40号——"病故老妇人，异乡人氏，苦极不堪，来洋两元，意欲帮贴，此洋即入总册"。这三例的受主虽然都不是徽州人，但对于

---

[1]　表6中的"其他"，计有4人，但其中一人为49号妇人，系"本堂夫丁宝荣表嫂"，因此不排除她为徽州人。

　　　　　　　从徽州到江南：明清徽商与区域社会研究（修订版）

侨寓异地的人群改善自身形象显然颇有助益。除这少数几个例子之外，表中提到最多的一个字是"伙"（特别是"面伙"或"面业为伙"），也就是徽馆业伙计。领取棺材例需保人，而保人也常常来自徽馆业，如第12号，"故歙邑人吴水谟，习面业未满，病故庆和馆"，即由庆和馆苏金和作为保人领取棺材。（类似的例子不少，可参见上表7）与捐款数最多者出自面馆业的情形相吻合，接受施材者也以从事面业的徽州人占最大比例（共23人）。其中，绩溪人又占了绝大多数（计18人），而且，可以考知其具体乡贯者分别为十一、十二、十三、十四和十五都。

据新编《绩溪县志》记载：近200年来，绩溪人在全国14省、市开办徽馆412家，仅咸丰至建国初百年中就有350家，从业者近8000人，为庞大旅外商业队伍中的劲旅。[①]1963年在台湾出版的《绩溪县志》甚至说：绩溪人从事徽馆业，"每年赖以谋生者，几达全县人口之半"。[②]而在绩溪，面馆业又主要集中在一些地区。民国时人王集成在《绩溪庙子山王氏谱》卷末之四《食货志》序文中指出，十三、十四和十五都之民"善调羹，弓冶世守（父子世代相传），徽馆之名遍天下"。[③]胡适先生也曾说过："如面馆业虽起于各村，而后来成为十五都一带的专业"。[④]另据当代人的回忆，绩溪磡头、胡家等地多数徽商在浙北一带发

---

① 绩溪县地方志编纂委员会编：《绩溪县志》，第439页。
② 台北市绩溪同乡会编：《绩溪县志》，第716页。
③ 关于《绩溪庙子山王氏谱》，参见拙著《徽州社会文化史探微——新发现的16—20世纪民间档案文书研究》，第109—126页。
④ 《绩溪县志馆第一次报告书·胡适之先生致胡编纂函》，转引自张海鹏、王廷元主编《徽商资料选编》，黄山书社1985年版，第215页。

展面业，抗战之前，绩溪东乡农家子弟，投奔湖州一带城乡面店学艺（俗称吃面饭）。"以十五都（今家朋乡全部，原胡家乡部分）为例，1937年以前，在浙北湖州、孝丰、安吉、长兴、泗安、吴兴、德清、南浔、织里、梅溪、晓墅、报福坦、旧馆、递铺和施家桥等数十个城镇经营面业者，大小有70多家、近300从业人员。有的集镇几乎垄断了饮食市场，如织里镇，商业繁荣，6家磨坊（面粉加工）、面店全是绩溪十五都人"。① 上述方志、族谱以及当代人的回忆，与表7所见颇相吻合。

另外，从表7的记载来看，除了"面店（业）为伙"外，还有一例是在某家公馆"厨司为伙"。所谓厨司，颇似清代前期扬州的厨子②。对此，《杭俗遗风》也有记载："杭州之大家富户，凡厨司、茶司、泥水、木匠四种，均有买落主顾，不能随便另做。……厨司俗名买头，专靠东家生意，并不开店。故用厨司，只须备柴、水二物并缸钵之类，其余物件均彼带来，即锅灶不敷，彼亦有找灶抬来也。买头者与东家定下价值，只营买办，雇来伙计，有刀工、撑锅、摆场、洗剥、杂务之分，席面大约以六菜十六碟、四点四热吃为通行，饭则五菜四热吃、八碟四双拼为通行。每席饭各一桌为一套，每套约钱三千零。惟戏文酒、回郎酒，则用高摆二十碟八菜八吃，每人瓜子、杏仁并点心四道为准，每桌约钱四千零。若无买头主顾者，酒馆店做好挑来，只须

---

① 许观明：《绩溪人在浙北的面馆业》，载安徽省绩溪县地方志办公室编《绩溪徽商》，2002年版，第62页。
② （清）李斗：《扬州画舫录》卷11《虹桥录下》："城中奴仆善烹饪者，为家庖；有以烹饪为佣赁者，为外庖。其自称曰厨子，称同行辈曰厨行。……烹饪之技，家庖最胜。"（第253页）

蒸熯，其价较廉，然而味不若矣。"由此看来，杭州厨司一业，有着一定的垄断性。大户人家的厨司中，应当也有一些是绩溪人。他们死后，也接受新安惟善集六安材会的施材。

在清末民初杭州出现"新安惟善集六安材会"这样主要是面向徽馆的慈善组织之同时，面业（徽馆业）在上海徽宁思恭堂中的活动也日趋活跃。[①] 在光绪三十四年（1908年）第30刻《徽宁思恭堂征信录》中，虽然也有以绩溪面业名义捐助的项目[②]，但在"长生愿"[③]中，只见有一府六县外加宁郡（宁国府）、泾县的

---

① 80多年前，日本学者根岸佶曾利用光绪三十一年（1905年）的《徽宁思恭堂征信录》，对上海徽宁思恭堂的沿革、组织、职分和会计等作了初步的研究，（《支那ギルド研究》，昭和七年（1932年）十二月，东京斯文书院发行）但没有涉及与面业相关的内容。另外，本文利用笔者手藏的两种上海徽宁会馆《思恭堂征信录》，一种是光绪三十四年（1908年）第30刻《徽宁思恭堂征信录》，另一种则是民国七年（1918年）以后的《思恭堂征信录》，这也是根岸佶先生未曾利用过的。

② 例如，"光绪二十八年至三十一年夏月，收绩邑路文彬、章社和经劝馆业同人乐助施棺费英洋一百八十一元，龙洋一千三十五角；收绩邑路文彬、朗士元、章社和经劝馆业同人敬助石狮英洋八百八十四元、龙洋一千六百五角"。（第30刻《徽宁思恭堂征信录》，第67页）"光绪三十一年至三十四年夏季止捐助物件条目中，有绩邑面馆同业路文彬、朗士元经劝敬助万年宝鼎壹座（石座全副、铜风钟六只，计重一万二千斤）"。（同上，第68页）"光绪三十一年至三十四年夏月，收绩邑面馆同业英洋五十元正（此款存堂生息，作香炉修费）"。（同上，第69页）"绩邑面馆同业劝捐孩棺贰佰角"。（同上，第79页）另，参与乐输的个人中，也有徽馆业者，如光绪二十五年四月起至二十八年四月底的乐输中，有"收绩章社和、路文彬的英洋各一百元"，路文彬即徽馆业中人。（同上，页65上）路文彬在后来成立的徽宁旅沪同乡会中，仍然颇为活跃，为发起人之一。（见《徽宁旅沪同乡会第一届报告书》，约1924年，上海社会科学院历史研究所藏书）

③ 所谓长生愿，《劝捐长生愿序》曰："长生愿一捐，在助者随缘种福，不论多寡；在受者篑土成山，众擎易举。"见民国七年后《思恭堂征信录》，第14页。

长生愿和"婺邑茶业长生愿"。其中的"绩邑长生愿",当时经收者有"程裕和、裕新、胡松茂、聚乐园、醉白园、聚和园",个中的聚乐园、醉白园和聚和园,应当都是徽馆。而在参捐长生愿的名单中,除有老汪裕泰、休城胡开文、屯镇胡开文和胡开文等茶、墨商号外,还有醉白园、聚乐园、鼎丰园、九华园、畅乐园、大兴园、同乐园、聚和园、醉乐园、大醮楼、聚元楼、天乐园、鼎新楼、醉月楼、同庆园、醉芳园、聚新楼、大吉楼(昌记)、五凤楼、大吉楼、得明楼和大兴园(公记),这些以"园"或"楼"为名者共有二十余家,其中的绝大部分乃至全部当为徽馆。

不过,第30刻征信录并未单列有面业长生愿,而是将面业置于"绩邑长生愿"之中。及至民国七年后的《思恭堂征信录》,则赫然单列"绩邑馆业长生愿"(亦作"绩邑长生愿面业")。具体说来:民国七年(1918年)为徽宁会馆捐输者,除了茶捐、丝捐外,还有一府六县的长生愿,即"歙邑长生愿""休邑长生愿""婺邑长生愿""黟邑生长愿""祁邑长生愿""宁郡长生愿""泾邑长生愿""太邑长生愿"和"绩邑长生愿"。另外,还有一"绩邑馆业长生愿"(亦作"绩邑长生愿面业")。其中,除了个人捐资从大洋1元到5元不等外,其他的均为数角至数十角。总共"伍百八拾叁愿(四角),计洋式千叁百叁拾式角,特别捐大洋拾叁元",总共计合大洋217元,小洋3角,钱40文。

表9所列,民国七年上海计有26家徽馆,参捐的从业人数多达481人。其中,有几位是歙县人,这与杭州徽馆从业者的构成也颇相吻合。

从民国七年以后《思恭堂征信录》的记载来看,徽宁思恭堂

表 9 《思恭堂征信录》所见徽馆业的捐输

店 名	捐助人数	备 注
南大酺楼	14 人	各馆一般均各捐 8 角，除特殊者外，以下不另列表； 一般每人各捐 4 角（1 愿为 4 角）
畅乐园	18 人	其中有 1 人捐 8 角
老大酺楼	8 人	其中有 1 人捐 8 角
最乐园	11 人	
同春园	19 人	其中有 1 人捐 8 角
大和楼	16 人	
庆福楼	19 人	其中有 1 人捐 8 角
同乐园	13 人	其中有 1 人捐 8 角
鼎新楼	33 人	鼎新楼捐 20 角
鼎丰园	22 人	鼎丰园及 1 人各捐 12 角
同庆园	20 人	同庆园捐 16 角，1 人捐 8 角
七星楼	23 人	七星楼捐洋 20 角，另 2 人各捐 8 角
聚宝园	16 人	
聚和园	17 人	其中有 1 人捐 8 角
聚元楼	21 人	其中有 2 人捐 8 角，另有 1 人是歙县人
同福园	12 人	其中有 1 人捐 8 角
老天乐园	18 人	
亦乐园	20 人	其中有 1 人捐 8 角
醉白园	27 人	醉白园捐 40 角，另有 1 人捐 8 角
新民园	23 人	
民乐园	29 人	捐洋 12 元，有 1 人捐 8 角
紫阳楼	11 人	捐洋 12 角
宴宾楼	18 人	各 1 愿，其中有 1 人是歙县人
大庆园	13 人	各 1 愿，有 1 人捐 8 角
聚丰园	15 人	
老聚乐园	25 人	老聚乐园及 1 人各捐 20 角，有 1 人捐 8 角

下设司总六名（歙、休、婺、黟、绩和宁郡即宁国府各一人），两府司事总代表 1 人，洋庄茶商司事 5 人，两府司事歙县 12 人，休宁 9 人，婺源 9 人，婺源茶帮司事 3 人，祁门 2 人，黟县 8 人，绩溪 9 人，宁国府 11 人，另有木业司事 8 人。在绩溪的司事中，至少有一人为徽馆业商，即路文彬。[①]

4. 简短的结语

明代中叶以后，随着人口压力的增大，各地人群纷纷以群体的力量参与社会生存竞争，这表现在商帮内部，亦形成了相互依存、分工协作的关系。这在一种程度上，形成了某些职业与地缘籍贯紧密相联的独特景观。各地人群皆有自己的"力食之路"，职业的发展更趋专门化。[②] 就徽商而言，唐力行教授曾对"徽州各邑均有主干商业"的原因作过分析，他认为："除地理、物产诸因素外，主要原因是由宗族婚姻所织成的血缘网络，覆盖面往往仅及一邑，所以同为徽商，各邑主干商业却不相同。它在客观上有利于徽商集团互不干扰地发展势力，建立垄断。同时，各血缘网络又互相交叉，这表现为各邑在主干商业外，百业俱存，无货不居。"[③] 绩溪人在徽馆业中的垄断地位，对此作了很好的注

---

①　关于路文彬，邵之惠有回忆性文章介绍。（见安徽省绩溪县地方志办公室编《绩溪徽商》，第 87—93 页）

②　参见拙文《历史文化景观形成的地理与历史背景》，载邹逸麟主编《历史人文地理》第 10 章，科学出版社 2001 年版，第 371—427 页。

③　唐力行：《从抗战前夕杭州的徽商看商人组织向血缘化的回归——兼论国家、民间社团、商人的互动与社会变迁》，"国家、地方、民众的互动与社会变迁"国际学术研讨会暨第九届中国社会史学会年会论文，2002 年 8 月。

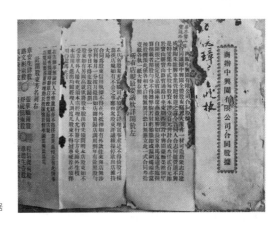

中兴园徽菜馆股据

脚。"徽馆的学徒，十九来自家乡子弟"，徽馆业主往往"视其智识程度、仪容及其性格、兴趣而定其工作"，并对之加以职业训练。[①] 笔者手头有一册徽州文书《茶食菜蔬》抄本[②]，内容分"蔬菜门""素食门""荤腥门""果品门""茶食门"和"家用什物"等，对于各个门类涉及的日用杂字，均作了详细的记录。该书结尾有"报君知，对君坐，厨房晓，引孩儿"，封二另书"学生可读，亦后能成"数字，"学生"也就是学徒，从其内容来看，此册《茶食菜蔬》很可能就是有关徽馆业的启蒙读物。

从徽馆业的发展来看，早期的徽馆应当是伴随着徽商的足迹向外拓展。而在清代前期的扬州，从目前的记载来看，徽馆业者中有不少是歙县人，这自然与两淮盐商以歙县商人为主体密不可分。但随着人群分工协作的进一步发展，绩溪人逐渐执徽馆业之

---

① 台北市绩溪同乡会编：《绩溪县志》，第717页。
② 此一文书封面题作"丁酉，雨辉抄"。

牛耳，而歙县人则退居其次乃至迅速式微（不过，我们在前述有关徽馆业者的名单中，仍偶尔可见歙县人的踪迹）。胡适先生曾经说过："绩溪是徽州府六县之中最北的一县，也可能是人口最少的一县。在经商一行中，我们绩溪人也是比较落后的。绩溪人多半做本地生意，很少离乡远去大城市。他们先由杂货零售商做起，然后渐渐的由近及远。"① 一般来说，杂货零售商是一种小本生意，除此之外，徽馆业应当也具有同样的性质，因为无论是在繁华都市，还是在僻远荒陬，只要有一间小店面，即可开起一爿简易的面馆，然后逐渐谋求发展。近代安徽民间谚语有"无徽不成镇，无绩不成街"、"无徽不成市，无绩不成铺"之说，② 可能主要指的就是这些本小利微的行当。当然，关于绩溪人如何在徽馆业中占据主导地位，目前已知的文献尚不足征，其详细过程只能留待今后的进一步收集和研究。

另外，明清以来，徽州人在全国不少地方都建立了一些慈善设施。在像杭州这样的繁华都市中，新安惟善堂作为面向全体徽州人的一个慈善机构，其职责表现为为同乡的排忧解难，让他们生有所业，死有所归。由于人数众多，徽州会馆或新安惟善堂之下，有的行业还形成了内部相对独立的慈善设施。清末民国在杭州单独刊行的《新安惟善集六安材会征信录》，其反映的捐助对象便主要是绩溪面馆业中人。而在上海，民国七年前后在《徽宁思恭堂征信录》中，也出现了"绩邑馆业长生愿"的名目。这一方面可能反映了徽馆业的实力有所增加，另一方面也说明：在徽

---

① 唐德刚译注：《胡适口述自传》，第4页。
② 崔莫愁：《安徽乡土谚语》，黄山书社1991年版，第16页。

州的一府六县中，从总体上看，绩溪是个偏远的贫弱小县，"贸迁不逮歙、休"，① 外出之人以小商小贩居多，资金积累较少，"南辕北辙，惟绩鲜挟赀之游人"，② 他们更需要依靠群体的力量，建立自成一体的慈善设施，以应对严酷的社会现实。

（二）从《布经》抄本五种看徽州布商的经营之道

明清时代，各地商人通过长期的商业实践，形成了颇为丰富的经营文化。近十数年来，随着民间文献的大批发现，在商业史研究中，一些学者已不再满足于对"贾儒观""义利观"等形而上的探讨，而是透过具体的商书（商业书和商人书）研究，细致地探讨商帮经营文化的丰富内涵。在这方面，新近出版或发现的诸多文献，提供了不少可资利用的珍贵史料。

徽州是明清时代著名的商贾之乡，遗存迄今的商书数量在国内首屈一指。特别是同一种类的商业书或商人书自成系列，实可作较为系统的整理与综合性的探讨。其中，以"布经"为主题的商书颇有所见，这些资料，不仅反映了徽商与江南棉布业经营的密切关系，而且也体现了南北商帮在商书编纂方面的交流与互动。有鉴于此，本文拟就公私收藏的五种《布经》抄本作较为详

---

① 乾隆《绩溪县志》卷 1《方舆·风俗志》，"中国方志丛书"第 723 号，成文出版社 1985 年版，第 80 页。

② 乾隆《绩溪县志》卷 1《方舆·风俗志》录康熙志曹有光序，第 81 页。

细的解题、分析，并结合其他的文书史料，探讨明清时代徽商西贾与商书编纂的相关问题。

1. 目前所知的《布经》抄本及相关研究之学术史

1991年，中国科学技术大学博士生李斌发表《清代染织专著〈布经〉考》一文[①]，首度介绍了安徽省图书馆古籍部收藏的一种《布经》抄本。此后，这一抄本逐渐为明清史学界所重视，特别是在"徽学"研究领域，有多位学者都先后提及该书。及至2000年前后，《四库未收书辑刊》陆续出版，此一丛书中收录有两种《布经》——清钞本《布经》8卷和佚名所著的《布经要览》2卷，这是目前所知公藏机构收藏及出版的三种《布经》抄本。此外，最近十多年来，笔者在徽州民间亦收集到一些相关资料，特别是其中的一种佚名无题抄本，是迄今为止所见分量最重的一种《布经》。揆诸史实，在目前所知的五种《布经》中，除了清钞本《布经》之外，其他的四种皆出自徽商之手。清钞本《布经》系由山西布商所编纂，而其他四种《布经》论述的范围，除了一种与浙西有关之外，其他的都以"衣被天下"的松江府为其中心，而这一带，在明清时期也正是徽商、晋商极为活跃的江南核心地带。

对《布经》一书的研究，始于20世纪90年代。李斌在《清代染织专著〈布经〉考》一文中推测，安徽省图书馆所藏《布经》的作者居于松江，是一位染织工艺师，该书的成书年代约在嘉庆、道光年间[②]。2002年，范金民在《清代江南棉布字号探析》

---

① 《东南文化》1991年第1期。
② 此一看法，亦为后来的一些书籍所沿袭，如赵丰、尚刚、龙博编著的《中国古代物质文化史（纺织下）》，开明出版社2014年版。

一文中则认为，安徽省图书馆庋藏的《布经》抄本"至迟形成于乾隆初年"①。2004 年，王家范在"器物与记忆：近世江南文化"学术研讨会上，做了《清抄本〈布经要览〉释读》的报告，其中，他推测佚名所著《布经要览》的成书年代当在嘉庆二十年（1815 年）或光绪元年（1875 年）两可选择。不过，该文只是为上述会议准备的发言稿，最终并未发表②。此外，邱澎生③、黄康健④、余同元⑤等人，也先后利用《布经》，探讨了棉布字号、棉纺织技术等相关的问题。

　　近十数年来，笔者在皖南实地考察期间，陆续收集到一些徽州布商及其商业经营的珍贵史料。在我看来，明清时代徽州布商的活动不仅涉及全国的许多地方（其中，尤其是在江南市镇，此类的活动更为频繁⑥），而且在国际上闻名遐迩的"南京布"⑦之

---

① 《历史研究》2002 年第 1 期。

② 其具体观点，仅见饶玲一《器物与记忆：近世江南文化学术研讨会综述》，载《史林》2004 年第 6 期。

③ 邱澎生：《由放料到工厂：清代前期苏州棉布字号的经济与法律分析》，载《历史研究》2002 年第 1 期。

④ 黄康健：《清代江南棉纺织技术的理论化》，苏州大学 2008 年硕士学位论文。

⑤ 余同元：《传统工匠现代转型问题研究——以江南早期工业化中工匠技术转型与角色转换为中心》，天津古籍出版社 2012 年版。

⑥ 关于这一点，许多学者都曾引证过相关的历史记录。较早的细致研究，如樊树志《明清江南市镇探微》第 3 章《棉布业市镇的分布与结构》以及下卷"江南市镇的典型分析"中都曾提及，复旦大学出版社 1990 年版。近期的进展，则可参见范金民《明清时代的徽商与江南棉布业》，载《安徽史学》2016 年第 2 期。

⑦ 关于"南京布"最新的研究，可参见范金民《清代中国贸易中的"南京布"》，见《明清以来江南经济发展与社会变迁国际学术研讨会论文集》，复旦大学历史系，2016 年 8 月。

经营，亦与徽州布商有着密切的关系①。因此，作为布业经营的商业秘籍——"布经"相关文献，理应受到更多的关注。有鉴于此，数年前，我就以"江南传统产业的历史地理研究——清代《布经》抄本之综合性探讨"为题，展开对"布经"相关文献的整理与研究，先后整理了四种"布经"及其他文献②。2015 年，撰写了《从新发现的〈布经〉抄本看明清时代商书之编纂》③一文，首度较为全面地介绍了当时已知的四种《布经》，并对其作了初步的探讨。在此基础上，由本人指导的研究生王慧婷，则主要利用我所整理的四种《布经》标点文本，撰写了硕士学位论文④。根据最初的设想，该文应以 GIS 技术，将《布经》中涉及地名的部分落实在地图上，并作相关的历史地理分析。但从现有的论文成果来看，此一工作颇具挑战性，相关的空间展示也有待于进一步具体而微的细致分析。2016 年夏，我在徽州的田野调查中，另外发现了一种《布经》抄本及其他的相关资料。考虑到先前发表《从新发现的〈布经〉抄本看明清时代商书之编纂》一文的《徽州社会科学》，并非纯学术的公开发行刊物，再加上该文发表之后，本人又陆续有新见史料之发现，故此文即以前文为基础，结合最新史料，对相关问题加以进一步探讨，诚盼学界高明有以教我。

---

① 参见日本学者松浦章《徽商汪宽也与上海棉布》，载《中国社会经济史研究》2000 年第 4 期。
② 目前已整理的资料除了《布经》之外，还有：反映 1934 年徽州布商在江阴经营和生活的《客窗杂记》(日记)，晚清浙西兰溪百年老店"祝裕隆"书束（书信原件），以及婺源詹姓布商在江西经营活动的信函，等等。
③ 该文后发表于黄山市社会科学联合会主办的《徽州社会科学》2016 年第 3 期。
④ 《清代前期江南棉布业的历史地理研究》，2016 年复旦大学硕士学位论文。

2. 江南棉布业经营与“布经”相关文献的形成

明清时代，在江南各地的棉布业经营中，徽商西贾极为活跃，他们都积累了相当丰富的经验。以徽商为例，晚清民国时期的徽州启蒙读物《日平常》抄本即曾概述：

> 或棉花，或丝货，布帛绸缎都可做，总在行情探得真，自然获利莫教错。
> ……
> 为布匹，名繁颐，毛宝套料原为最，漂扣大关并萧山，常熟包河各地出。

这是徽商对江南各地棉花、布料产地及质量的经验之谈。关于这一点，《新安商山吴氏宗祠谱传·二十二世叔父易二十九养心公传》[①]亦记载道：

> 叔父易廿九公讳元绅，字宗相，号养心，和斋公三子。……幼受父命，治贾人业。惟是辨百物之情，征贵贱之数，是崇是务，此外更无他好。既和斋公弛于负担，生业悉以委诸叔父、季父。季父惟按成规，遵时宜，稽利弊，以收自然之息。叔父则不宁惟是。盖练川土产棉花，而美恶参差

---

① 康熙间刊本 3 册（笔者手头有该书的复印件），卷首有明崇祯十五年（1642年）金声和康熙十五年（1676年）许默序，其中另有康熙十九年（1680年）的相关内容，因此，该书基本上反映了明末清初的徽州社会状况，具有较高的史料价值。

不齐，叔父一一品其等第，编成字号，辨别精微，但逾半载，则载所评品鬻于檇李，见者无不啧啧叹服，藻鉴之精，一至于此！初犹见货始成贾，后但云吴养心则无庸视，直据字号成交易耳。且乐观时变，或居或化，悉中窍会，更无有不获息者。一时檇李诸贾人，咸推叔父祭酒。①

　　明清时代，徽州府休宁县商山村，素以徽商巨贾辈出而著称。民间俗有"歙县两溪南，抵不上休宁一商山"之谚，意思是说歙县西乡的西溪南和水南乡的南溪南，都是著名的商贾之乡，但这两个村落加起来，还抵不上休宁县商山村之豪富。从《新安商山吴氏宗祠谱传》中的列传来看，商山一带有相当多的人外出务工经商，特别是在长江中下游一带更是极为活跃。上文中的"练川"也就是太仓州嘉定县一带，而"檇李"亦即嘉兴。由此处的记载可见，休宁商山人吴元绅是在长江三角洲从事棉花贸易的徽商，他对嘉定当地出产的棉花一一作了评定，其品鉴之精，深受同行的赞赏。在明清时代，以花易布或以纱易布，是江南城镇布庄商人最为盛行的一种经营方式②。从其中的描述来看，吴元绅显然是位极有心得的商人，他根据棉花出产的质量状况，将不同的棉花"编成字号，辨别精微"，可能也据以形成了一些文字。此种情形，与《布经》之编纂，颇有异曲同工之妙。

---

① 《新安商山吴氏宗祠谱传·二十二世叔父易二十九养心公传》，第52页。同书《二十二世季父易卅三怡园公传》，亦提及休宁商山吴宗礼，"贸花檇李，花经纪负客金多，将自尽以谢后忧。季父恻然，捐券慰劳之，更为居间于众商，缓其偿。"（第54—第55页）
② 陈忠平：《明清时期江南市镇的布号与布庄》，《江淮论坛》1986年第5期。

类似的情况，应当并不仅限于徽商。再以晋商为例，清钞本《布经》的作者范铜之内侄冯志德曾指出：

> ……布之为物，其见重于世也由来久矣。然于布之中以求甲于天下者，惟松江所产为最。是以良商大贾不远千里，携重资，来客兹邸，择师请友，以为运筹之计。苟择师不精，取友无识，收买染踹，有不至于差谬者几希。前哲有虑于此，故笔之于书，名曰《布经》，道其详细。但世代屡更，人事变递，书中所载大纲，虽云不差，时异势殊，未免不无宜古泥今之议。吾姑丈西山研索之下，采而辑之，窃补其意，又使此书灿然复明于世。[1]

这段话是说松江一带盛产棉布，当地聚集了相当多的富商巨贾，他们在当地聘请看布的师傅收买染踹。此前，就有一些人总结过相关的经验，撰成了《布经》一书。但随着时间的流逝，情况有了不少变化。现在，山西商人范铜根据当时的实际情况，重新编纂了一部新的《布经》。

上述徽商西贾的两个例子都说明，"布经"相关文献的形成，与江南棉布业经营的繁盛状况密切相关——这是我们研究此类文献之前应当了解的基本历史背景。除此之外，还应对"布经"一词的确切涵义有所探究。以下，即针对此一问题试作诠释。

---

[1] （清）范铜：《布经》，《四库未收书辑刊》第 3 辑第 30 册，紫禁城出版社 2000 年版，第 85 页。

（1）"布经"释名

《布经》是明清商书，但"布经"二字之确切涵义并未有人深究。从字面上看，它很容易让人马上想到这是指"有关布业的经典或商书"。其实，"布经"一词，从明代开始就是一个约定俗成的名称。例如，明隆庆、万历年间的理学家来知德就有一首《了生死》，诗曰：

> 死字如沧海，人生水潺潺，溪河有大小，俱欲赴其间，谁挽谢电波，逆行至于山。生字如布经，富贵布之梭，南去与北来，手足俱奔波，及尔布织成，尺寸苦不多。
>
> 生死即昼夜，斯道日中天，昼夜有晦明，天地之当然，我能尽其道，千古犹光圆，人能知此理，便能了生死①。

该诗颇富哲理，它是以人的一生比喻织布之过程。显然，早在 16 世纪后期，"布经"就是棉布生产过程中的一个习惯语。此后，"布经"一词，则频繁地出现在江南地区。

乾嘉时代上海县诸生褚华，在其所撰的《木棉谱》中，对江南农家棉业经营之全过程有着颇为细致的描摹，其中的一个程序是：

> 成绽后，次乃用浆，浆必细白好面。调法不可大熟，熟则令纱色黑；不可太生，生则令纱不紧。在糊盆浸过一夕，值晓露未晞，或天阴不雨时，植竹架于广场，缚其两端，以竹帚痛刷。候干，于分绽处，间以交竹，卷如牛腰，然后上

---

① （明）来知德：《来瞿唐先生日录》外篇 2 卷，明万历刻本。

机，此种最贵，名刷纱。次则卷之成饼，列肆卖之，名布经团。燥者多断，湿者多霉瓹。又有以棉纱作绞，入浆水，不复帚刷而成纰，名浆纱，最下[1]。

以往有学者将此一程序统称为"浆纱"，似乎并不确切。因为其中除了提及"浆纱"之外，还谈到档次更高的"刷纱"。值得注意的是，此段文字提到了"布经团"，其简称亦即"布经"。关于这一点，光绪《嘉定县志》记载：

布经，以极细棉纱八百缕排成团，结如饼。每团长约二十丈。东北乡作者尤多，以售南乡，织刷线布。[2]

可见，"布经"是将极细棉纱每八百缕排列成为一团，其形似饼，将之售出后，才进入下一道工序"织刷线布"。

在晚清时期，"布经"除了是指饼状的棉纱之外，亦代指江南诸多行当中的一种，当时各地有不少"布经店"，即指售卖棉纱的行当。例如，光绪年间的《罗店镇志》卷3《营建志下（保婴局附）》载：

---

① 清艺海珠尘本。关于这段记载，亦见于清佚名所撰《棉书》，清同治刻本。另外，民国《上海县续志》卷8引褚华《木棉谱》，专列有"布经团"条。

② （清）程其钰修、杨震福等纂：光绪《嘉定县志》卷8《风土志·土产》，《上海府县旧志丛书·嘉定县卷》第3册，上海古籍出版社2012年版，第2000页。据民国方志记载，嘉定县东北乡，历来出产布经，到光绪中叶后出数渐减，民国前期则不再看到。

嘉庆十八年，嘉绅秦溯萱捐七折钱一千两，分存嘉邑城、南翔镇两育婴堂，接收宝邑弃婴。宝设留婴局四：一本城，一罗店，在岳庙东首，一杨行、一江湾。……光绪四年，绅士朱昌杰等禀请设局怡善堂中，并设接婴所，兼收弃婴，觅乳寄养。所需经费，请于本镇花、米两行提取愿钱。嗣因经费不敷，又请于布经、豆饼两业提愿。

此处是以"布经""豆饼"二业并列。同卷《禀为募增善愿推广保额陈请立案给示事》也提及：

……镇中各业，除花、米外，惟布经、豆饼两业售货不杂，便于募提，售数甚多，易于为力。……并乞给示布经、豆饼各行铺，俾皆遵照定章，以垂永远而溥善举德便。……正堂吴批：据禀募增善愿、推广保额，具见实心筹办，深堪嘉慰！所议经理规条，亦属周妥。其布经愿钱，现将卖者壹文免扣，俟民力充盈，再行请示。

其后所列的《章程》中亦提及：

保婴公款由花、米、布经、豆饼四业奉宪公提[1]。

---

[1] 民国《宝山续县志》卷11亦载："罗店保婴，与城厢同时举办。光绪三年，由士绅朱昌杰、沈炜、潘履祥等经劝，花、米两业愿钱，每年约二百余千文，额设二十余名，先行试办。翌年，复募布经、豆饼两业愿钱，年约一百十余千文，始推广婴额，分遗孤、遗婴、常婴三项。"民国十年（1921年）铅印本。

另外，《义塾附》也记载：

> 同治□年，本镇花、米、布经行议抽厘愿，积款重建城隍行宫，其钱由该行自行轮流经管。

罗店镇在嘉定县治东十八里，据万历《嘉定县志》卷1《市镇》条记载，罗店镇"今徽商凑集，贸易之盛，几埒南翔矣"[①]。可见，罗店镇自16世纪起即为徽商麇集鳞聚之地[②]。晚清时期，在当地，"布经"与"花""米""豆饼"三业并提，应当随处可见。其中，"布经"应是罗店乃至江南各地相当重要的一种行当。

在民国时期，除了"布经（店）"之外，江南方志中还有不少"布经市"的记载。民国《宝山县续志》卷6记载：

> 以纺成之纱，扎为布经，行销各处，罗店最盛。

另据民国《嘉定县续志》的记载，在嘉定县南门，"光绪二十年前，布经市极盛，城内吴三房最著，城外业此者十余家，

---

① 万历《嘉定县志》卷1《疆域考上·市镇》，《四库全书存目丛书》史部第208册，齐鲁书社1996年版，第690页。

② 《新安商山吴氏宗祠谱传》中的《二十二世先伯父易十七守和公传》亦载："伯父易十七，讳元经，字宗理，和斋府君长子，因号守和。弱冠，从祖、父客下沙，徙嘉定，受计然策，服贾，略无外好。当岛夷内讧，郡邑戒严，乃习武备。一军官御倭有功，善杨家枪，伯父师之，尽得其枪法。生业当时扩充，择地得罗店。而濒海多盗，盗有严姓者，行劫剽无顾忌。一日，来访伯父，以武艺示之。后各镇被劫，惟此地不犯。"（第47页）

远自刘河浮桥，近则一二十里，内外布经卖买麇集于此，辰聚酉散，熙攘竟日。纱场巷即以排纱成经得名。自洋纱盛行，不数年间，无复有布经营业，而市况顿衰"。东门"自城根迤东，沿练祁北岸，街道长里许，向为布经市场，自洋纱盛行，市遂衰"。在金家巷，"向有布经市，今布经市绝迹，只有村店四五家"。这些，都提及甲午战争前后布经市场的盛衰递嬗。

综上所述，"经"系指织布时用梭穿织的竖纱，亦即与纬相对、编织物的纵线（俗另有经纱、经线、经纶的说法）。现存《布经》文献中的"布经"二字，原是指江南民间棉布生产过程中的一道工序，亦即"排纱成经"。在经纬之间，相对于纬线，经线似乎显得更为重要[1]，故以"布经"指代棉布生产的整个过程。早期的《布经》文献，可能只是以"布经"指代"浆刷布经"的棉纱生产过程，后来才将此扩展到棉纱的成品及其销售[2]，并进而被人视作"布业经典"之意[3]。

"布经"一词含义既明，以下对迄今所见的五部《布经》分别加以解题。

---

[1] 晚清秦荣光《上海县竹枝词》有："云布新奇绒布精，桃兰各种织文成。"诗注引云间郡志曰："以丝作经，而纬以棉纱，旧志谓之丝布，即俗所谓云布也。"另引《云间杂志》："云布有极精者，花样既新，色亦娇媚，每匹价至三金。"见顾炳权编著：《上海历代竹枝词》，上海书店出版社2001年版，第266页。

[2] 晚清《申报》上有不少"寄卖布经"的广告。

[3] 范铜《布经》共8卷，其中的第4卷至第6卷，分别为"白布经""染色经"和"光布经"，可见，这位山西商人是将《布经》之"经"，视作棉业经营的商书或专业经典之义。

（2）五种《布经》解题

① 汪裕芳写本《布经要览》

该书收入《四库未收书辑刊》第10辑12册，经整理，全文约计7500余字。此书原先未有书名，"布经要览"四字应为后人所加。关于该书的作者，现题为"不著撰者"，但其书之末注有："时在乙亥四月中浣，寓于鹤砂，偶闲，抄录于琴窗。汪裕芳写。""鹤砂"当即松江府的鹤沙（今南汇下沙镇东北，上海方言中"鹤砂"与"下沙"同音），据书中"刷经路道"记载："此处扣布一、二分，标套八分"，显然是个盛产标布和扣布的地方[①]。由于后文介绍的范铜《布经》成书于乾隆十六年（1751年），根据我在下文的分析，范书应当是以类似于《布经要览》这样的抄本为其蓝本删改而成，故后者的成书年代较早，但其抄录时间则难以确定。准情度理，这存在着几种可能：如果汪裕芳就是该抄本的作者，或者此书抄录的时间与成书年代接近，那该抄本的抄录年代极有可能是在康熙三十四年（1695年）。不过，也有可能汪裕芳并非抄本的作者，其人只是抄录他人之作而已（这种可能性很大，因书末注称"抄录"而非"誊录"）。如果是这种情况，那么"乙亥"之年则难以确定，也可以是迟至晚清。因为一是后人可以辗转传抄前人的著作，二是晚出的范铜《布经》虽然更具系统性，但它的编纂者是山西商人，该书即使已经刊行，也不能

---

① 《新安商山吴氏宗祠谱传》中的《二十二世先伯父易十七守和公传》，亦提及徽商吴氏侨寓下沙的情形。佚名《棉书》（清同治刻本）："凡布密而狭短者为小布，松江谓之扣布。疏而阔长者为稀布。极细者为飞花布，即丁娘子布。侧理者为斜文布。方胜者为整文。文棱起者为高丽布。"此外，标布亦即大布。

保证商界中人完全采用此一版本，更何况说它实际上并无刊行的迹象。在这种情况下，其他系统的《布经》传承仍然可以自成一体（关于这一点，现存的其他四种抄本，便是一个重要的例证）。当然，尽管如此，从内容上看，我们仍然可以断定，《布经要览》一书中反映的棉布业经营状况，其时代应为清初甚至更早的明代。

根据明清江南经济史研究的一般印象，从姓氏上看，抄录者"汪裕芳"应是一名徽商。其中所引述者，可能也大多是徽商的经验之谈。如"看布奇诀"中所提及的"吾师维新程先生"，从其姓名字号上看，这位"程维新先生"也应是一位徽商。由此推测，《布经要览》应是师徒相授的经验之谈。这一点，也得到了原书行文措辞的印证。《布经要览》在"青浅毛布总论"条下，述及"看布立身"的十事，作者自称："余无一字之虚言，明此理者以为然，不明理者以作荒唐之语、无考之言。若能有志同之友，诚能询余，余即无不吐肝胆矣。"[1]可见书中所言，起初似乎是原诸口耳相传。至于该书的作者，"白布指示总论"之末，有一段话颇可窥见其人之身份：

> ……予亲历数载，蒙亲友指示，集录成则，无文无读，有愧高明者清目，虽无际于时，以稗［裨］初学者一助。倘蒙高明删削成集，则叨光无既，不负予志也，谨识[2]。

---

[1]（清）佚名：《布经要览》，《四库未收书辑刊》第10辑第12册，紫禁城出版社2000年版，第597页。

[2]（清）佚名：《布经要览》，《四库未收书辑刊》第10辑第12册，第592—593页。

该段文字欠通，亦颇有错讹。不过，其中仍透露出三个讯息：一是作者从事布业已阅数载，其亲友也多为此业中人；二是该书系"集录成则"，为逐渐收集的经验，故全书缺乏系统性；三是该书当时已在布业同行中广为流传，所以作者希望能有"高明删削成集"——这实际上可能也就是乾隆时代范铜《布经》出现的一个背景。

② 佚名无题布经抄本（以下简称"安图本《布经》"）

安徽省图书馆藏抄本，1册。该书经整理约14600余字。佚名所作，年代亦不详。但从内容上看，该书的相关内容更为详细，文字也比较雅驯，只是抄录的文字多有讹误，其成书年代可能要晚于《布经要览》的成书年代。

③ 佚名无题布经抄本（以下简称"王藏本"1）

私人收藏，1册。此书发现于安徽歙县，全书经整理计26000字，是五种《布经》中分量最多的一种，有不少内容较此前所见的著作更为详尽。该书前部略残，主要条目包括：认刷纱病处并铁锭、木锭分解，西路布出处浆纱大略而述，门庄要语，看白布细说，看毛布大略而述，青蓝看法，看翠月秘诀，看翠蓝取法，看月白取法，看浅色毛布总论（第一章、第二章、其三、其四、其五、其六、其七、其八、其九、其十），四季缸水宜言，看光布秘言，托评五逆生意，看布及踹手、攘子、石头四事，古时看布秘诀，歌诀，看布谨记退法，退布亦分五形，戒语，门宅取法，纱线直解，各道路门面尺干略记，西路布略记，标布大略并斜文，嘉兴布略，指明东路铁锭，初学须知布业序规，白毛漂白论，月白毛病，小秘，双蓝论，缸水大略，看升降配号之布歌诀，漂上用灰碱数，浅色规则，深色规则，用靛每宅，扪青规则，杂色用颜料，各邑染价，买靛八样全，金华兰溪用靛染式，漂上用灰碱，扪坊用颜料，光布总论，金华兰溪今时各染坊用颜料规则，□字号老银码，标扣用靛，石布，□布，东斗套，染各邑布用颜料做法，兰溪染价码，辨靛取法，养新缸用靛规则，缸水取法，今时兰溪染坊用靛规则，光布秘诀，逐把名色，迁套统削，暴补，暴毛，风松，油把子，盐水米汤，白蜡，绉乃要之物，挂口，退布切要认清说明、退去使彼无怨，七日毛头八日光做法，右调西江月，究本之法，究工水法，退布法，论天时地势法，看扪青法，看光布总论。书中涉及的地域范围，不仅局限在松江府，而且还包括其他地方，如《嘉兴布略》即载：

东路套段：门面九寸三四分，尺干二十五六止，小者八寸门面，尺干二十四五尺止。

北路套段：□东路仿佛亦有比东高者。

阔套段：门面九寸二、三分止，尺干二十二至二十三止。

小套段：门面八五至八八止，尺干二十二三尺止。

狭扣布、阔扣布：门面九寸三止，尺干十八尺至二十尺止。

南路九寸布：门面一尺五分止，尺干廿二三尺之间，其布高者少，粗朴烂软俱多，朴亦出得多。

其嘉□（兴？）布虽是刷经铁锭纱线，但是扣单纱线聚杂，俱是上街买纱，识者多，自摇者少。是以布内分不匀，

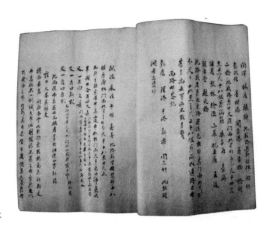

佚名无题《布经》抄本

均在杭、嘉、湖三郡各邑各镇之处卖也。

可见，书中内容涵盖的范围，主要涉及松江府、杭州府、嘉兴府和湖州府各地。此外，还应当特别指出的是，书中另有"金华兰溪用靛染式""金华兰邑今时各染坊用颜料规则""兰溪染价码""今时兰溪染坊用靛规则"等，这反映出该册《布经》与浙江金华府兰溪一带有着密切的关系①。对此，清代松江府上海县

---

① 浙西的金华、衢州、严州三府，在传统时代多徽商聚处，当地的布、染二业亦极为兴盛。此前，笔者在徽州曾收集到一张《衢县染业公议价单》（红纸印刷品），其序曰："窃维布、染两业，原唇齿之相连，彼此往来，应双方之兼顾。值此两靛翔贵，工料随升，若率由旧章，必至愈流愈下。爰集同行，就实际以酌议，定升降之均匀。浅色工简而料轻，当行减折；深色工繁而本大，应叩加增。照章划一，庶免厚薄不匀；信用恪遵，不致参差互异。承蒙惠顾，尚乞鉴原。兹将规定染目划一于后……"其中提及的"浅色"、"深色"之染，在诸本《布经》中亦屡次提及。此价单虽系民国之物，但亦可作为浙西染业之佐证。

铃有"益大正记"仿单文字的商品包装纸

人叶梦珠曾指出："吾邑地产木棉，行于浙西诸郡，纺绩成布，衣被天下。"[①] 关于这一点，也得到了现存文献实物的证实。数年前，笔者在歙县收集到一张包契纸[②]，此物原本应系棉制品之包装纸，其上盖有方形蓝字仿单，并铃有数枚红色印章。仿单是由"益大正记"的布庄出具：

> 徽州王店，向在松江府庄行、叶谢［榭］自开门庄，收买细结阔长楳扣梭布，配定字号，监染漂白、红扣、双蓝、深翠、月白各样颜色，长路发行。今在兰溪县北门内迎春巷口开张，货高价实，以图永远。凡赐顾者，须认本店稍印图书，庶不致混充有误，特此谨白。

---

① （清）叶梦珠：《阅世编》卷7《食货四·种植》，"上海掌故丛书"，上海通社1935年版，第4页下。
② 包装纸反面以毛笔书写"观六卖山契、税票、租批，又小买田批四张；岩松付小买田一批"。故可知此商品包装纸后被当作包契纸，而遗存于徽州当地。

安图本"刷经布路道大略""半东路大略布言"	王藏本2"扣布刷经路道大略"
"刷经布路道大略" 庄行、叶榭、虹桥、停林周围地方，此路布箆门纱线，各色俱全者多，倘有别路道布放在内，亦搭不上，看者不必多疑。 张泽、松隐、旺里、潘陶泽、杨家店、张家堰，此路布秀者，可以配浅色最妙， 惟洙泾布极难买，庄客恶极。东边出刷经布，西边出浆纱布，看者必要留心，不可大意。以上各路道，俱是正路纱线，为上等之布，织手好，刷得透，一机多则四五匹，故极紧光标。二等路道闵行、乌呢泾、青村港、周家衖、蔡家桥、头桥、二桥，比各路布亦算正路，可买，比庄家行不多，惟唐北路道虽多，却嫌粗些，不能配浅色，有贪贱者，多买此路布。而从上海起，左近地方，如石家港，各乡极多，不能细述。叶家行、要州、三官堂、增孝亭、秦家宅、下沙、施家宅、赵家楼，周围地方，所出之布，大箆门、大架子者多，可以做深色。但此四处路道，近年都行镶口，或遇箆门行情高昂，亦有改小箆者，所嫌箆稀，切不可取也。此路织手刷不透，一机极少十匹，多则十余匹，故不能刷到，以至粗糙；次路道从新场起，则各路内只木棍布多，不甚好，亦听各人取法，凡次等字号，买此种布做浅色。若深色，为恐纱线不结。	叶榭、庄行、亭林、淞江，东门路道箆门纱线，尺稍各样俱（？）全者多，如别路道者搭不上。 张泽、松隐、杨店、沉巷，此路之布秀实者多，可配浅色。 惟洙泾布极难看，客最奸。东边出刷纱，西边出浆纱，配者须多留心，不可大意。以上各处，俱系正路道上等之布。 其余二等路闵行、漕乌经【泾】、青港、用【周】家、蔡家桥、头桥、二桥，此布为正路道，但不及庄行等处。惟塘北路道虽多，只系粗些，不能做浅色，取价贱者（买）之。从上海起，至在近各乡路道极多，及周浦、三林塘等处，俱出标布，未能细述。惟叶家宅周回地方，取出之布，大箆门、大架子者多，可以做深色。但此路道 刷不透，一机少者拾数匹，刷不能结，只取精重，谓次等路道，从新场至团内，系木棍纱多，不甚好，亦听各人取用。次等路道，买做深色，恐纱线不紧耳。
"半东路大略布言" 南翔、白鹤江、青蒲、紫地、蟠龙、徐泾、小涞、纪王庙、朱家角、泗泾、七宝、陈坊桥、辛庄左近地方等处布，原来京客路道，只嫌门面小，纱线高低不一，而价目恐其亦不正。鬼市只算水客生意，买者极混杂，目今各字号布店，水客亦在其地买矣。	"半东路大略" 新庄、泗泾、七宝、徐泾、纪王庙、王渡、章堰（？）、白鹤、青江浦、歇马桥、朱家角、南翔、小来左右近处所买，只嫌布门面狭小，高低不一。
	"浆纱路道大略" 大者张堰，中者干巷、王圩，小者西路枫泾东、新仓、广成东、平湖东、新圩东、圩里家、嘉善、泖西、小津、金宅。
至西路枫泾、平湖、吕巷、新仓、广成、嘉善等处，此乃出浆纱线路道布，以前东路、西路各处，处处有好布，处处有低布，亦听各人取法不一，但毛布、光布取法，合而为一，惟白布取法各有不同也。	以上东、西、南、北等处，各有高低之布，宁取小路道尖，莫取大路道脚，但亦听各人取用，去路不一，惟看毛光清浆收取，合而为一。白布各人取法不同，况去路有要筒口者，亦不论筒口要细秀者、紧蜜【密】者，各有去路不一也。

上揭仿单提及的"庄行""叶谢〔榭〕",亦屡见于各种《布经》。此一访帖的内容是说,原先开设于松江府庄行、叶榭的徽州布庄老店,新近于兰溪县北门内迎春巷口开张新店。其中,也提到了棉布的收购及其染色。由此可见,松江与浙西之关系的确极为密切。

考虑到王藏本1发现于徽州,故可推测此书应是在浙西从事布业经营的徽商所抄录、增补编纂的一种《布经》。

④ 佚名无题布经抄本(以下简称"王藏本"2)

私人收藏,小本1册。此书发现于安徽歙县。前部佚失,书中的各部分,除了"标布路道大略""扣布刷经路道大略"之外,基本上不标出小目。其中的"扣布刷经路道大略",与安图本之"刷经布路道大略"和"半东路大略布言"的内容大同小异。

王藏本2中的"扣布刷经路道大略",基本上是安图本的"刷经布路道大略"和"半东路大略布言"二者之简版。从内容上看,以看布、配布为主,较少涉及其他。而从版幅来看,王藏本2为小开本,更像是徽州人外出经商时随身携带的商业秘籍抄本。

⑤ 山西商人范铜《布经》

该书也被称作《布经指南》。抄本1册,收入《四库未收书辑刊》第3辑第30册。经整理,全书约15600余字。该书卷首的序文都是由北方人所撰,其中,张仲的叙文指出:

> 曩者曾著《布经》一册,备载产布之地,与夫织布、染

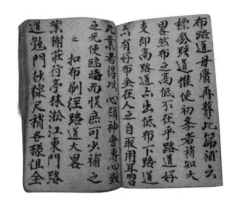

佚名《布经》抄本

布、踹布之道，相沿已久。凡从事于布之业者，罔不奉为楷
式焉。

这一段话是说，此前《布经》的基本内容，主要包括织布、
染布和踹布三个方面，这些方面的记述，一向为业界奉为圭臬。
对此，另一篇序也指出：当时从事布业者，"欲求其精微，究其
高下，咸以《布经》为表率"。两篇序文中的"《布经》"，指的
应当都是《布经要览》之类的抄本。这些抄本，已成为南北客商
从事布业经营的指南。当然，尽管此类《布经》有着广泛的流
传，但它也存在着一些明显的缺陷。对此，范铜批评说：

旧《经》叙事甚详，而繁文屡出，使初学者不知所从
来，几茫然莫识其指归也。然历年久远，人更物变，其中讹
舛，难辨真赝。

此处的"旧《经》"亦即"旧的《布经》"之意，可见，山西商人范铜视《布经》之"经"为经典之"经"。他批评此前的《布经》比较繁杂，让人无所适从，而且还未能与时俱进，满足不了日益变化的市场需要。关于这一点，另一名合作者姚建业也指出：此前的《布经》著作，"虽布之所宜经营区画者罔不毕载，然头绪烦多，未免茫无畔岸。"①质言之，原先的《布经》虽然记载相当详细，但也颇为累赘，多有脉络不清之处，再加上岁月的流逝，使得产布、织布、染布等方面的信息，无论是在工艺还是经营上皆不免发生了变化，这就需要新编一部具有时代气息的《布经》。有鉴于此，范铜和姚建业就在此前《布经》的基础上，新编了一部《布经》。

至于《布经》的编纂者，乾隆十六年（1751年）姚建业指出："予与范子西山，同客于嘉定之槎溪里，从事布业。其为人恂恂儒雅，手不释卷，每举一义，讲贯必究其原，非若陶彭泽所云'不求甚解'者比也。昔有《布经》一册，……范子因取而手自删定之间，与予商订其可否，参究其是非，……因相与潜心搜讨，删繁补缺，可为后之学者奉为准绳。"②"槎溪里"即今之南翔，因三槎浦在其境，故名。关于此处，现存有清康熙年间杨志达纂辑的《槎溪里志》三卷（乾隆间传抄本）。从上述的文字可见，该种《布经》的编纂者范铜和姚建业二人，都是侨寓嘉定南翔一带的布商。不过，此书最后署名的作者只有范铜一人。这里明确指出，在范铜《布经》之前，市面上已见有《布经》一册，

---

①② （清）范铜《布经》，《四库未收书辑刊》第 3 辑第 30 册，第 83 页。

这应当就是前述《布经要览》那样的抄本。同年，范铜也撰有自叙，他指出：松江所产的棉布"衣被天下，价直低昂悬绝，商贾安可不疏其源哉？"在他看来，此前辗转流传的《布经》存在着诸多缺陷，故而他利用余闲，"潜心旧典，访诸里老，乡落产布优劣，地里桥梁方面，有革有因，或增或损，皆有据依，纤悉具载于篇"。他所编成的《布经》，"其事则增于前，其文则省于旧"。① 对此，当时的布业中人（主要来自北方）评价颇高。例如，陇西李胜轩在所撰序中有如下的赞誉："……吾友范子西山、姚子崇庵二公者，德性英敏，才识不群，且经营斯业，优游有年。遍国之风土人情，毕见于车马轮辕之下；各路产布之优劣等宜，尽入于听闻睹记之中。故能智通无累，不为陈迹所拘，神测未形，宣发古人之不逮，超世俗而迥出只（？）千古。"② 乾隆十六年（1751年），郭化鹤叙亦指出："……《布经》一书，既探其源本，而又为之确指其是非。积日历月，探微索隐，宏纲细目，靡不毕该。使职其位者，一寓于目，即知若者为是，若者为非，指摘无讹，则真伪难淆，人心目服，苟非范子为之酌古准今，著为成法，则茫昧而无所依据者，何暇问津耶？"③ 这些，皆对范铜所编之《布经》予以高度评价。

3. 五种《布经》之比较与相关内容分析

据初步整理、统计，上述五种《布经》，以王藏本1分量最

---

① （清）范铜《布经》，《四库未收书辑刊》第3辑第30册，第83页。
② （清）范铜《布经》，《四库未收书辑刊》第3辑第30册，第86页。
③ （清）范铜《布经》，《四库未收书辑刊》第3辑第30册，第82页。

重，多达 26000 余字。其次是范铜《布经》，约 15000 字。再其次是安图本《布经》，约 14000 字。又次为《布经要览》，约 7500 余字。而篇幅最小的则为王藏本 2，仅 3400 字左右。以下，我将五种布经的篇目列表于下（见下页）：

从书名上看，《布经要览》、安图本《布经》和王藏本《布经》1、2，最初都没有书名，现有的书名其实都是今人根据内容加以概括、命名。只有范铜《布经》一书，才正式在书名上冠以"布经"二字。从篇章结构上看，《布经要览》、安图本《布经》和王藏本《布经》1、2 四种皆不成体系，甚至颇显杂乱无章，只有范铜所编的《布经》井然有序，全书计有八卷，分门别类，显然经过了系统性的整理。而从内容上看，范铜所编《布经》抄录了不少方志资料。其中，第一卷的地理图中，有一些图幅就明显来自方志。而书中的不少文字，也节录自方志中的相关记载，如：

> 纺织不止乡落，虽城市中亦然。里媪晨抱纱入市，易木棉以归。明日，复抱纱以出。无顷刻间，织者率日成一匹。有通宵不寐者，公私诸费皆赖之。布有浆纱、刷纱二种，工有粗细，色有黄白，织有厚薄，家有传习，客有拣择，用有漂熟，广有路数。郊西尤墩布轻细洁白，市面取以造袜，号"尤墩暑袜"。妇女不能织者，多受市值，为之纫焉。[①]

引文的前一部分明显源自正德《松江府志》卷 4《风俗》，而

---

① （清）范铜《布经》，《四库未收书辑刊》第 3 辑第 30 册，第 101 页。

从徽州到江南：明清徽商与区域社会研究（修订版）

		范铜《布经》	《布经要览》	安图本《布经》	王藏本 1	王藏本 2
第一卷	地理图	木棉源流、历代建置华娄二县境图、上海县境图、青浦县境图、海防图、九峰三泖图、乡保市镇图、嘉定县境图、嘉邑乡保图				
第二卷	乡落方向	市镇桥梁里至				
第三卷	土产	木棉布、番布、兼丝布、药斑布、织纴、斜文布、紫花布、三梭布、二纺布、徐献忠《布序赋》、木棉纱诗、太仓州飞花布				
第四卷	白布经	看布总纲、择友、浆纱刷线论、铁木二桩浆刷取材、刷布路道、产布机关、庄家三略、开发明布义、本号取用	看布奇诀、刷经路道、白布指示总论、青浅毛布总论	配布总论、指明东路铁锭木桩诀、门庄买布要诀、指明布中一切条款、看白布总论、认刷纱病处并木桩铁锭分解、看白布水纱二布路言、刷经木路大略并半浆纱水纱一布路大略、收言、刷布路道大略、庄家略要、看毛头大略、五逆生意	配布总论、看白布诀、指定东路铁锭木桩款、门庄买布要诀、指明布中一切条款、字号看白布总论、认刷纱病处并木桩铁锭分解、指明浆纱、半东水纱一布路言、刷经木路道大略、收言、看蓝月秘诀、看翠蓝处并病处大略分解、门庄要语、西路布出处细说、看毛布细诀、看翠月秘诀、青蓝布总述、看毛布取法、看翠白取法、青月白取法、看月白论、看浅色毛布总论	（看布）、（配布）、标布路道布刷经路道大略、扣布刷经路道大略

		范铜《布经》	《布经要览》	安图本《布经》	王藏本 1	王藏本 2
第五卷	染色经	染色论、深色、浅色、杂色、大深、半深、诸根、深色脚底、靛缸仿灰、毛灰、失灰、花布	复布下缸细辨纱线式	青蓝布看法、看法系列、月白秘言、看翠蓝、江西出靛、染坊总诀、各样颜色、道路地名、各路靛	染坊总诀、染各样杂色每百匹该用颜料数目、江西出靛道路地名、四季缸碱数、浅色言、缸水大略、深色规则、用靛每庄、打青规则、杂色用颜料、各色染诀、漂上用灰碱、金华金字号老银码、标扣用靛、今时各染坊用颜料规则、右字号老码、东平套染、各色而用颜料做法、石布、熟布、兰溪染价码、办靛取法、养新缸用靛规则、兰溪取法、今时兰溪染坊用靛规则、缸水取法	
第六卷	光布经	石灰论、光布取布法、八把定名、四季取名、诸绉、偷工蹄法	磨要诀	看光布秘言、光布要诀、石上踹法、看手踹手及梭子法、石头四事踹总诀	看光布总论、看光布秘言、各样退法、看光布歌诀、石上踹石法、看手踹手及梭子头回看总诀、古时看光布秘诀、五道生意、又歌诀、看布谨记退法、西路看光布兴衰、门庄歌诀、各道路门面尺寸略记、指明东路铁秤、物须知家业序灵、白毛票白论、月白毛病、小秘双蓝论、看升降配号之布歌诀、初学须知各色、逐把分色、光布总论、光布必读、迂套统则、綦扑、綦毛、风松	
第七卷	总论	深浅取用		青浅毛布总论		
第八卷	发货篇	各省取货				

后一部分则来自康熙《松江府志》卷 5。此外，范铜在所编《布经》中还收入了一些诗文，如反映织布业民生疾苦的徐献忠之《布序赋》[1]和明人顾彧的《竹枝词》[2]。后者所咏"平川多种木棉花，织布人家罢缉麻，昨日官租科正急，街头多卖木棉纱"，分别见于万历《上海县志》、康熙《松江府志》和雍正《南汇县志》等方志。全书在文字方面，显得更加文雅。

较之《布经要览》和安图本《布经》、王藏本《布经》1、2，范铜《布经》对松江府出产棉布"诸乡各路桥梁方向"，有着更为详尽的记载：

县 份	地 点	数目
华亭县	亭林、叶榭、曲村、张泾、沙岗、南桥、萧塘、庄家行、莘庄、柘林、青村、陶宅镇、华阳桥、打铁桥	14
娄县	风泾、朱泾、干巷、吕巷、杨巷、奥塔、泗泾、北钱、南钱、祥泽（塘桥）	10
上海县	吴会镇、乌泥泾（忏逆泾）、曹胡泾、下砂、新场、周浦、龙华、三林塘、一团、八团、北桥、闵行、北蔡、诸瞿［翟？］巷（诸地上）、栅桥、鹤坡市、东沟市、林马桥、三阳桥、高家行市、陈家行市、杨泾桥、高桥	23
清［青］浦县	古塘桥、朱家角、泰来桥、杜家角、小蒸、大蒸、凤山镇、北七宝、青龙、金泽、广福林、杨家庄桥、窑泾桥、盘龙、罗木桥、赵屯、沈巷、刘交、陈坊桥、北簳、山镇、魑魅、郏店、艾邢、金家桥、杨扇、王巷、黄渡、章练、杨林市、天兴庄、双塔、崧宅市、白鹤江市、杜村市	35

---

① （清）范铜：《布经》，《四库未收书辑刊》第 3 辑第 30 册，第 100—101 页。
② （清）范铜：《布经》，《四库未收书辑刊》第 3 辑第 30 册，第 101 页，《木棉纱诗》。

县　份	地　　　　　点	数目
嘉定县	练祁市、钱门塘市、封家浜市、南翔镇、娄塘镇、新泾镇、罗店镇、周浦镇、外岗镇、广福镇、真榆镇、高桥、徐家行、安亭、黄渡镇、纪王庙、葛隆镇、殷家行、刘家行、陆家行、吴家行、蒋家行、赵家行、马陆村、白鹤村、芝村、诸狄巷村、黑桥村、许家桥、石岗一桥、姚浜桥、沙泾桥、天恩桥、金黄桥、感梦桥（粜粮桥）、江湾镇、杨家行、江桥、栅桥、滕桥、倪家桥、杨柳桥、郁公庙、丁家桥、湄浦桥、浅洞桥、黑桥、信字桥、胡朱家桥、青岗、沙岗、毛家桥、钱家桥、黄白泾、陈家桥、西岗、周家桥、工家桥、潘家桥、方泰、张泾、吴泾	44

揆诸史实，清雍正四年（1726年），从上海县划出长人乡与下沙盐场设立新县，因县治设在原守御所南汇嘴，故将该县命名为南汇。上述的"诸乡各路桥梁方向"中，尚未见有南汇县，而后来属于南汇之下的下砂、周浦等处，也还置于上海县之下，由此可知，范铜利用的史志资料，基本上是雍正四年以前的方志。

上表中的不少地方，都是徽商聚居的场所。如其中的陈家行，就有绩溪胡氏聚居于此。（详下文）嘉定县南二十里的南翔镇，"所产之布，无处不消，亦算中号木椊之魁。今商贾络绎运贩，出数亦众，人烟辐辏，为嘉邑巨镇"，[1] "多晋、徽商侨寓，百货填集，甲于诸镇"。[2] 又如，安亭镇位于嘉定、昆山二县之间，

---

① （清）范铜：《布经》，《四库未收书辑刊》第 3 辑第 30 册，第 103 页。
② （清）范铜：《布经》，《四库未收书辑刊》第 3 辑第 30 册，第 98 页。

其地盛产棉花及棉布。《安亭志》卷3《风俗·土产》记载：此处"土田高仰，物产瘠薄，不宜五谷，多种木棉"。当地除了棉花之外，还盛产蓝靛，"居人艺蓝为业"。棉花和蓝靛是棉布生产和加工的重要原料，安亭产布的种类主要有浆布、黄布、棋花布、线毯、被囊、药斑布和高丽布等。从文献记载来看，在安亭，自明代起就有一些徽州人的活动足迹，如"程小山，新安人，善吟咏，侨居安亭……倭寇侵扰，返歙……"①。《安亭志》的纂者之一孙岱，祖籍就出自徽州歙县。据该书卷15《冢墓》条记载："按孙氏系出唐金吾将军万登公，世居歙州，明末有讳奉山者，迁昆山之安亭。"②这些人，或多或少都与徽商的经营活动有关。其中的一些人，更与布业经营直接有关。例如，《沪城备考》卷6记载："万历癸未，邑（上海）有新安布商持银六百两，寄载于田庄船，将往周浦。其银为舟子所窥，黑夜中三人共谋，缚客于铁锚，沉之黄浦，而瓜分所有焉。"③《沪城备考》的作者为褚华，也就是详细记述江南棉布业生产状况的《木棉谱》之作者。

　　除了上述的这些地点外，范铜所编《布经》涉及的范围较广，文中提及的地点，还包括平湖、嘉善等地④。在"产布路

---

① （清）陈树德、孙岱纂：《安亭志》卷18《寓贤》，上海市地方志办公室编"上海乡镇旧志丛书"，上海社会科学院出版社2004年版，第299页。
② （清）陈树德、孙岱纂：《安亭志》卷15，第253页。
③ （清）褚华：《沪城备考》卷6《神救布商》，《丛书集成续编》229"史地类"，新文丰出版公司1989年版，第45页。
④ （清）范铜：《布经》，《四库未收书辑刊》第3辑第30册，第103页。

道"中，范铜还将产布路道分成东路、西南路、北之东西路、东北路、西路，依次列出第一等、二等路道、次等路道等加以概述。

此外，在文字方面，范铜《布经》明显吸收了《布经要览》的相关内容，以下试举一例加以比较：

《布经要览》"看布奇诀"条	范铜《布经》"看布总纲"条
至看布小技，吾师维新程先生披云：要端坐正容，澄心静念，按时而取用，须要合宜，当知早晨精气充足，防午后眼力昏迷。察坐处之晦明，知移步而改形，勿胶柱以鼓瑟，勿吹毛以求疵。勿喜而高襃，勿恕而贬降，知用度缓急，明时势权宜，视春夏秋冬之风气，辨东西南北之路道，须知历久，广见广闻，博究根源，能识假真，心安神定，优劣自判……	欲精买者，益有道焉。端坐正容，澄心静念， 察坐处之晦明，知移步而改形，忌胶柱而鼓瑟，何吹毛而求疵？勿以喜怒多襃贬，狐疑不决而执迷。 路道高低君须辨，乡落风土宜采知。时势权宜达者度，消货去路不一体。练达广闻识真假，浆纱溷刷莫忘记。倒穿之龙须阴防，高低混杂谨着意。黜退之布君复用，尊目疾忙再学习。用舍认清大为难，高明视之亦不易。

从文字上看，范铜《布经》"看布总纲"所谈的经验，显然来自《布经要览》中的程维新所言而有所删改。后者甚至用七字的打油诗，来概述看布的技巧，较之《布经要览》显得更为文雅。

以下，再将安图本《布经》与范铜《布经》做个比较：

安图本《布经》"看手端手及梭子石头四事总诀"及"五逆生意"	范铜《布经》
凡看光蓝布者,年少初学不敢看,老来眼力昏迷亦不敢看。端布人年少不敢端,老来无力又不敢端。梭子软者用不得,恐其软;老者又用不得,恐破碎。故要取不老不嫩。又,新梭子其性未定,端来布不明亮;旧梭子又必有空隙,故要取半新半旧者方可用。石头新者,不能端光布,只好端半端而已,恐石粉落布上。又防绉破,要端过半年,方可端光布。旧石头端布必软,且无宝色,亦要取半新半旧,方可用也。	……夫端工年少不敢端,老来力衰不能端,梭子嫩木必软,老木必要伤布,新梭木性不坚,研布不亮,旧者又怕破损。若用新梭,只可端半。端须过半年,方可大用,必寻买半新旧者为妙。
自古以来,士农工商,各属一业。布生意,惟有白布生意清高,自宜习学。至看光布一事,俸金虽重,乃是非衙门,却好亦不好也。既叨重任,不得不认真究工,岂知招怨石上。货不能出,而东家不悦。稍为宽容,布又不好,东家又不悦。此乃至难之事。盖石上原不知礼义,究工太甚,鬼计百出,或停工不端,或私送礼物,谗言流谤,甚至离间宾至〔主?〕。俟东家辞出,轻则辱骂,重则谋害于无人之处。被石上打伤者,亦往往而有。总总情节,不堪笔述,故以五逆〔通?〕生意名之耳。	然各行工匠欺主者,处处皆然矣,如端匠为甚。欺老欺幼,欺新又欺旧。设有收布者恶水,不思己短,反怨看光者不收他布,此辈俱系粗蠢无赖之人,挟仇结恨,恶迹难以枚举,故当光顾者,名五通生意也。

两相对比,可见范铜《布经》对安图本《布经》的相关内容,作了不少删削。因此,姚建业所谓的"删繁补缺",殆非虚语!关于这一点,以下再举二例:

安图本《布经》	范铜《布经》
凡开字号、接看白布朋友，全在要取为人正直，一无私心，布内精微无不详细，方可交财重托。盖看布一人，乃字号之栋梁也。譬如朝中用人，有宰相重任之称，运筹帷幄之中，决胜千里之外，不可误用奸邪，以伤国本。所以看白布一业，原属清高之事，自有重权，东家托此大任，配号毋得容情，稍存私意，该与则与，照号配布，行情涨即多买，行情将落则宜少收。盖字号生意，赚钱折本，都在涨落之间，其中因时用事，为东家者不知，全在看布之人也。布有涨落，切不可将布配低。今有一等朋友，吃亏买来，欲补其买价，反将高号配低，字号卖坏，招牌断出。若辈故必认得真，把得正，庶无忧矣。看白布比不得看光布，看光怀私，石上必说；看白怀私，庄客不私言。何也？看白布，本人原不要钱物，庄客及行家欲将布椊收，私行馈送，其何敢言？看布人因其交际，应退者收之，并将每匹字号升高打印，总出其人手内，故不比看光布者秉公充取，方免石上人匪议。如此情弊，关系非轻，但朋友务须尽职，既此叩［明此］重俸，自当存心忠厚，何可贪想外财，负其托而误其事也。（"字号看白布总论"）	聘看白布贾师，要秉公无私，方可托此重任，如朝廷之用贤相，运筹帷幄之中，决胜千里之外，深明布内精奥，买者自然络绎，欲不久远，其可得乎？若误用不肖，情弊难以枚举。将布配低，价直颠倒，兼之目力欠精，布号不均，欲望生意久远，其可得乎？大都不□肖者，皆此类云。（"择友"）①
但九［凡］看布庄者，全要口谈，话路好，面皮须老，能用智，方可收买。忠厚呆板者，不能收也。如布上庄，好言语要安定乡人，一片和气接待。拿布上手，先要撒脱得得快。先争上前者，必是尖利之人，明要多半号、一号，与他买成。否则持布别卖，余皆看样走散。故必须见景生情，随机应变，看内中有无能者，可以杀落半号或一号，以补前面布价。倘不能杀落，亦不可执一而行。盖乡人极恶，见人众布多，越高声乱叫。看布者立定主意，不可心慌手乱。若是尖布，喝价要响，使人皆知，庄上不惜重价，收买好布。至于分发庄钱，还要认清其人，从头发起，种种发清，刻防错误。（"收门庄要诀"）	凡开一庄，认清消路，拿布上手，须要便利口谈巧，记性好，脸皮老。争先卖者，是光眼之辈，值昂些微，方见达者气概。后看之布，自然伊为我用，说蝇平价卖我，以补前昂之缺。否则，亦要相机而行，不可执一而论。谨防扒手冒顶银钱，货物银色，敢粗率乎？（"开庄秘诀"）②

---

① （清）范铜：《布经》，《四库未收书辑刊》第3辑第30册，第102页。
② （清）范铜·《布经》，《四库未收书辑刊》第3辑第30册，第103页。

从文字表述上看，范铜《布经》较安图本《布经》，在行文上显得更为简洁。由此可见，其他四种《布经》，无论它们抄录于何时，但从内容上看，其主体部分的成书年代皆应早于范铜《布经》[①]。当然，由于五种《布经》涉及的内容极为丰富，有关这方面的情况，还有待于今后进一步细致的分析。

4．小结——对明清商书流传的一些认识

现存多种商书《布经》之形成，是明清时期江南棉布业繁荣的一种间接反映。诚如范铜《布经》所指出的那样："海上之民土薄水浅，……广储丰积，出自农夫之耕，一丝寸缕，皆从匹妇之手。"[②]关于当地的织妇，范铜《布经》还指出："织妇抱冻龟之手，不顾匹夫怀饥，奔走长路，持莽莽者以入市，恐精粗之不中数，饰粉传［傅］脂，护持风露，摩肩臂以授人，腾口说而售我，思得金之如攫，媚贾师以如父。幸而入选，如脱重负，守坐风檐，平明返顾。"[③]这段话对江南织妇的心理，作了相当形象的刻画，由此亦可见江南棉布业经营的一些侧面。关于这一点，在后世的一些记载中亦清晰可见。例如，祖籍徽州绩溪的胡祖德（1860—1939），先辈早在明朝就作为徽商前来上海经营，定居于陈行镇[④]。

---

① 之所以说是"主体部分"，是因为民间文书在辗转传抄的过程中，不排除抄录者根据个人的需要而随时有所增删。例如，王藏本1与除范铜《布经》之外的其他三种《布经》相比，就明显增加了不少内容，不过，就其主体部分而言，仍然与该三种《布经》颇多相似之处。

②③ （清）范铜：《布经》，《四库未收书辑刊》第3辑第30册，第100页。

④ 晚清秦锡田（1861—1904）《周浦塘棹歌》指出："陈行东市，秦、胡两姓占十之九五。胡世业商，而间有读书游庠者，青坳、绿村、笛君、云翘诸君是也。"云翘亦即胡祖德。当地"山西人所开之丰裕布庄，资本雄厚，岁收布十余万匹。"（见顾炳权编著：《上海历代竹枝词》，第395页）

他所编纂的《沪谚外编》，收录了上海的山歌、五更调、宝塔诗、隐语、竹枝词等。其中，有不少与棉布业生产有关的内容。如《种棉歌》：

> 正月初一大年朝，神前占卜把香烧。早花中花晚花那样好，先要心中记得牢。
> ……
> 十一月里轧新花，花衣弹碎便牵纱。叔叔伯伯来经布，廿五个筒子满一车。
> 十二月里棉花上布机，织布娘娘手段别高低。一年四季织仔二十四个加长布，合家大小做新衣。

这首民歌亦作《十二个月种棉歌》，主要是反映"勤于农事者，自得丰衣足食也"[1]。另外，书中还收入了署名为"颠公"所作的《三百六十行营业谣》：

> 踏布司务武艺精，两脚脉（拍）成八字表。脉碎卵脬须留意，跨［胯］下前经出韩信。石元宝，两头高，样式好比金银宝。谨防压穿脚板头，未进染缸先见颜色俏[2]。

这首《踏布匠》的民谣，以诙谐的语气，状摹了江南踹布匠

---

① 胡祖德：《沪谚外编》卷上，上海古籍出版社 1989 年版，第 22 页。
② 胡祖德：《沪谚外编》卷下，第 183 页。

的劳作实态。这些，都可以与五种《布经》中的相关部分比照而观。

　　五种《布经》对于制布业的原料产地、棉布市镇分布、销售区域，以及徽商西贾对商书创作的贡献等，都提供了相当翔实的资料。前文述及，五种《布经》中的四种，都是以棉布业中心松江府为其论述的重点区域，只有王藏本1的范围更广，涉及江南和浙西的金华府兰溪一带。在我看来，目前所见的五种《布经》，是有关布业经营的商书在其形成过程中不同阶段的产物，反映了明清时期商书的动态流传过程，以及南北商帮经验的相互交流与融合。大致说来，《布经要览》、安图本《布经》和王藏本《布经》1、2，应是不同的商人为从事布业经营，根据自身的需要创作或抄录的文字，或属商人家庭子孙世业的秘本，或属布号、布庄师徒辗转授受的商业秘籍。而范铜《布经》则是经过系统整理的一种商书，不排除甚至有最终出版、发行的企图。

　　从这个角度上看，上述五种《布经》，实际上可以分别看成是商书形成中的两个阶段。在明清时期，绝大多数的商书抄本都还停留在《布经要览》等四种《布经》的形态，而没有提升到范铜《布经》那样的层次。《布经要览》、安图本《布经》和王藏本《布经》1、2，都是一种随感而发、随手摘录的"便览"、"要览"性质①，属于经验之谈，就资料的角度来看显得更为原始。具体说来，其中的《布经要览》之原始作者可能是个"看布贾师"，

_____

① 明清时代，有不少商书都以"便览""要览"的形式出现，如《商贾便览》固然有吴中孚所编的刊本，但在徽州民间，仍然有徽商自己抄录的《商贾便览》，其内容与吴中孚所编者大不相同。类似的抄本，还有《杂货便览》，（转下页）

也就是安图本《布经》和王藏本《布经》1中提及的"朋友"。这反映在内容方面，《布经要览》基本上是商人程维新师徒的经验之谈，更为个性化。而范铜《布经》描述的棉布生产，更带有行业整体上的规范性，则更为全面。如"染坊总诀"指出：

> 凡染各样颜色布匹，以及各项总列于左。
>
> 每法缸用人五个，浅色每人一日约做五十匹，扣匹约梢三十匹。饭食，每人一日约四分，作场每发三两，用糟约每担四钱之数……

此外，范铜《布经》还参考了方志等资料，对民间早已存在的经营文化加以系统化的整理。对此，一些序文甚至将之上升到"道"的层次。例如，乾隆壬申（1752年）李宜民有序曰：

> 尝观舜典作服，以布衣之上玄下朱，取天之色也。圣王制作，百代同风，俱有自来矣。而今我范子西山、姚子崇庵，向所任之业，亦系布耳。当染端时，亦取天之色也，即布之纱线，各省置发，无所不知。二公论比协材，旦暮从

（接上页）一是日本东京大学东洋文化研究所的"仁井田陞文库"收藏。该书由清孔武氏编、北京杨树棠钞，就其重点涉及的区域而言，主要反映的当为清代华北地区的商业流通。（参见王振忠《抄本〈杂货便览〉》，《历史地理》第15辑，上海人民出版社1999年版）另一同名抄本则系私人收藏，首列"宁波秤则"，继为"海菜出处并定砠""宁波进出秤规则""宁波各货进出行规""各货字语""兰行称规""兰邑捐厘总数""甬至义桥各货船价""兰规扣码中秋前例""过中秋规例""火炮规例""规兰售甬来""甬庄规列期"和"南货宁上折头用钱"等，其内容反映了宁波与江西吴城、杭州义桥的经济联系。

事，相语以事，相谪成功。究其格物之理，究其山河景象之图，订成《布经》矣。诚所谓德立之基有常，而建功之路不一，即为布庄非常之人。有非常之人，然后有非常之事；有非常之事，然后有非常之功。①

这里提及布商之染踹，与"舜典作服""取天之色"可以相提并论。对此，同年六月，另有一段评论亦称："闻之舜造指南车，而迷者可悟；今日之《布经》，正应作如是观耳。"② 前文述及，范铜《布经》亦称《布经指南》，此处的评论虽然不乏溢美之词，但在同行的评价中，范铜之编《布经》，实与"舜造指南车"有异曲同工之妙。另外，李大谦的序文，更是将儒家伦理与布业相结合，以儒饰贾，对《布经》一书作了形而上的阐发：

> 子程子有云：人心之灵，莫不有知。天下之物，莫不有理。苟能因其已知之理，即物穷之，而造其极，自当豁然贯通焉。然虽致知在己，必得先觉者启发，而后学者易于为力耳。如朱子注明四书诸经，使后世学者皆得其力，是有大功于世者也。吾友范子西山，生而颖悟，具经济之才，且信而好古，凡诸子史集无不博览。第不乐仕进，而好计然之术。甫弱冠，游于苏、松之间，隐于布业之中。廿年以来，其潜心穷格，人罕窥焉。今春下浣，偶步其寓，得览所集《布

---

① （清）范铜：《布经》，《四库未收书辑刊》第3辑第30册，第88页。
② （清）范铜：《布经》，《四库未收书辑刊》第3辑第30册，第87页。

经》一册，凡苏、松出布乡区，看布之法度，治布之规略，各省之去路，靡不细为注释，间补前人之未备，更有心领神会，不能为言语传者，深得格物穷理之要，是诚布业中之先觉，使后世之业斯业者，一览洞悉，遂为楷模，孰非范子之功也！予披阅之余，不禁怃然长叹，而知范子之才，亚于班马；谋身之机，先乎少伯；究心坟典，比诸老彭；删注斯经，有类晦庵……①

在这里，李大谦引证程朱理学的说法，讲了格物致知的一番大道理，以《布经》一书附会儒家伦理，将之视作与四书五经可以类比的经典，从而使得范铜的撰述更具文人色彩，这是商书编纂的高级形态。迄今所见明清时代诸多坊刻的商书，皆属于这种类型。此类的商书，在新近发现的民间文献中所见颇多，很值得我们进一步的发掘和利用。

由多种《布经》所见，明清时代，在商书的编纂和辗转传抄中，各地商帮颇多相互的借鉴。特别是同一种商书由随感而发的经验之谈，到最后系统性地整理、编纂成书乃至出版、发行，历经了相当长的一段时间，这样的辗转流转过程，相当值得重视。关于这一点，明人鲍应鳌在《瑞芝山房集》卷10中曾指出：

（歙人赵元值）转徙齐、鲁、燕、卫间，久之，赢得过当。初，里人易公儒，不能工贾。公贾，顾以儒工。所过都

---

① （清）范铜：《布经》，《四库未收书辑刊》第3辑第30册，第86页。

会，必从天下贾客之凑，周谘五方万货良楛衰盛赢诎之数，牍注之。又泛览陶朱、白圭、计然百家货殖诸说，度可施行者裒集焉。其书五笈，曰：执此以往，以征贵贱，以调盈虚，以收奇羡，如睹白黑，而探囊取之也。以故公贾所向辄售，售又辄倍他贾。或骇其神算，公曰：此自备儒书，顾诸君不习耳。①

上述这段史料，描述了徽商赵元值编纂商书的过程。其中既有理论性的概括，又有对具体行业的经验总结，应当是兼具商业书和商人书的商书。此类的商书，或经坊刻流传，或仍由子孙、师徒秘藏。在其辗转传抄的过程中，有不少商人共同参与了商书的增删和编辑。这一点，涉及明清诸多商书序列之确立。其实，在明清时代，不少商业书或商人书都或多或少地存在这样的情况。比如，炳记《贸易须知辑要》，张正明最早考证它是晋商的著作。但在实际上，此书的情况较为复杂，从罗仑、范金民、张海英等人的研究来看，它应源自江南句容人王秉元的《生意世事初阶》②，后经辗转传抄，现存有多种版本。管见所及，炳记《贸

---

① （明）鲍应鳌：《瑞芝山房集》卷10，《四库禁毁书丛刊》集部第141册，北京出版社1997年版，第216页。

② 罗仑撰：《乾隆盛世江南坐商经营内幕初探》，载《南京大学学报》1989年第4期；罗仑、范金民：《清抄本〈生意世事初阶〉述略》，《文献》1990年第2期。张海英：《从商书看清代商业知识的传授——以〈生意世事初阶〉、〈贸易须知〉、〈生意经络〉的刊印变化为个案》，载故宫博物院、国家清史编纂委员会编《故宫博物馆八十华诞暨国际清史学术研讨会论文集》，紫禁城出版社2006年版。上述诸文，皆围绕着《生意世事初阶》及相关商书作了详略不一的探讨，但皆未涉及笔者在徽州发现的诸本。

易须知》至少有两种，一种是张正明介绍的日本人之藏本，另外一种则见于美国哈佛燕京图书馆的收藏。而且，在徽州民间文献中也有好几个本子，有的叫《生意法门》，有的叫《贸易须知辑要》，还有的叫《徒弟伙计须知》。此外，还有作为日本人学习中文的入门书，叫《燕语生意筋络》。这些，都与较早的《生意世事初阶》相同或相近。所以，如果我们对此一商书脉络作一较为全面的梳理就可看出，将炳记《贸易须知辑要》抄本，作为反映山西商业尤其是伙计规范的内容，并不十分妥当。不过，从这些商书的流传过程中，却可见南北商帮经验的相互交流与融合。《布经》各种抄本的存世，亦复与此相似。

当然，也应当看到，商书在辗转传播的过程中，仍然会带有一定的地域色彩。对照徽商西贾在江南的经营活动，五种《布经》亦各具特色。徽商主要是在江南设立布庄，发银收布，染整加工。① 出于地理上的近便，其中的不少人已在江南土著化。而晋商则主要从事长途贩运江南棉布，以供应北方市场的需求。清初上海人叶梦珠曾说，明代松江标布"俱走秦晋京边诸路"。②乾隆时人钦善的《松问》中，则形象地状摹了活跃于江南棉布市场上的华北商人：

① 当然，这是就布商主体而言。参见范金民《明清江南商业的发展》，南京大学出版社1998年版，第192页。
② （清）叶梦珠：《阅世编》卷7《风俗》。当时，有不少秦晋商人活跃在松江一带。乾隆年间上海人李行南《申江竹枝词》就有："西客囊金作布商，衣冠济楚学苏扬。只留饮食传风俗，熬釜朝朝饼饵香。"诗注曰："山、陕崇俭，布商不然，其饮食则仍其俗。"（顾炳权编著：《上海历代竹枝词》，第32页）近代上海有"南荒北熟，布庄吃肉"之谚，（胡祖德：《沪谚》卷下，上海古籍出版社1989年版，第170页）由此可见江南棉布与北方市场的关系。

冀北巨商，挟资千亿。岱陇东西，海关内外。券驴市马，日夜奔驰。驱车冻河，泛舸长江，风餐水宿，达于苏、常。标号监庄，非松不办。断垄坦途，旁郡相间。[①]

这里的"冀北"，应当是泛指华北商人，他们主要从事长途贩运。因此，与《布经要览》相比，范铜《布经》对于销售似乎更为在行。他在《布经》的卷末就指出："夫寰宇之大，而风俗各异者，以其水土之不一也。如松之产遍于天下者，货高低不一其物，敢陈管见，聊述卷末，作'发货篇'。""发货篇"一文，主要是从各地风俗时尚的差异，论述了棉布的销售，其中提及：

京庄者为最，直隶八府俱尚沉重，阔长大号，各处之佳者。

山东取用略同，所差者高低之间耳。

豫省居天下之中，高下俱消［销］，乡人亦甚识货，价直平均，红木是尚。

江西、河南境不临边，而所尚货物相似，所谓合乎地理者也。

江南好次不等，难以分剖，如沿江一带，俱尚青色、鹦哥绿，是其道地。铁浆纱、草束布，去路甚广。

① （清）贺长龄、魏源等编：《清经世文编》卷28《户政三》，中华书局1992年版，上册，第694页。

河朔间去常州之机，亳州仿朱仙镇等，秀薄紧，布色不移。

湖南、北地亦产布，沔阳州青色称奇。

两广身价厚重，青蓝之色相宜。

江右高低悬绝，俱选工巧之物，低者难以枚举。

云贵袍套堪用，与西川标、扣是依，平阳用当湖之路。

漠州会商贾云集，辽为京之后户，去货略差些微。

山陕标、扣去广，内地亦消［销］，湖广之稀，惟绛大号堪美，而今甚有名誉。

浙省嘉、湖两路，铁浆纱塞满街衢。

福建青色最广，闽客常贪价低。

大都北方各色是尚，南方青蓝为贵。[①]

此处对全国各地棉布的销售做了细致的展示，并归纳出南北色调、嗜好之基本差异。

由此看来，徽商西贾的经营特色，也给五种《布经》带来了不同的特点。质言之，《布经要览》等四种的主体部分重在看布、磨布、染织，也就是棉布的生产和加工。而范铜之《布经》则主要更注重流通[②]，该书卷 8 有专门的 "发货篇"，为其他四种《布经》所未见。文中还特别提到范铜的故乡山西绛县，当地 "大号堪美，而今甚有名誉"。其文末亦指出："不才固陋寡闻，望百尔

---

① （清）范铜：《布经》，《四库未收书辑刊》第 3 辑第 30 册，第 110 页。
② 道光时人张春华《沪城岁事衢歌》："其行远者为标布，关、陕及山左诸省设局于邑广收之，为坐庄。" 顾炳权编著：《上海历代竹枝词》，第 123 页。

君子赐教，幸甚！"这些，显然是出自范铜的文字。从全书的篇章结构来看，书中对于布业中的各类制作工艺方面的记载较为简略^①，而更着重于销售方面。这些，也从一个侧面反映出徽商西贾在明清商业知识传承中的不同特色。

---

① 范铜在《浆纱刷经论》中指出："至于三纱二桩认法，余籍山右，不知其中本末，俟南方高明君子释义焉。"(《布经》,《四库未收书辑刊》第3辑第30册，第102页) 可见，棉布制作技术的内中奥秘，北方的山西人有的完全无法了解。

下篇

徽州人群、商业与江南社会文化

一、"徽商"的出场

（一）明清经济史上的关键词"徽商"之初步考索

1.《云间杂识》与《淞故述》

徽商是明清时代的商界巨擘，这早已是众所周知的事实了。①但"徽商"一词在史籍中最早始于何时，因传世文献浩繁无数，或许是个谁也无从断言的问题。不过，以往有学者认为："早在成化年间，徽商一词就已在松江一带流行了。"其主要根据就是明人笔记《云间杂识》卷1（这一段史料也为明清史研究者反复征引）中的一段记载：

> 成化末，有显宦满载归者，一老人踵门拜不已，官骇问

---

① 有关徽商研究的成果相当之多，目前所见最为全面的，首推张海鹏、王廷元先生主编的《徽商研究》（安徽人民出版社1995年版）。此书为笔者案头常备之书，于此获益良多。

《淞故述》书影

故，对曰："松民之财，多被徽商搬去，今赖君返之，敢不称谢。"宦惭不能答。①

有鉴于此，他们认为："松江是徽商早年最活跃的地方，徽商一词首先在这里流行是合乎情理的。"② 这个论断的前半部分当然没有什么问题，因为在明代，松江是江南棉布业的中心，是徽商尤其是徽州布商活动最为活跃的地方，这一点应当是毫无疑问的。但"徽商"一词是否首先在松江一带流行，则是可以讨论的。至少，《云间杂识》这段记载徽商活动的史料在时间上存在着很大的问题。

近读《淞故述》，发现《云间杂识》上述之记载实际上有着不同的版本：

① （明）李绍文著《云间杂识》卷1，第9页，上海黄氏家藏旧本，民国二十四年（1935年）冬上海瑞华印务局印行。
② 张海鹏、王廷元主编：《徽商研究》，第7页。

从徽州到江南：明清徽商与区域社会研究（修订版）

成化末，有显宦满载归者，一老人踵门拜不已，宦骇问故，对曰："松民之财，多被官府搬去，今赖君返之，敢不称谢。"宦愧不能答。①

《淞故述》为明人杨枢所撰，杨枢字运之，自称细林山人，江南华亭人，明嘉靖戊子科（嘉靖七年，1528年）举人，官江西临江府同知。"是书乃所述松江一郡遗闻轶事，以补志乘之阙略者"。②显然，这部书是反映松江府社会生活的笔记。据万历乙未（二十三年，1595年）八月周绍节的跋称，该书于嘉靖庚寅（九年，1530年）五月，由周裡（字维敬，号一山）"手录而辑订之，存诸筒中，为家藏书"③，直到万历年间方才付梓。由此可见，《淞故述》的成书年代当在嘉靖九年五月之前。华亭当时就属于松江府，即使假定《淞故述》的完成时间就在嘉靖九年，其时离成化末年也不过40余年，杨枢以华亭人写松江当地事，他笔下的这段轶事，应具有较高的史料价值。事实上，从《淞故述》后附录的《修志备览》之艺文、墓、志铭及灾异诸条来看，该书应是比较严肃的著作。

再回头看以往学者引述的《云间杂识》，其作者李绍文也是

① 《续修四库全书》第730册，《艺海珠尘·淞故述》，上海古籍出版社2002年版，第819页。
② 《四库全书总目提要》上册，卷77"史部·地理类存目六"，中华书局1983年版，第671页。
③ 《续修四库全书》第730册，第829页。

华亭人，他曾作《艺林累百》8卷①。据《四库全书总目提要》称："绍文，字节之，华亭人。是编成于天启癸亥，因《小学绀珠》而变其体例，撮拾故实……"。② 他还另作有《明世说新语》，"是书全仿宋刘义庆《世说新语》，其三十六门亦仍其旧，所载明一代佚事琐语，迄于嘉、隆，盖万历中作也。"③ 换言之，《明世说新语》一书完全是模仿南朝刘义庆的《世说新语》，记述有明一代的遗闻佚事。我们知道，《世说新语》是南朝时的一种"志人"小说，与"志怪"小说相对而言，其内容主要是记述东汉至东晋文人名士的言行，所记事情以反映人物的性格、精神风貌为主，作为史实来看，绝大多数是无关紧要的。④ 从这一点上看，李绍文的一些著作也并非严格的史料，在他笔下，不少故事均刻意赋予了一定的社会内涵和文化意义。以《云间杂识》为例，该书《凡例》称："是编遍考郡中百年来事迹，或传父老，或垂简编，或忆庭训，不拘巨琐雅俗，足令人回心易虑者，辄用采撷，倘无关世道，弃去弗录。"并说："近来风俗最为可异者，曰奢靡，曰浮薄，编中谆谆言之，亦冀挽回于万一耳。"由此可知，李绍文采撷条目的标准，主要是考虑是否能针砭时弊、有裨教化。具体到《云间杂识》本书而言，上述那则故事显然是一个讽刺性的寓言，直接讽刺的是这位官僚之贪污受贿，将搜括来的民

---

① 据《云间杂识》民国二十四年（1935年）六月黄艺锡跋，李绍文另作有《云间人物志》。

② 《四库全书总目提要》下册，卷138"子部·类书类存目二"，第1174页。

③ 《四库全书总目提要》下册，卷143"子部·小说家类存目一"，第1224页。

④ 章培恒、骆玉明主编：《中国文学史》，复旦大学出版社1996年版，第457页。

脂民膏满载而归。另外也透露了一个信息——那就是松江一带的财富多被徽商盘剥而去，如此生动的细节倘若属实，那当然是反映徽商在松江一带活动盛况的绝佳史料。遗憾的是，其原型实际上来自《淞故述》。今查《云间杂识》卷1，发现此前学者的引文并未引全，前述记载之后关键的"见《淞故述》"[①]四个字都被删去，以至于人们无从确知其渊源所自。因此，说成化年间在松江已出现"徽商"一词，事实上值得进一步推敲。

前面说过，杨枢和李绍文都是松江华亭人，后者将"官府"改成了"徽商"，显然是意味深长。上述两段史料的核心，是将搬走"松民之财"（也就是松江百姓财富）的主角由"官府"换成了"徽商"。其实，这与明代前中期江南社会经济的发展息息相关。

众所周知，松江府是江南的核心地带，明初的洪武二十六年（1393年），苏、松、常、镇、湖、嘉六府土田仅占全国总数的4%，而田赋却占全国总数的22%。[②]当时有"江南赋税甲天下，苏松赋税甲江南"的俗谚，所以松江老人有"松民之财，多被官府搬去"的说法，显然并不令人诧异。不过，也正是在这种畸重的赋税结构下，发展了江南多样化的商品经济。对此，明人谢肇淛指出："三吴赋税之重甲于天下，一县可敌江北一大郡，破家亡身者往往有之，而闾阎不困者何也？盖其山海之利所入不赀，

---

① 《云间杂识》卷1载："杨细林枢，为临江贰守，摄郡篆，午餔偶以银鱼作羹，忽跃出十三尾于几上，杨悉取食之。须臾，报越狱大盗逸去者十三人，杨曰：不须错愕，当悉成擒，银鱼示异，我已尽食之矣。明日俱捕至。"（第14页下）可见，李绍文对于杨枢的事迹颇为熟悉。

② 唐文基：《明代赋役制度史》，中国社会科学出版社1991年版，第87页。

而人之射利无微不析，真所谓弥天大网，竟野之罘，兽尽于山，鱼穷于泽者矣。"① 显然，尽管苏南赋税之重甲于天下，但多样化的生产经营方式，为当地创造了飞跃发展的良机。其中，商品经济的发展，离不开外地商人及货本的注入，其中，徽商则是极为重要的一支劲旅。

嘉靖时人何良俊指出："余谓正德以前，百姓十一在官，十九在田。盖因四民各有定业，百姓安于农亩，无有他志。……自四五十年来，赋税日增，徭役日重，民命不堪，遂皆迁业。……昔日逐末之人尚少，今去农而游手趁食，又十之二三矣。大抵以十分百姓言之，已六七分去家矣。"② 正德年间相当于 16 世纪初期的明代中叶，在此之后，迁业逐末之人骤增。何良俊的观察虽然是一般性的概述，但这种反映大致趋势的结论，也可以从各地的方志记载中得到验证。譬如，万历《歙志·风土》就曾指出，正德末年至嘉靖初年，徽州弃农经商之人日渐增多，方志形容当时的社会状况相当于一年四季中的春分之后、夏至以前，气候渐趋炎热，亦即社会的转型时期。在徽州，官府的赋税措施也对当地人的外出经商有着重要的政策导向，据明人吴子玉的《大鄣山人集》记载，嘉靖十七年（1538 年），官府对于商贾之乡歙、休二县的课赋，比徽州府的其他四县要重。③ 在这种背景下，明

① 《五杂组》卷 3《地部一》，伟文图书出版社出版公司印行，1977 年版，第 65 页。

② （明）何良俊：《四友斋丛说》卷 13，"元明史料笔记丛刊"，中华书局 1959 年版，第 111—112 页。

③ 《大鄣山人集》卷 31《志略部·丁口略》，《四库全书存目丛书》集部第 141 册别集类，第 606 页。

代的徽州歙县和休宁，经商风气蔚然成风："徽郡歙休商山高，逐末江湖□浪涛。辞家万里轻其远，云贵蜀广日策蹇。"①其中，江南的松江府一带，是歙、休等县徽商重点经营的地区。②

前文述及，《淞故述》成书于嘉靖九年五月之前，而《云间杂识》成书的时间则在万历以后，从两位作者生活的年代来看，我们有理由相信，明代嘉靖、隆庆、万历年间，徽商在松江府的活动有了重要的发展。李绍文《云间杂识》曾指出："吾郡三十年前，从无卖苏扇、歙砚、洒线、镶履、黄杨梳、紫檀器及犀玉等物，惟宗师按临，摊摆逐利，试毕即撒［撤］，今大街小巷俱设铺矣。至于细木家伙店不下数十，民安得不贫。"《云间杂识》一书中的条目有万历乙卯（即万历四十三年，1615年）条，因此，大致可以断定该书最终成书于万历晚期以后，而李绍文所说的"三十年前"，则应在万历初年。因史料不足征，虽然我无法判断记载中贩卖歙砚者是否是徽商（这种可能性当然不小），但前述的"细木家伙店"主，则应是来自徽州无疑。何以见得？稍早于李绍文的范濂在其《云间据目钞》中指出："细木家伙如书棹、禅椅之类，……隆、万以来，虽奴隶快甲之家皆用细器，而徽之小木匠，争列肆于郡治中，即嫁妆什器，俱属之矣。"③《云

---

① （明）方承训：《新安歌三首》，《复初集》卷9，《四库全书存目丛书》集部第187册别集类，第660页。

② 有关徽商在这一带的活动，零星资料不少，较系统的则可参见《紫堤小志》和《紫堤村志》等。

③ （明）《云间据目钞》卷2《记风俗》，第5页。民国十七年（1928年）奉贤褚氏重刊本，复旦大学图书馆藏。范濂生于嘉靖庚子（1540年），《云间据目钞》计五卷，序于万历癸巳（二十一年，1593年）。

间据目钞》也是成书于万历以后，作者慨叹嘉、隆以来"风俗自淳而趋于薄也，犹江河之下下而不可返也"。对照李绍文所说的"至于细木家伙店不下数十，民安得不贫"的感慨，《云间杂识》将搬走松江人财富的主角从"官府"改成"徽商"，应是他的有感而发。只是李绍文为了劝化世俗，篡改了杨枢《淞故述》的记载，因此，《云间杂识》中的这条史料，实际上只是后人对徽商活动既存事实的追记，不能将该书中有关成化年间"徽商"的记载，作为确切的历史事实加以引证。

2. 作为通俗常言的"徽商"及其社会形象

至于"徽商"一词在社会上何时成为约定俗成的称呼，显然可以进一步探究。由于明清时代的文献可谓汗牛充栋，欲作全面的考索显然不太可能。此处姑以手头的《四库全书》光盘版，对此问题作一局部的透视。检索显示，徽商在《四库全书》中的"出场"，主要有以下 14 例：

下述的 14 例中，第 2 个例子虽然发生在权阉当道的英宗正统年间，不过，记载这一事例的王世贞是嘉靖、隆庆、万历时人，当时，"徽商"一词的使用已日趋普遍，而他有可能是用后来约定俗成的名词"徽商"来概括先前的事实，所以据此不能确定"徽商"一词已出现在正统年间（15 世纪中叶）。比较早的是发生在正德年间的第 1 个例子，因此，就目前所见，以《四库全书》收录文献的情况来看，"徽商"一词在文献中出现的时间，较早的是在明代正德年间（16 世纪初），比以往所认为的 15 世纪后期的成化末年要晚几十年。综合其他史料分析，至万历年间，"徽

编号	内　容	资料来源	年　代	备　注
1	兴国民吴荣杀害徽商张姓者，久未成狱，君廉得荣焚尸藏陶穴中，竟致于法。	明邵宝撰《容春堂集》后集卷4《明故太平府同知进阶朝列大夫屠君暨配陆宜人墓志铭》	屠氏卒于正德甲戌二月一日	邵宝为成化庚辰进士
2	有指挥某者，与徽商友善，往来无间，结为兄弟。指挥富而无子，有三女，一嫁镇江，一嫁武臣。指挥既卒，徽商遂谋袭其官，媚指挥之妻至事信之，遂许为嗣。既得居，并欲夺其产，沈［沉］指挥之妻于江。既事渐彰闻，竟右商人而讪指挥女在仪真者讼之，刑曹齐韶受赂，女，俳徊都市，商杀之，血污女衣，以石沉之井。商又杀之，都下无论贵贱皆痛愤，然竟无人敢问。……及考国史狱陵，有一奴欲讼冤，七年无所敢言，则所谓指挥者南京水军右指挥佥事金事陈福，其姻娅徽商与官者陈洪扶也。	明王世贞《弇山堂别集》卷23		亦见黄宗羲编《明文海》卷344
3	尝闻河埠馆人云：有徽商每二三年驾巨舶一至，货尽即去。	明顾璘撰《息园存稿文》卷6《谪孝子传》		《息园存稿文》刻于嘉靖戊戌。亦见《明文海》卷412

编号	内　　容	资料来源	年　代	备　注
4	……高收在即，岁为徽商所贩，以给土民者不十五，更可禁也。禁之则米价可平，低收益裕，以储常平，且有余米……	明刘宗周《刘蕺山集》卷6《与张大符太守（名鲁唯）》		
5	……徽匠徽商健讼，动以人命相诬，剖决稍迟，或遭遥扰，此语未审真否？偶有便羽，不敢不以相闻。	明魏学洢撰《茅檐集》卷8《答唐宜之（又寄）》		
6	曹七善，南陵诸生，尝于姑苏旅邸获徽商所遗八百金……	清赵弘恩等监修《江南通志》卷161		
7	王大枝，天长人，父卒，秀水人，母以年饥，鬻枝于徽商。	《江南通志》卷162		
8	朱大启，字君舆，万历进士，授南昌推官。郡方缺守，即委署人，有徽商杀人，法当抵，以要路请托，抚军发县审释，大启覆，竟置之法。	清谢旻等监修《江西通志》卷59		
9	万程桥：《嘉兴县志》：在县东白马堰镇。明靖庚申，又商曹晹谋建桥于南津，乃倡捐鸠工，三年未成，曹耻之，遂抱石沉水，众惊复之，徽商程沂、韩应鲤等感激予义，各捐助，不一年落成。	清嵇曾筠等监修《浙江通志》卷34		

编号	内　　容	资料来源	年　代	备　注
10	是年（乾隆二十四年），英吉利夷商洪任辉妄控粤海关陋弊，讯有徽商汪圣仪者，与任辉交结，擅领其国大班银一万三百八十两，按交结外国互相买卖借贷财物例治罪。	清《皇朝文献通考》卷298		
11	徽商夏月过饮烧酒溺血。	清魏之琇撰《续名医类案》卷16		
12	万密斋治徽商吴𫍽妻……	《续名医类案》卷33		
13	江南岁漕五百万石，……其法莫若洪、水开中法，凡畿辅之地及山东诸郡，招募徽商，或召土著，或遣满贪污官吏……	清陆世仪撰《思辨录辑要》卷16		
14	……吴俗好赛五方神，岁必演剧月余，男女杂沓，无赖子多乘之以导淫贾利，公出见之，杖其首，投神像于太湖。久之，奸无慑服，盗贼亦远窜屏迹，乃引龙游大盗潜入城，劫喊商质库，计挫其威棱。公夜半闻之，立系诸捕委李，勒限三日全获，否则死。果如期获之嘉兴，验质库簿，归所失物，在簿外者责诸捕捕之……	清朱鹤龄《愚斋小集》卷15《富顺刘公传》	反映的事迹为万历年间，作者为清人	

商"一词在社会上的使用已极为普遍。①《云间杂识》也正是在这个时代，用当时约定俗成的"徽商"一词置换了《淞故述》所叙故事中的关键词。

从前揭的各种明清文献来看，徽商出场的情况颇为复杂。既有徽商乐善好施的例子（如第 9 例），又有徽商作奸犯科的故事（如第 2 例、第 8 例和第 10 例）。徽商时常成为各类案件中被杀害、打劫的对象（如第 1 例、第 14 例）。另外，徽商还给世人留下了健讼（好打官司）的印象（如第 5 例）。这些，都与我们在明清其他各类文献中看到的徽商形象基本吻合。

---

① 管见所及，《明实录》中出现"徽商"一词较早的，见于《明神宗实录》卷 434 万历三十五年（1607 年）六月乙未条："……今徽商开当，遍于江北，赀数千金，课无十两，见在河南者，计汪充等二百十三家。"此后，《明熹宗实录》卷 46 天启四年（1624 年）九月徐宪卿奏："……万历庚申（1620 年）苏州因遏籴米腾，一二饥民强借徽商之米，有司稍绳以法，而遂有人屯聚府门，毁牌殴役，几致大变。"而地方志中对"徽商"的记载，也大批出现于万历年间，如万历《杭州府志》卷 19《风俗》："（杭州）南北二山，风气盘结，实城廓之护龙，百万居民坟墓之所在也。往时徽商无在此图葬者，迩来冒籍占产，巧生盗心。"万历《嘉定县志》卷 1《市镇》：南翔镇"往多徽商侨寓，百货填集，甲于诸镇"，罗店镇"今徽商凑集，贸易之盛，几埒南翔矣"。此外，笔者中也有不少记载，万历时人谢肇淛《五杂组》亦指出："山东临清，十九皆徽商占籍。"沈德符《万历野获编》卷 6《内监·陈增之死》："是时山东益都知县吴宗尧，疏劾陈增贪横，当撤回。守训乃讦宗尧多赃巨万，潜寄徽商吴朝俸家。上如所奏严追，宗尧徽人，与朝俸同宗也，自是徽商皆指为宗尧寄脏之家，必重赂始释。"（中华书局 1997 年版，第 175 页）明佚名所著《云间杂志》卷下："万历己酉六月，上海徽商家烹一鳖，内有胎，胎中一小儿，长二寸，眉目毕具。时顾无怀在潘同江家，同江则徽商之居停人也，无怀亲往观之。"（《丛书集成初编》第 3157 册，中华书局 1991 年版，第 31 页）此外，明万历时休宁人吴子玉所编《茗洲吴氏家记》卷 10《社会记》嘉靖三十一年（1552 年）二月条："讹言徽商私通夷货，致边患，朝廷不时来屠灭，以故邑子逃窜，椎埋之徒乘机剽剥，久之而后息。"

顺便说一句，在明清社会经济史（尤其是商帮）研究中，以往学界习惯征引的笔记史料有不少均应审慎对待。譬如说晋商研究中今人时常征引的所谓明人沈思孝的《晋录》，其实便是一部伪书，该书实际上是清初书贩将明人王士性《广志绎》卷3中的山西部分割裂出来，单独命名而成。①今人据此为第一手资料征引，实属失察。

（二）"徽州朝奉"的俗语学考证

清人范寅曾指出："渔樵农俗之夫，街巷里间之妇，往往奉

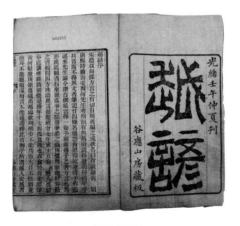

《越谚》书影

---

① 参见拙文《〈秦录〉、〈晋录〉非沈思孝作》，《文献》1995年第1期。

谚为诗书。"①民间俗谚，极为直观地反映了世人对各种社会现象的看法。因此，对俗语的考证，可为历史学研究提供富有价值的参照。以明清时期的徽商为例，"徽州算盘，绍兴刀笔""徽州朝奉，绍兴师爷""徽州朝奉，自保自重"和"徽州朝奉，自家保重"，等等，都从不同的侧面勾勒出徽商这一区域人群的特征。以下就从俗语学的角度，对"徽州朝奉"作一文化透视。

1. "徽州朝奉"的角色定位

关于"徽州朝奉"，出身于黟县的清代考据学家俞正燮指出：

> 徽州人称"朝奉"，读书人多笑之。按《宋史·职官志九》云：朝奉郎员外，则朝奉即员外阶。《夷坚志》称富人为员外，言赐爵，不在正员。古有赐复，有赐爵。朝奉者，赐爵阶也。……徽州多唐宋旧族，古言未改，朝奉、孺人，非外间所知。方回《桐江集》有"村老呼予老朝奉"者诗，是宋时语证。②

根据俞氏的考证，"朝奉"和"员外"是相同的涵义。因此，"朝奉"这个称呼在徽州的普及，就和"员外"在其他地区的普及相似。宋代称富人为"员外"，因为富人能够得到赐爵，但是

---

① 《越谚》上卷《警世之谚第二》，光绪壬午（1882年）仲夏刊，谷应山房藏板，第4页上。
② （清）俞正燮：《癸巳存稿》卷4，见《俞正燮全集》第二册，黄山书社2005年版，第173—174页。

在正员之外；而"朝奉"也正是与员外相似的"赐爵阶也"。所谓"徽州人称'朝奉'"，是指徽州人的自称。

歙县人称祖父为"朝"或"朝朝"。如《新安程氏世谱》（清无为程佐衡修，光绪十九年铅印本，藏安徽省图书馆古籍部）卷7《征文录》，曰：

> 我程氏先后分迁无为州，约近十世，至今犹称祖父曰"朝朝"，盖沿徽人"朝奉"双声之半。

这在歙县南乡则称"朝奉"，或简称"奉"，均出于一源。如《旌阳程氏宗谱》卷14《白沙派墓图》上方，就记有"程公宏采朝奉，程公家堪朝奉，程公家雄朝奉，程公家珰朝奉，程公家位朝奉"等。除了徽州首县外，黟县丧葬中，女儿哭父亲为"老朝奉爹"、伯公是"老朝奉伯公"、叔公为"老朝奉叔公"，而妹哭哥则作"老朝奉哥"。①

至于徽州人何时称自己为"朝奉"，俞正燮指出，因徽州多唐宋旧族，"朝奉""孺人"当是唐宋时语。他所引用的方回《桐江集》有"村老呼予老朝奉"者诗，可见至少宋时已有此种称呼。不过，关于"朝奉"的由来，清代前期徽州人赵吉士在《寄园寄所寄》中曾记载说：

> 宋时有朝奉郎之官。太祖初定徽，民迎之者皆自称曰

---

① 胡时滨、舒育玲编著：《中国明清民居博物馆：西递》"民俗风情·丧葬"，黄山书社1993年版，第62页。

"朝奉"。太祖曰："多劳汝朝奉的。"至今休、歙犹沿其称。

这里的"太祖"，显然系指明太祖。另外，艾衲居士所编清代短篇小说集《豆棚闲话》第3则《朝奉郎挥金倡霸》指出：

> （徽州府绩溪县）彼处富家甚多，先朝有几个财主，助饷十万，朝廷封他为朝奉郎，故此相敬，俱称"朝奉"。

此则故事虽为小说家言，但其主人公（"小朝奉"）系汪华，这一点却很值得注意。汪华原本是隋末唐初在徽州一带割据势力的头目，唐宋以后则作为最尊贵的地方守护神受到徽州民众的祭祀。一般认为，汪华在徽州社会的"一体化"进程中具有象征性的意义，[①]因此，他被塑造成一位"小朝奉"，或许亦当表明"徽州朝奉"群体意识的增强。

稍后于俞正燮的清代学者梁章钜在所著《称谓录》中也有"朝奉"一条：

> 《宋史·职官志》："朝奉大夫，从六品；朝奉郎，正七品。"吕种玉《言鲭》："徽俗称富翁为朝奉，亦有出。汉奉朝请，无定员，本不为官位，东京罢省。三公、外戚、皇室、诸侯多奉朝请者，逢朝会请召而已。退之、东坡并用

---

① 参见郑力民《徽州社屋的诸侧面——以歙南孝女田野个案为例》，载台湾汉学研究中心《寺庙与民间文化研讨会论文集》，1995年版。

从徽州到江南：明清徽商与区域社会研究（修订版）

之，盖如俗称郎中、员外、司务、舍人、待诏之类。"翟灏
《通俗编》："《史记·货殖（列）传》：秦皇令乌氏倮比封
君，以时与列臣朝请，案朝请之制，秦已有之。今徽贾假此
称谓，虽属窃冒官阶，要亦慕乌倮之为货殖雄也。方回《桐
江集》村路有呼予老朝奉者，作诗云：'谁忽呼予老朝奉？
须知不是赝称呼。'徽、严间之习为此称久矣。案：在宋为
官，今为掌质库之称。"①

　　梁章钜先是引用翟灏《通俗篇》中的考证说，秦始皇曾许乌
氏倮为"朝请"，而徽州人多为商贾，故而自称"朝奉"，以表达
对乌氏倮这位商界前辈的追慕。梁氏所说的"掌质库"，也就是
指从事典当业的商人。这是因为：自明代中叶以来，各地都出现
了常设的当铺，而经营当铺的主人几乎都是徽州人。因此，原先
在徽俗中用以称呼富翁的"朝奉"二字，后来竟成了典当业主人
的代名词。

　　在明清时期，江南一带素有"无典不徽"的说法。徽商经营
的当铺往往趁人之急盘剥当户，牟取暴利。当时，由当铺填写的
当物名称、成色、数量、银钱数额及编号之类的内容，均用"当
字"书写，这固然是为了防止伪造、涂改，但也便于上下其手、
欺骗当客。当商往往故意将所当之物写成次品，如将焦赤金化为
淡金，将好珍珠写成蚌珠，将未上身穿过的新衣写成"原展污
了的旧衣服"，等等。② 一般百姓受此盘剥，却亦无可奈何，只

---

① （清）梁章钜：《称谓录》卷28《商贾·朝奉》，中华书局1996年版，第440页。
② 参见曲彦斌著《中国典当史》，上海文艺出版社1993年版。

能编出一些笑话以泄私忿。如清游戏主人所辑《笑林广记》卷4《谬误部》，就有"不识货"条，曰：

> 有徽人开与（典）而不识货者，一人以单皮鼓一面来当。喝云："皮锣一面，当银五分。"有以笙来当者云："班（斑）竹酒壶一把，当银三分。"有当笛者云："丝缂火筒一根，当银一分。"后有持马片（一作了事帕）来当者，喝云："虎狸斑汗巾一条，当银二分。"小郎曰："这物要他何用？"答云："若还不赎，留他来抹抹嘴也好。"①

民众以"不识货"来讥讽典商对当户的重利盘剥。至于"徽州朝奉"的总体形象，胡适先生指出：

> 徽州人另一项大生意例是当铺。当铺也就是早年的一种银行。通常社会上所流行的"徽州朝奉"一词，便是专指当铺里的朝奉来说的，到后来就泛指一切徽州士绅和商人了。"朝奉"的原意本含有尊敬的意思，表示一个人勤俭刻苦，但有时也具有刻薄等批判的含意，表示一个商人，别的不管，只顾赚钱。②

---

① "马片"（或"了事帕"）亦作"陈妈妈"，系男女交欢时用以揩抹的布巾（见冯梦龙《山歌》卷9《杂咏长歌》"陈妈妈"条）。另，冯梦龙《挂枝儿》卷9《典当铺》曰："典当哥，你犯了个负财病。挂招牌，每日里接了多少人？有铜钱，有银子，看你日进日出；一时救得急，好一个方便门。再来不把你思量也，怪你等子儿大得狠。"冯梦龙注曰："讨尽典当哥便宜，应是花报。"显然，这是将当铺隐寓作妓院。

② 《胡适口述自传》第1章《故乡和家庭》，华东师范大学出版社1993年版。

徽州俗谚"徽州朝奉，自保自重"，说的是徽州商人吃苦负重，① 也就是"'朝奉'的原意本含有尊敬的意思"。至于"具有刻薄等批判"的含意，明清时人多有所述。清人孙锦标编、张孝若校的《通俗常言疏证》第3册《贫富》条，将相同或相近的俗语排列在一起，从中我们可以看出"徽州朝奉"在世人心目中的角色定位：

> 受用、享福、暴发户、沈万三、朝奉、老朝奉、老封君、富贵有余、富润屋、富而好礼、君子周急不继富、猪来穷狗来富、为富不仁、白手起家、成家立业、一家饱暖千家怨、一毛不拔、养尊处优……

对于上述的角色定位，《天籁集》中收录的一首江南民谣可作注脚——

> 龙生龙，凤生凤，麻雀生儿飞蓬蓬，老鼠生儿会打洞，婢妾生儿做朝奉。(奇徽州称商曰"朝奉")

其中，"龙生龙，凤生凤，老鼠生儿会打洞"，是歙县民间口头语。"婢妾生儿做朝奉"，则反映了世人对徽商的歧视。该民谣下的注释，则折射出颇为复杂的社会心理：

---

① 崔莫愁：《安徽乡土谚语》"人文·社会"，1991年版。

四民之中，士贵乎？商贵乎？则必曰士贵矣。士既贵于商，则必知士之品不可不立，而士之气不可或挫也。乃今之为士者，见商之多财，而己之无所取资也，往往屈抑卑下之，而商遂俨然自置其身于士之上。不知先王置商于四民之末，良有深思，诚以为富不仁，商居其九，是以贱之。古之所贱，乃为今之所荣，亦可见世变矣！

吾尝细玩"龙生龙"一章，而知斯人之大有羡于"朝奉"也。彼意龙、凤之所生，自应如彼；雀、鼠之所生，自应如此。则婢妾之所生，不应有迥种之奇也。乃龙、凤、雀、鼠各有所生，而婢妾生儿，居然朝奉，则诚诧异之甚者也！彼又恶知——古之人贱之，置居四民之末固宜，婢妾之子之为之者哉！虽然，朝奉亦竟有不可及者。彼夫临财廉，取与义，好施不倦，恭俭下人，虽士有不如其行者，亦岂在所贱之中？吾所恶夫为富不仁者，谓士必不容少下之，而岂尽蔑天下之商欤！？

这一段话，可与《通俗常言疏证》第 3 册《贫富》条比照而观。明清时代有不少人对于"徽州朝奉"极为羡慕和嫉妒，如嘉靖年间的吴中奇士张幼予（献翼），就"慕新安人之富而妒之，命所狎群小呼为'太朝奉'"①。不过，从总体上看，在一般民众的心目中，"徽州朝奉"仍是一种相当令人生厌的名称。清人程

---

① （明）沈德符：《万历野获编》卷 23《士人》，中华书局 1959 年版，第 582 页。

从徽州到江南：明清徽商与区域社会研究（修订版）

趾祥就指出：

> 近来业典当者最多徽人，其掌柜者则谓之"朝奉"。若辈最为势利，观其形容，不啻以官长自居，言之令人痛恨。①

当时有"徽州朝奉脸"，如二刻《醒世恒言》中的孙白连"做出徽州朝奉脸"，形容恶狠狠的高利贷盘剥；又有"徽州朝奉口气"，如《儒林外史》第22回牛玉圃与牛浦一直来到河下，"见一个大高门楼，有七八个朝奉坐在板凳上，中间夹着一个奶妈，坐着说闲话"。接着的第23回说徽州盐商万雪斋请文人牛玉圃喝酒，吃的是冬虫夏草：万雪斋请诸位吃着，说道："像这样东西，也是外方来的，我们扬州城里偏生多。一个雪虾蟆，就偏生寻不出来！"

顾盐商道："还不曾寻着么？"万雪斋道："正是。扬州没有，昨日才托玉翁令侄到苏州寻去了。"

汪盐商道："这样稀奇东西，苏州也未必有，只怕还要到我们徽州旧家人家寻去或者寻出来。"

万雪斋道："这话不错，一切的东西是我们徽州出的好。"

对于上述的对话，同治十三年（1874年）齐省堂增订本《儒林外史》评语作："宛然徽州朝奉口气。"光绪十二年（1886年）天目山樵《儒林外史评》曰："徽州人口气。"这令人联想起

---

① （清）程趾祥：《此中人语》卷3《张先生》，见赵生群、陆林《清代笔记小说类编·劝惩类》，黄山书社1994年版，第415页。

徽州歙县的一首谜语：

> 二人山下说诗（丝）文，三炮打进四川城，
>
> 十月十日来相会，三人骑牛一路行。

这显然是关于"徽州朝奉"的一个字谜。"二人山下说诗文"，是徽州的"徽"字，"二人"是徽州之"徽"字左边的双人旁，"山"的下面是一个"系"字（通"丝"，与诗歌之"诗"字同音），右边则是个反文，也就相当于文化的"文"字。徽州之"州"字拆开，核心部分是四川的"川"字，再加三个点，这三个点代表三个炮仗（鞭炮），所以说是"三炮打进四川城"。这两句话的意思是说徽州人"贾而好儒"，既擅长做生意，又喜欢读书，相互切磋诗文学问，所以说是"二人山下说诗文"。蜀道难，难于上青天，但徽商无远弗届，为了做生意什么地方都去，所以说是三炮打进了四川城。徽州朝奉的"朝"字，将它拆开，左边上面是一个"十"字，下面也是一个"十"字，中间则是个"日"字，而右边为一个"月"字。如此拆解，则"朝"字亦即十月十日。而"奉"字的上面是三个"人"，最下面再加上从上面的那个"人"字那借来的一撇，加起来就是一个"牛"字，所以说是"十月十日来相会，三人骑牛一路行"。

在传统时代，"三"字表示多数，"三人"表示相当多的徽州人。"骑牛一路行"，表示出外从事长途贸易。为什么是"骑牛"呢？因为《易经》中有"牵牛车远服贾"的记载，据说那是商人出现的源头。因此，"三人骑牛一路行"，也就借用这个典故，说

明清时代有很多的徽州人外出务工经商。

这种将"徽州朝奉"四字拆开的文字游戏，也相当生动地揭示了徽商的社会形象，从中颇可看出徽州人对于自己无远弗届的从商热情及其成就的陶醉。

2．江南语境中的"徽州朝奉"

在明清时期，"钻天洞庭遍地徽州"，在长江中下游一带尽人皆知。该谚语指的是在江南一带极为活跃的两大商帮——"徽帮"和"洞庭商帮"。"徽帮"垄断了盐、典、木等诸多行业。《绘图最新各种时调山歌》辰集中收录的《新刻三十六码头》曰："正月梅花报立春，文武官员在北京，当朝里奉徽州去，油车小工出长兴。"《新编三十六码头》以十二月花为序，叙述各地的物产及人文现象。其中的"当朝里奉徽州去"，即指"徽州朝奉"。①而在孕育洞庭商帮的太湖洞庭东山，则流传着一首《虫名十二月花》：

> 十一月里茶花开，
>
> 红头百脚摆擂台，
>
> 蛤蟆有点勿服气，
>
> 灰骆驼卜笃跳上来。
>
> 十二月里腊梅黄，
>
> 跳蚤居然开典当，

---

① 《新编百草梨膏糖全本》也有唱三十六码头的，亦以十二月花为序，内容与上述《新刻三十六码头》大同小异，此句作"当典朝奉徽州出"。

瘟虱强横做仔臭朝奉，

老白虱上来当件破衣裳。①

蛤蟆是徽州黟县的象征性动物，而"灰（徽）骆驼"则是徽商的习惯性称呼。"跳蚤居然开典当，瘟虱强横做仔臭朝奉"，则更是直接指着徽州人的鼻子。其中，"臭朝奉"一说，在江浙一带另有"徽州朝奉锡夜壶"之谚，意思是用锡作夜壶，锡便成了废料，不能再改制成其他的物品，因为那股腥臊气是再也去不掉了。由此可知在世人心目中"徽州朝奉"已经恶劣到不可救药，连回炉再造的机会都没有了。当时，"徽州朝奉，绍兴师爷""徽州算盘，绍兴刀笔"之谚也相当著名。在绍兴师爷的故乡，"朝奉"也是一种相当不好的称呼。《越谚》卷中将之列入"贱称"：

　　朝奉：当铺之伙。吕种玉《言鲭》徽俗富翁称此。

在世人心目中，"徽州人有个僻性，是乌纱帽、红绣鞋，一生只这两件事不争银子，其余诸事悭吝了。"②关于红绣鞋，《笑林广记》卷4《讥刺部》有"乾（朝）奉"条："徽人狎妓，卖美（弄）才学，临行事，各要说一成语切题。乃舒妓两股，以其阴对己之阳曰：'此丹（音同单）凤（音同缝）朝阳也。'妓亦以徽人之阳对己之阴，徽人问曰：'此何故事？'"妓曰："这叫做

---

① 薛利华主编：《洞庭东山志》第6卷，上海人民出版社1991年版，第216页。
② （明）凌濛初：《二刻拍案惊奇》卷15《韩侍郎婢作夫人，顾提控掾居郎属》，内蒙古人民出版社2014年版，第170页。

从徽州到江南：明清徽商与区域社会研究（修订版）

卵袋朝奉（音同缝）。"这种对"朝奉"二字极为猥亵的解释，实际上反映了徽商对红绣鞋的癖好。除了乌纱帽、红绣鞋外，对"其余诸事"的悭吝，也见于清人的记载。清人沈起凤在《谐铎·鄙夫训世》中，就以非常极端的方式，刻画了徽商的社会形象：

新安某翁，挟千钱至吴门作小经纪，后家日泰，抱布贸丝，积赀巨万。常大言曰："致富有奇术，愚夫自不识耳。"有数人齐款其门，乞翁指授……

翁命之坐，曰："求富不难，汝等先治其外贼，后治其内贼，起家之道，思过半矣。"

众曰："何谓外贼？"

翁曰："外贼有五：眼、耳、鼻、舌、身是也。眼好视美色，娇妻艳妾，非金屋不能贮；我出数贯钱，买丑妇，亦可以延宗嗣。耳喜听好音，笙歌乐部，非金钱不能给；我登乐游原，听秧歌，亦可以当丝竹。若置宝鼎，购龙涎，无非受鼻之累；我闭而不闻其香，终日卧马粪堆，亦且快意。致山珍，罗海错，无非受舌之欺；我食而不辨其味，终日啜酸斋粥，未尝不饱。至块然一身，为祸更烈，夏则细葛，冬则重裘，不过他人美观，破却自家血钞；我上尊皇古之制，剪叶为衣，结草为冠，自顶至踵，不值一钱。此五者，皆治外贼之诀也。"

众曰："何谓内贼？"

翁曰："内贼亦有五：仁、义、礼、智、信是也。仁为首恶，博施济众，尧、舜犹病；我神前立誓，永不妄行一善，省却几多挥霍。匹夫仗义，破产倾家，亦复自苦；我见利则忘，落得一生享用。至礼尚往来，献缟赠纻，古人太不惮烦；我来而不往，先占人便宜一著。智慧为造物所忌，必至空乏；终身只须一味混沌，便可长保庸福。若千金一诺，更属无益；不妨口作慷慨，心存机械，俾天下知我失信，永无造门之请。此五者，皆除内贼之诀也。精而明之，不爱脸，不好名，不惜廉耻，不顾笑骂，持此以往，百万之富，直反掌间耳，有志者好为之。"

《谐铎》书影

揆诸史实，治"内贼"、"外贼"的致富奇术，最早见于宋人记载，但并不指徽商，直到沈起凤笔下，才添油加醋而成徽州富翁的典型形象。这种形象令人联想起《笑林广记》卷4《讥刺部》"狗衔锭"条的记载——一只狗嘴里含着一锭银子在路上奔跑，有人拿肉去喂它，它不吃；又有人拿件衣服给它披上，它又甩掉。于是，旁人对狗说："畜生，你这样舍不得，既不爱吃，又不好穿，拼命要银子有什么用？"

《笑林广记》中作为笑料的主人公有不少是徽州人，"狗衔锭"条列入该书《讥刺部》，从这一点上看，上述那则寓言式的故事，似乎并非无所影射。因为除了"徽州朝奉"外，明清时期的徽商也多有"徽狗"之称。就像《威尼斯商人》中的安东尼奥咒骂犹太高利贷者夏洛克为"狗"那样，明清时人也赠予徽州典当以"徽狗"的恶谥。① 关于"徽狗"，至今不少徽州人还认为并无贬意，认为它只是古徽属号，也就是用动物象征古徽州属县。具体而言，在传统时代，徽州六县的象征性动物分别为——休宁蛇、歙县狗、黟县蛤蟆、绩溪牛、祁门猴子和婺源龙。据说是因为徽州人笃信风水，属号多以县治地形、山形或县域形状而称名。其中，歙县县治附近有山如犬，故以狗称之。休宁县治形如长蛇，故以蛇称之。又说犬尽忠尽义，喻歙人重乡谊，讲团结。或说古徽属号原为山越图腾，后演化为各县属号。② 不过，就明清时期非徽州人言及"徽狗"的场合，显然具有相当的贬斥意味。

---

① 林西仲：《挹奎楼选稿》卷1《劝当议》，转引自傅衣凌：《明代徽州商人》一文，见《江淮论坛》编辑部编：《徽商研究论文集》，安徽人民出版社1985年版。
② 参见季家宏主编：《黄山旅游文化大辞典·风水禁忌》，中国科学技术大学出版社1994年版。

二、移民、慈善组织与身份认同

（一）征信录所见清代、民国时期的徽商活动

《中庸》曰："虽善无征，无征不信。"征信录是一种公开财务收支、以昭信实的档案，历来就备受史学界的重视。70 多年前，日本学者根岸佶利用晚清光绪三十一年（1905 年）的《徽宁思恭堂征信录》，对上海徽宁思恭堂之沿革、组织、职能和会计等作了初步的研究[1]。日本学者夫马进在其《中国善会善堂史研究》中，对杭州善举联合体与同业行会（尤其是盐业、米业、箔业、锡业和木业行会）作了探讨，其中也大量利用到征信录。他还撰有专文，讨论征信录涉及的诸多侧面。近年来，唐力行[2]、范金民[3]、

---

[1] 《支那ギルド研究》，东京：斯文书院，昭和七年（1932 年）十二月。
[2] 《明清以来徽州区域社会经济研究》，安徽大学出版社 1999 年版，第 174—189 页。该书利用徽州木商公所编纂的《徽商公所征信录》，研究徽州木商的经营方式等问题。
[3] 《清代徽州商帮的慈善设施》，载周绍泉、赵华富编：《'98 国际徽学 （转下页）

陈联 ①、王振忠 ②、李俊 ③ 和方光禄 ④ 等，也利用此类史料，探讨徽州的商业组织、徽州商帮的慈善设施以及相关问题。

　　管见所及，有关徽州的征信录类型多样，既有徽商在侨寓地的征信录，又有在徽州本土形成的征信录，从中可以看出徽州人对于公共事业的经营方法。同一名目的征信录，因时代之不同，有的多达数种，前后可以相互比较，容易看出事情的前后脉络。

　　虽然有关徽州征信录的资料为数不少，在近年的田野调查中也仍然在不断地陆续发现，但围绕着徽州征信录的研究却尚未充分展开。笔者个人收藏有十数种徽州的征信录，在各图书馆中也阅读过一些相关的资料，兹就徽州征信录之类别及其史料价值，作一初步的探讨。

1. 徽州相关征信录的类别及简要解题

　　由于一些征信录属于首度披露的文献，故在此作一简单的解题。

　　（接上页）学术讨论会论文集》，安徽大学出版社 2000 年版，第 102—119 页。该文选择江南具有代表性的三个城市——苏州、杭州和上海，对清代徽州商帮的慈善设施作了细致分析，藉以说明"徽商乃至所有商帮直至清末仍保留了浓厚的地域观念和商帮特色"。

① 《徽州商业文献分类及价值》，《徽学》第二卷，安徽大学出版社 2002 年版，第 384—391 页。
② 《清代、民国时期江浙一带的徽馆研究——以扬州、杭州和上海为例》，载熊月之、熊秉真主编《明清以来江南社会与文化论集》，上海社会科学院出版社 2004 年版。
③ 《徽州古民居探微》，上海科学技术出版社 2003 年版，第 242—244 页。
④ 《徽州社会转型时期的社区救济——〈新安屯溪公济局征信录〉初探》，《黄山学院学报》2003 年第 1 期。

（1）徽州本土征信录：指在徽州本土形成的征信录。

①《重建吴清山墓祠征信录》

刊本 4 册。汪慰撰，共 4 卷，民国十四年（1925 年）刊本。吴清山位于歙县东乡，祀汪氏南迁始祖、吴新都侯汪澈，晋黟令汪道献，和隋唐越国公汪华。该书序称："吾歙聚族而居，凡一村一族，对于祖宗之墓祠，未有不慎重保守者。故风俗敦厚，民德较醇，诚以追远之道得也。顾前人之于墓祠，既保而守之，后人弗踵而修之，将代远年湮，无从数典，欲征信于永久也难已。"[①]该祠据说成于天祐三年（906 年），自唐迄清，日渐颓圮，至道光三年（1823 年）大加修葺，焕然一新，后毁于咸同兵燹。民国五年（1916 年），合族重建。征信录将通谱中的重要文件（如碑文、公启、告示、祭文、联匾等）抄录在内。

②《重修万年桥征信录》

刊本 1 册。序于光绪戊戌（1898 年），由徽城（歙县县城）著名的书铺乙照斋刊刻。万年桥位于徽州府城北门，明季始建，清初曾加重修。但因"历年滋久，势将倾颓"，徽商巴树谦主持再度重修，该役经始于甲午（1894 年）之冬，至戊戌而工竣，前后历时四年，"都凡用钱一万有奇"，均由当地和旅外的徽商慷慨乐输。主持人巴树谦的名字，曾出现在杭州的《徽商公所征信录》中[②]，因此，其人应为杭州的木商。

③《婺北清华高奢桥下街桥工程征信录》

民国七年（1918 年）刊本 1 册，这是兴修婺北清华高奢桥

---

① 民国十四年（1925 年）汪定执《重建吴清山墓祠征信录序》。
② 见《徽河取树告示》等，载《徽商公所征信录》，第 18、20 页。

下街桥的征信录，参与捐输者除了婺源当地人外，还涉及徽州邻近地区和外地，如上溪口、屯溪、景德镇、乐平县、九江、上海、汉口、杭州、无锡、广东和常州等地，均有人捐款。

④《徽州婺北镜心堂重修浙岭征信录》

刊本 1 册，封面除书名外，题作"民国丁卯（1927 年）年刊"，由上海河南路吉祥里口的宏大善书局石印。镜心堂是婺源虹关的一个乩坛，"辛丑（1901 年）重开乩坛于虹关，虔奉济佛，仍沿其旧号，曰镜心堂，纯以慈善为宗旨，凡地方之亭路，以及施衣、施棺并掩埋诸善举，胥仗我佛筹划，得以劝募施行"，该坛于民国十七年（1928 年）曾出版有善书《镜心甲子宝诰》。从《徽州婺北镜心堂重修浙岭征信录》来看，参与捐输的除了婺源（如虹关、思口、沱口、凤山、十堡、察关、凰腾、梓坞、樟前、茶连坑、环川、岭脚段）及徽州屯溪，还有在兰溪、杭州、广东、天津、四川、上海和香港等地的旅外徽商。

⑤《徽属义赈征信录》

洪廷俊辑，清宣统二年（1910 年）刻本 1 册。光绪三十四年（1908 年）五月，徽州大水，波及境内的五个县份。当地士绅及流寓各地的徽州人迅即反应，此次水灾赈济之后刊发的《徽属义赈征信录》，详细记载了各县诸村庄发放的赈灾款项等开支。

⑥《新安屯溪公济局征信录》

目前所见所知者，计有五种：

A 光绪十五年（1889）《新安屯溪公济局征信录》，刊本 1 册；

B 光绪十七年（1891)《新安屯溪公济局征信录》，刊本 1 册，屯溪黄聚文堂镌藏；

C 光绪二十七年（1901）《新安屯溪公济局征信录》，刊本1册；

D 光绪二十九年（1903年）《新安屯溪公济局征信录》，刊本1册；

E 民国三年（1914年）《新安屯溪公济局征信录》，刊本1册。

屯溪公济局全称公济善局，"以施药、送棺、收婴、施牛痘为目的"，始创于光绪十五年（1889年）。及至清末，徽州地方上救荒赈灾的事务，也多由公济局主持。如光绪三十四年（1908年）徽州特大水灾之善后义赈，其赈灾总局即设在屯溪公济局内。

⑦《婺源商务会征信录》和《婺源商务分会征信录》

刊本各1册。前者由"会计员江佩馨造具"，"将民国乙卯年（1915年）五乡各商牌号认缴常年经费经收数目分班造册以昭大信"；后者将"宣统三年（1911年）春夏秋冬四季五乡各商认缴公费经收数目分班造册以昭大信"。两册均不过寥寥数页，极为简单。

⑧《新安思安堂征信录》和《旅屯古黟同乡会征信录》

《新安思安堂征信录》和《旅屯古黟同乡会征信录》，均为民国九年（1920年）第一刻的征信录，是有关黟县商人的两种文献。思安堂及旅屯古黟同乡会设于皖南的屯溪镇，由黟县商人建立。《新安思安堂征信录》何修序曰："黟僻居黄岳之西，环县皆山地，四达不百里而尽，可耕之土无半岁资，而井灶之密，生齿之繁，于徽为甲县，家食者士、农、工得什之二三，妇稚守户，自余皆商也。……通都巨镇成业寥寥，商而佣者十居八九，小失意辄罢归，归又旋出，客死者一岁中常数百十人，故所在有会馆之设，以董理其事。"当时，旅沪和旅休的商人余鲁卿等人，集资在休宁十六都珠塘铺地方建设善堂，额曰思安堂，"有丙舍以起停由沪运屯旅榇，及为在屯同乡殡所"[①]。并在珠塘铺思安堂右方附设同乡会，由旅休同乡会公组而成，定名为古黟旅休同乡会，其宗旨是"联络商情，崇尚公益，维持思安堂慈善事业，策进商务"。

在徽州的一府六县中，似仅见黟县人在屯溪设立同乡会。这大致反映了两个方面的问题：一是在徽州的一府六县中，各县商人之势力发展状况并不一致。晚清以来，黟县商人的实力有了迅速的发展。发起者余鲁卿即黟县人，是侨寓上海的巨腹商贾。二是屯溪镇的生存状况，迫使黟县商人必须加强自身的凝聚力。晚清以来，随着屯溪作为皖南经济中心地位的逐渐形成，当地五方杂处，主客矛盾极为尖锐。这里，不仅有棚民活动，而且还有不少与徽人习气迥然有别的江西人。因此，黟县人面临着极大的挑战。在徽州的一府六县中，屯溪就在休宁，歙县也离屯溪镇不远，两县的商人都有强宗巨族作为背景。而黟县的交通极不发达，这使得在屯溪的黟人颇显势单力薄。因此，有必要建立同乡会组织——这应当便是上述二种征信录形成的背景。

综前所述，除了宗祠、桥梁外，徽州人举凡事涉兴作，无论公私事务，只要有众人捐赀，通常都要刊刻征信录。此外所知者，如黟县宏村重浚南湖，就有《重浚南湖收支征信录》；光绪九年（1883年）休宁黄石修建洪氏宗祠的《公启》[②]也声称：

---

① 民国八年（1919年）休宁县公署布告，见《新安思安堂征信录》，第2页。
② 紫色印刷品1份。

"俟各事理清后，再行刊布征信录，以昭核实"；民国二十二年（1933年），婺源理坑新置防火的水龙，亦有《民国癸酉年理源新置洋龙捐款收支征信录》[1]。就形式上看，有的征信录是刊印成册，有的则只有单张的散页[2]。

（2）徽商征信录

徽商征信录，是指与旅外徽商活动有关的征信录。这些徽商，主要是在徽州本土之外活动[3]。

① 长江下游三角洲

长江下游三角洲，是徽商会馆分布最为集中的地区。各地会馆，均刊行征信录，或一年一刻，或三年一修，或十年一修[4]。

A 上海《徽宁思恭堂征信录》

管见所及，《徽宁思恭堂征信录》计有五种：

a. 同治十年（1871年）第10刻；

b. 光绪三十四年（1908年）第30刻，本堂（思恭堂）藏板[5]；

c. 民国六年（1917年）第37刻《徽宁思恭堂征信录》，法

---

① 李俊：《徽州古民居探幽》，第242—244页。

② 譬如，光绪十年（1884年）休宁黄石洪氏的《征信四录》，就只是印刷品一张。

③ 也有少数征信录，反映了徽商在本地活动的例子，如前列的《新安思安堂征信录》和《旅屯古黟同乡会征信录》，主要内容就与在屯溪活动的徽商有关。

④ 如《徽宁思恭堂征信录》，一度为三年一增修；杭州《新安惟善堂征信录》，十年一增修。（《新安惟善堂征信录》第19页所载惟善堂规条："每年共捐款若干，支用若干，另立四柱细帐（账），刊刻分送，有余不足，人人共知，十年总核一次，刊附征信录，永志弗遗。"）

⑤ 彭泽益：《中国工商行会史料集》（中华书局1995年版），下册，收入一册《徽宁思恭堂征信录》（第868—877页），题作"光绪三年刻本"，今查后文所载，有光绪十六年到三十四年的内容，实误。

（租）界打铁浜锦章印局休邑（休宁）俞益卿经印。该书共印了700部[1]。

d. 民国八年（1919年）《徽宁思恭堂征信录》[2]，也是由锦章书局订700部[3]。

e. 1951年第71刊《徽宁思恭堂征信录》。

徽宁思恭堂由徽州府和宁国府商人于乾隆十九年（1754年）创置。《徽宁思恭堂征信录》在道光年间可能是一年一刻，后改三年一刻，民国六年（1917年）以后又改为一年一刻[4]。

B.《徽宁医治寄宿所征信录》

民国五年（1916年）第5刻，刊本1册。由于在上海务工经商的徽宁人为数至多，"其成家立业者固不乏人，而佣工度日，或小本经营、自食其力者尤复不少，一旦沾染疾病，孰肯容留？囊无余资，谁为医治？"[5]有鉴于此，宣统元年（1909年），徽宁

---

[1] 民国六年（1917年）第37刻《徽宁思恭堂征信录》，第154页。

[2] 该书前后均略残，"戊午年三月十六起至己未年三月半止施棺总数"（第140页下），"戊午"即民国七年（1918年），"己未"也就是民国八年（1919年），这与三十七刻提到的新章，以清明节后核算账目恰相吻合，故此，推断此书应成于民国八年。

[3] 民国八年（1919年）《徽宁思恭堂征信录》，第144页。

[4] 民国六年（1917年）第三十七刻《徽宁思恭堂征信录》，《新志》："敬启者，伏查道光三十年增刻简章第二条，载有逐年定于夏季刊刻征信录，通送备查等语，系征信录一年一刻之明征也。后改三年一刻，不知始自何时。……岁辛亥，轮值绩邑司总、休邑司年提议改良，嗣经公议，仍照道光年间章程，每年以清明节后，由老总邀集大众，将账目核算明白，分条列表，于前总结收支，于后分门别类，醒眉目而便稽查，然后抄本样本，移交新总刷印分送……"（第167页）

[5] 民国二年（1913年）《江苏淞沪警察厅长统领警备队穆给示保护事》，见《徽宁医治寄宿所征信录》，第7页。

思恭堂司总吴韵秋、绩溪司年程伯壎、施维垣、王云卿等，议设徽宁医治所，"救治侨寓上海乡人中之贫病无依者"。当时，正值光绪三十四年（1908年）徽宁二府绅商捐助徽属水灾之后，有鉴于赈灾款项下尚余规元3000余，遂以此为基础，创建徽宁医治所[1]。宣统二年（1910年）秋，于二十五保十三图靡字圩一百六十九号徽宁会馆附近业地，建筑病房，就路左起造平房15间，左义园，右会馆，迄至宣统三年（1911年）建筑落成，颜曰"徽宁医治寄泊所"。此后，为了筹措开办与经常费，由余鲁卿、汪莲石、张子谦、朱汉舲诸董发起特别常年茶，丝等捐，茶则每箱捐钱4文，丝则每担捐银5分。又将茶、丝商每年秋季公宴的经费折洋300元，"移为病所经常费"。辛亥革命以后，沪上各会馆、公所悉为军队占据，后经多次交涉，才得收回。[2] 据《试办简章二十二条》第六条记载："每月朔日，须由任事员两人以上，到所查账，递年附在会馆刊造征信录分送，藉供众览。"可见，《徽宁医治寄宿所征信录》为每年刊行一期，从民国元年开始，至民国五年止共刊5期，现在所见者，即为第5刻的征信录。

C.（上海）《星江敦梓堂（公所）征信录》

民国十五年（1926年）刊本。"星江"即婺源之别称，敦梓堂为在沪婺源茶商所建。初建于清咸同年间，后于光绪八年（1882年）重立敦梓堂于城内花草浜，命名为星江公所。民国五年（1916年），再建于小南门外塘坊弄[3]。

---

① 民国元年（1912年）婺源汪洋序，见《徽宁医治寄宿所征信录》，第3页。

② 《附刊医治寄宿所开幕缘起》，见《徽宁医治寄宿所征信录》，第4页。

③ 原书未见，此据彭泽益：《中国工商行会史料集》下册，第850—855页。

D. 南汇《思义堂征信录》

宣统三年（1911年）第一刊，上、下二册，计245页。同治元年（1862年）十月休宁黄大鳙《重建思义堂序》曰："安徽地瘠山多，素鲜可耕之壤，人多出外经营，其间游宦者不少，而业贾者尤多，即在浦左计之，殆不下数万人矣。"据此可知，当时在浦东的安徽人多达数万，其中绝大部分当为徽州人。嘉庆十八年（1813年）冬，徽州人捐建思义堂安徽公所于南汇新场镇东南三十六图，"凡徽籍之物故于此，无力扶榇者，代为埋葬，有力之棺寄停堂中，以待回籍搬迁"。咸丰十一年（1861年）冬，因太平兵燹，该堂毁圮。同治元年（1862年），同乡捐赀重建。至光绪十三年（1887年）夏，仿上海徽宁思恭堂章程，定议由歙县、休宁、婺源、绩溪四县轮流管理，每届二月初二日，为交替之期[1]。"不数载，即增田五十余亩，添造丙舍"[2]。遂将光绪十三年至宣统二年（1887—1911）逐年收支账籍汇列成册镌印征信录，分送同乡，这就是现在所见的《思义堂征信录》。

《思义堂征信录》末《附刊协济会公储》："吴郡新安会馆设诚善局，上海徽宁会馆设登科会，皆在扩充善举起见，该会馆征信录中记载甚详。同治十年，休宁县绅士金瑞棠、王森仿诚善局章程，捐资设协济会，专为徽籍寒商施棺助葬、盘柩回乡等事。无力回籍之柩，赖以领费扶回安葬者甚夥。其初由发起绅士担

---

① 光绪丁亥（1887年）《思义堂总章八条》，第13页。
② 宣统三年（1911年）金文藻：《思义堂刊征信录启》，第7页下。关于这一点，《思义堂田亩细数》有详细记载，从中可见，思义堂的田亩均位于南汇十九保三十六图和八十二图，光绪十六年（1890年）后，田产颇有增加。

任经费，至光绪甲申岁，绅士王森等发议，以事属善举，非筹有的款，不足以垂远，因向休邑同人募劝。适值海防戒严，商务减色，历五载而捐款寥寥，得此微数，虽聊胜于无，然终虑难以持久。旋于癸巳岁，由休邑绅商凑集公储存典生息，权衡子母，藉支善举之需，从此源源接助，相沿至今……"这段文字说明：南汇的思义堂之运作，主要是模仿上海的徽宁思恭堂，而思义堂也主要是由休宁的徽州典当商负责。从附刊所见，当地有广源典、聚源典[①]、益昌典、鼎丰典、洽和典、仁和典、仁发典、仁裕典、会隆典、元昌典、同顺典、永裕典、信隆典、同源典、同兴典、恒隆典、均和典、鼎生典、公益典、鼎源典、保源典、广泰典、义泰典、仁泰典、信泰典、协泰典、同升典、同昌典、信昌典、元昌典、元源典、德和典、永泰典、丰泰典和同泰典等。

E. 松江《新安义园征信录》

刊本 2 册，上册无封面，自首页开始。下册页 97"民国五年冬查新安义园旧置田亩单契坐落细号"中屡有"查第八刊"或"第八刻"字样，推测该二册当为第 9 刻。

嘉庆二十二年（1817 年）七月呈："同籍民人，出外经营者，十居三四。……是以各处均有公置义园，如苏郡之旅亭、太仓之怀梓等堂，遇有徽人棺木，不能即时回籍者，暂行收寄堂中。或有同乡便带归家，或有亲属帮扶回里，诚善举也。兹松郡所辖七邑，地广人稠，徽人之在松经营者甚多，旅榇之不能回籍者，亦复不少。"[②]为此，徽商集资一百十四千，绝买松江府娄县

---

① 笔者手头即有南汇新场镇聚源典的诉讼案卷两种。
② 《新安义园征信录》，第 2 页。

东新坊图护龙桥地方惠静山名下空地 2 亩 6 分零，建造新安义园，收寄松江府七邑徽人旅榇，额之曰"新安崇义堂"。新安义园之公产有田 170 余亩，除此之外，还有赖于徽人在松江拥有店业者的捐赀接济①。其创始人为休宁程竹村，据载，其人"性仁厚，好施兴［与］，经营于云间者久矣"。②他亲自订有堂规 17 条，负责经营长达 20 余年。道光十八年（1838 年）十月，接手者订立《公议续增规条》，从中可见，司事计有 10 个：钱惇裕典、洪源茂典、张义和典、钱恒丰典、关文元典、汪怡茂典、沈合和典、钱仁聚典、洪日新典和洪聚源典。这说明道光十八年之后，新安崇义堂也完全是由徽州典商经营。

松江新安崇义堂义园，是模仿苏州的旅亨、太仓的怀梓等堂规式，但其内部章程，却仿自上海的徽宁思恭堂③。另外，直到晚清光绪十五年（1889 年），活跃在松江府的徽州人为数甚多，但娄县"附近金山、青浦等处别无公所，靡不仰给堂中"。④可见，新安崇义堂义园相当于整个松江府的徽州善堂组织。

据《新安崇义堂续订办事规程》：征信录应五年一刊，每届征信录发刊时，堂中所有田房屋产单契，应由司总与司年开箱检查一次。

---

① 《新安义园征信录》，第 23 页，《义园续记》。
② 道光元年汪琇莹：《新安崇义堂记》，《新安义园征信录》，第 8 页。《义园续记》："松郡之设新安义园，固程竹村太翁所创捐，集资而成焉者也。翁世居徽之休邑，幼读书，性好善，稍长来松，凡遇地方善举，若育婴、同善、与善、莲花庵、文昌阁字藏、平粜等事，皆赖佐理而告成功，而义园之成，尤为独创。"（第 18 页）
③ 《新安义园征信录》，第 29 页，还直接抄录上海县给思恭堂牌示。
④ 《新安义园征信录》，第 31 页。

F. 杭州《新安惟善堂征信录》

新安惟善堂位于杭州凤山门外江干海月桥内塘桃花山麓。序于光绪七年（1881年），其内容分为前刊和后刊两部分。该书亦称："徽州六县山多田少，十室九商，常在江浙贸易，时有客故于外，无力运柩归葬者"[①]。在杭州的徽州人，主要是歙县、休宁和黟县三地人[②]。早在嘉庆初年，歙人余锦洲就在钱塘南栅外一图海月桥内塘地方，捐造厝所数间，专门安置新安旅榇。当时因限于经费，房屋较少，难以容纳所有的旅榇。嘉庆二十四年（1819年），余锦洲又募得桃花山麓石井前地添设房间数楹。余锦洲回乡故世后，由其孙余铉顺、侄余晃共同经理。及至道光十七年（1837年）冬，胡骏誉、金高德等又募捐购地。道光十八年（1838年）建惟善堂。太平天国时期，惟善堂新安义所惨遭兵燹，堂宇无存，同治七年（1868年）以后重建。

新安惟善堂是旅榇暂厝之地，每年春秋水旺之时，雇船运至徽州各县口岸登善集交卸。所谓登善集，典出《国语·周语》"从善如登"四字，为徽州一府六县分设，"一视同仁，统名登善"[③]。

G.《新安惟善集六安材会征信录》

1册，民国三年（1914年）刊本。"新安惟善集"之名，应当与杭州新安惟善堂有关。另外，六安材会之"六"，可能系代表明清徽州的一府六县（"六安"的寓意当指六县侨民之入土为

---

① 《新安惟善堂后刊征信录》，第3页。

② 《新安惟善堂后刊征信录》第40页："婺源、祁[祁]门、绩溪三邑在浙东贸易者较少，是以分设厝所，难得其人。"

③ 《新安惟善堂后刊征信录》，第25页。

安），而"材会"则为施舍棺材的组织。《新安惟善集六安材会征信录》之第一部分，有当时活动在杭州的各行各业为"惟善集六安材会"捐赀的明细账。从中可见，参与捐赀者既有个人，又有活跃于杭州的各类商号。个中，为"惟善集六安材会"捐赀最多的是面馆业（计41家），说明面业（亦即徽馆业）在"惟善集六安材会"中占有重要乃至主要的地位。面业之外，其他参与捐款的也多与面业有关。由此推断，在杭州单独刊行的《新安惟善集六安材会征信录》，其反映的捐助对象应主要是绩溪面馆业者[1]。

H.《浙省新建安徽会馆（征信录）》

刊本1册。据《浙省新建安徽会馆序》曰："同治九年，休宁余古香观察始建议醵金，合肥李小荃中丞建节来浙，亦思规划，而事未举。时浙中被旨为前抚臣罗壮节、前权藩王贞介公建办专祠，二公皆皖籍，皖人遂择地中城，领公帑兴工，事竣，即其地创建会馆。其时，观察管纲盐局事，有惠浙商，商多新安人，斯馆之成，商资居十之八九。"浙省新建安徽会馆，不同于由徽商单独创办的会馆，它由官商轮流值年，经费也来自官商。其商捐部分，来源有盐商、上海茶商、留余堂、香雪堂、所前盐引商以及在杭州的其他各类商人。

I.《徽商公所征信录》

刊本1册，序于宣统元年（1909年）。徽商木业公所位于杭州候潮门外，亦称徽国文公祠，于乾隆年间由婺源江扬言首创，

---

[1] 参见王振忠：《清代、民国时期江浙一带的徽馆研究——以扬州、杭州和上海为例》一文。

后其子又于江干购置沙地，上至闸口，下至秋涛宫，共 3690 余亩。据婺源江有孚所撰的"凡例"，公所收支由董事总理，每年于五月下旬，挑选木商中善书善算者数人共同查明，然后将结果誊清，并刊行《征信录》，[①]《征信录》之起始时间，以上年六月朔后至当年六月朔前所有经收款项，包括各木行沙粮、木捐捐及一切房屋地租洋若干、开销若干，逐笔刊明，"刷印钉本，分送各行、各客，俾众咸知，以昭信实"[②]。

J.《唐栖新安怀仁堂征信录》

光绪四年（1878 年）初刊，1 册，杭州城忠清巷口张文晋斋刊刷。《唐栖新安怀仁堂征信录》认为，因徽州一府六县地狭人稠，山多田少，"叠障山重，潆流水溜"，出产向来微薄，故而当地的职业结构是"士、农、工者十唯二三，商客旅者足有七八"，[③]"商贾之客，贸迁九州，相传有'无徽不成市'之谚"[④]。而浙江杭州府仁和县之塘栖，"系省垣首镇"，在徽商眼中，此处是"吾徽出杭关各路的咽喉，归途之要隘，往来东道之区，同乡暂迹之所"[⑤]，"同人之商于斯者，不下千数"，上述这段话，出自同治四年（1865 年）休宁人程嘉武的序文，这说明活动于塘栖镇的徽州人曾经超过千人以上。其中，以休宁、歙县、黟县、绩

---

① 《徽商公所征信录》，第 1 页。
② 《徽商公所征信录》，第 3 页。
③ 光绪三年（1877 年）汪诚朴：《塘栖重建新安会馆序》；同治六年（1867 年）分募簿启："吾徽六邑士、农、工、贾虽曰咸备，而作客为商者为更盛。"同治四年（1865 年）《钦加六品衔署杭州府仁和县塘栖临平司陈谕》："我徽十室九商。"（第 5 页）
④ 同治四年（1865 年）程嘉武：《募建唐栖新安会馆缘起》。
⑤ 同治六年（1867 年）分募簿启。

从徽州到江南：明清徽商与区域社会研究（修订版）

溪四县为盛，婺源、祁门次之①。

徽商向在塘栖镇水北设有新安怀仁堂会馆，并有旅榇公所，暂停客故棺木。公所创自道光十年（1830年）前后，"起造正厅五楹，内外四至厢房后备厝屋三进，计数十间，容停棺木二百余具"②。后来规定每年正月十六日会集，计议公事。当时，怀仁堂经费充足，"余金八百两，分存本镇车、典生息"③。所谓车、典，是指油车和典当，而这两个行当，一向为徽商所擅长。从《唐栖新安怀仁堂征信录》来看，当地有春源典、公义典、裕亨典等。太平天国期间，其屋尽毁于兵燹，存棺百余亦多遭暴露。同治四年（1865年）以后，徽州同乡于会馆旧址修筑垣墙屋宇，共造厝所17间，外起门房7间，规模粗具，但因其时留居塘栖之徽商已大为减少④，经费不支，与先前光景难以同日而语。同治九年（1870年），徽州茶商江明德运茶前往上海，途经唐栖镇，见此会馆，慷慨许助，遂于茶捐内抽捐以成此善举。江明德曾在松江、闵行、嘉兴、余杭四处抽捐资助善举。自同治十年（1871年）起，复增塘栖、南浔两处，共于出洋茶箱内每箱总抽12文，六处分派，名曰六善堂捐。在此背景下，唐栖新安怀仁堂会馆得以恢复⑤。

K.《太仓新安怀梓堂征信录》

目前所见者有两种，其一为：《太仓新安怀梓堂征信录（续

---

① ② ③ 《募建唐栖新安会馆缘起》。

④ 同治六年（1867年）分募簿启指出："以目前数十人之力，焉能当数千金之任，是不复〔得〕不仰募于邻封。"可见，太平天国之后在唐栖活动的徽商不过数十人，较全盛时期大为减少。

⑤ 同治十年（1871年）洪民彝等人的《新安怀仁堂征信录缘起》。

编）》，1 册，光绪二十一年（1895 年）刊本。据怀梓堂司总汪元沼曰："吾乡怀梓堂，自同治五年集赀重建，至十年止，业将捐赀姓氏、土木工程照章支用各项，汇编征信录，分赠同乡，瞭若指掌，迄今又阅十年。"据此可知两点：一是晚清民国时期的怀梓堂，为同治五年（1866 年）集赀重建，太平天国之前太仓已建有怀梓堂①；二是太仓新安怀梓堂的第一次征信录当成于同治十年（1871 年）。另据同序，光绪二十一年征信录当是续编，反映的内容为光绪十一年始至二十一年止。

其二是：《太仓新安怀梓堂第四次续刊征信录》，民国二十二年（1933 年）刊本，1 册，计 72 页，并附一张"太仓新安怀梓堂之图"（夏铸君绘）。

《太仓新安怀梓堂征信录》之后，离第四次续刊征信录刊成的 1933 年，还有 30 余年，其间应当还有第三次续编征信录，但目前尚未发现。

L.《旅湖歙邑联义社征信录》

刊本 1 册。原书未有标识，今据内容拟名。其序曰："窃维湖郡原有新安会馆，端赖先辈六邑同人锐意捐募，始克有此。城内建有文公祠、汪公殿、崇道堂，以为桑梓叙议场所；城外置有基地，兴造殡房，灵柩得以暂厝。内外定章，极为完善。讵料人心各异，道德日非，势将不堪收拾，我歙同人有鉴于斯，不得不另求组织，以待善后。故于己未年，邀集我歙同人共求捐募长生愿疏，俾事轻而易举，庶集腋以成裘，当经同人踊跃赞同，乐输

---

① 另据《新安义园征信录》之《新安崇义堂记》，嘉庆二十二年（1817 年）之前，太仓已建有怀梓堂。

捐助，今已计募三年，谨将收集捐款刊入《征信录》，分呈同人公鉴，日后捐输，仍恳绵绵捐助，则不愧为我歙人之提倡也。"此处的"湖郡"，应当是指湖州府，"己未年"则可能是民国八年（1919年）。据此，则此征信录当成于民国十一年（壬戌，1922年）。

从上述的序文可知，湖州府原有新安会馆，后因管理不善，歙县人姚兆唐、胡松樵、汪辅卿、吴惟德、郑春槐、凌彩章和凌荣夫七人发起，另行组织"旅湖歙邑联义社"，根据联义社章程，该社值年司事5人，"按年由全体同人公众推选"，这应是民国时期的同乡会组织。章程规定，该社款项经公众赞同，分存殷实商号生息，按年当众共同结算，如遇正用，立即提取。如编制该征信录的当年，账目就存在森大号中。规定捐款账务等三年刊刻一次征信录，"分呈公鉴，以昭大信"。章程还规定，"旅湖歙人遇有事故与人争执，经报告到社，由值年者秉公调解之，如事情重大，邀请六邑全体公决之"。另外，《旅湖歙邑联义社征信录》的支出部分，有一项是"付修理六邑殡房洋玖拾元"。可见，该社虽然全由歙县人组成，但仍与旧徽州府其他五县有着密切的关系。

② 长江中游

M. 汉口《新安笃谊堂》

光绪十三年（1887年）冬续刊。笃谊堂位于汉阳十里铺义阡之金龙岭地方。汉口新安书院之后为新安准提庵，庵西为三元殿，殿后余基，昔人造有停棺之所，但能安放的棺柩相当有限，而且还有风烛之虞，后改建为笃谊堂。该书虽未以征信录命名，

汉口《新安笃谊堂（征信录）》

但其内容与征信录一般无二①。而且，晚清民国时期的一些征信录都提及，其规章制度均模仿自汉口的笃谊堂。

N.《九江新安笃谊堂征信录》

刊本1册，光绪三十二年（1906年）黟县江庆楷序。光绪二十一年（1895年）以后，查选廷以新安会馆敦谊堂（亦称新安书院敦谊堂）的名义，购置了坐落于德化县西乡的刘家垅山地（即巴茅巷），建立新安义所。光绪二十九年（1903年），舒先庚②、胡逸卿等人又慷慨乐输，"或收一文愿，或抽茶箱捐，众

---

① 光绪三年（1877年）程桓生序："按年收支各数，宜急付之手民，用昭核实。"（第3页）

② 据民国《黟县四志·尚义》载："舒法甲，字先庚，屏山人，幼孤贫，习商业于江西之九江。该地为通商巨埠，法甲先营钱土［庄］业，稍积余资，自行创业。日夕勤劳，信用渐著，埠商推为商会协理，居间排解，事无不谐。嗣举为商会会长，连任数次，名誉噪于长江。性慷慨，挥财不惜……"（民国《黟县四志》，吴克俊、许复修，程寿保、舒斯笏纂，"中国地方志集成"安徽府县志辑第58册，江苏古籍出版社1998年版，第95页）

擎易举，夙愿顿偿"①。当时，在九江的徽商中，以黟县人为数最多。"癸卯年重建笃谊堂殡所六邑劝捐首士"所列，婺源和休宁各4人，歙县、祁门、绩溪各1人，而黟县则多达14人。

③ 浙西

O．兰溪《新安同善堂征信录》

金华府前街石印局代印，宣统二年（1910年）春刊本。乾隆三十三年（1768年），徽人在兰溪三十五都建新德庵，"购备山地，俾徽商病故在外，归榇不及，以便埋葬。续于道光十一年添造厂舍，停无力运回之棺，给发带棺运费，予以限期，立冢掩埋，使有主遗骸得归故土，无依旅榇免暴荒郊"。规条载："光绪癸卯年起，分福、禄、寿、财、喜为五班，挨班各司一年，轮流管理新安阁、新德庵各项收支银钱出入，并收掌田房、契据、租息等折，一切事务，每年月底结清总账，检点单契，不准短少分文，悬宕挂欠，公同照数点交后手接管，所置一切傢伙什物，另立底册两本，一分存新安阁公匣，一分存堂中，每逢先后手交接时，必须对簿核明，如有短少，以及私自借出者，即须议赔。傢伙什物，如系任意作践，亦应赔修完整。"《新安同善堂征信录》亦明确指出，一切章程，悉仿上海徽宁思恭堂办法②。

2．徽州相关征信录的学术价值

（1）会馆与徽商的慈善事业

在众多会馆中，上海的徽宁会馆和汉口的笃谊堂，成了各地

---

① 光绪三十二年（1906年）江庆楷《九江新安笃谊堂征信录》序。
② 宣统元年（1909年）《附刊泽枯坐捐小引条约》，《新安同善堂征信录》，第21页。

徽州会馆竞相模仿的对象。诚如《新安思安堂征信录》何修序所称的那样："规制完密，董督周祥，自以汉笃谊、沪思恭两堂为最。"因此，这两处的徽州善堂为江南各地所模仿。在屯溪，思安堂就是仿照"沪、汉旧制"而设，《筹备思安堂事宜附陈公鉴》曰："思安堂条规，按照汉笃谊堂、沪思恭堂义例，随地随宜，酌为增损。"《九江新安笃谊堂征信录》收录有《新安阖郡劝抽茶箱捐及一文愿启》，其中提及：

> 我新安六邑，田少山多，经商者十居七八，而浔阳一隅，熙来攘往，服贾者数约百千，少壮老大，实繁有徒，疾病死亡，在所不免，……爰仿汉皋送柩章程，……特劝茶商按箱乐助……

"汉皋"亦即汉口。九江的笃谊堂甚至就以汉口的笃谊堂为名：

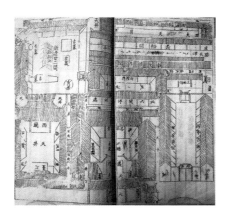

徽宁思恭堂图（同治《思恭堂征信录》）

笃谊堂公议条规牌示

录牌示各项规条，均照汉口笃谊堂旧章

……本堂给费外，每棺常香二扎，锡箔一块，钱纸六斤，交信客沿途焚化。

……

在《九江新安笃谊堂征信录》中，还见有新安笃谊堂"进堂联票式"等，如其中的"收领字式"格式如下：

立收领字　县　为将寄存　　第
号已故　　　棺柩一具，交信足　　带回
县　乡　村口，今凭保人　　领到
笃谊堂资助，由浔下船力钱　　文，沿途盘费钱
　　文，安葬费英洋　　元，当即如数领楚，其棺

《九江新安笃谊堂征信录》

实系带回埋葬，并无冒领、捏饰等情，出具领据是实

光绪　年　月　日立收领据人　押

保领人　押

上揭的"收领字式"等，与汉口笃谊堂的完全相同。

从各类征信录中，可以看出徽州会馆以及相关慈善事业的运作。兹以同治十年（1871年）第10刻《徽宁思恭堂征信录》为例：

同治十年《徽宁思恭堂征信录》所见会馆收入

年　代	项　　目	钱　数	备　注
同治七年十月起至十年八月止	收前征信录结存	5743354 文	
	收茶捐（七年冬至十年春止）	8470390 文	
	收续捐	1575480 文	续捐即续收的茶捐
	收长生愿	2376960 文	
	收房租	8605171 文	
	收顶首	1810000 文	
	收两郡董事捐中金	526250 文	
	收田租	105815 文	
	收银洋价余	367742 文	
	总共收	29581162 文	

从中可见，茶捐占三分之一强。这显然反映了茶商对于徽州会馆及其慈善事业，具有重要的作用。从《徽宁思恭堂征信录》中保留的《劝募茶捐序》可见，早在太平天国之前，就已如此：

夫泽及枯骨，仰见前辈仁风，功深不朽，尤赖后之君子。上海徽宁思恭堂为两郡诸同乡前辈捐建，自乾隆甲戌始，历今将及百年，其所见惠于梓乡者，如掩埋无归之骸、助盘还乡之柩、施送无力成殓之棺，种种善举，俱堪为法。近因遭兵燹之后，捐数不能如前之盛，故常年经费未免不敷，虽尚渐有蓄积，然终非不竭之源，司事者安得不为之绸缪乎？幸现当与外洋通商之际，又得吾乡茶商诸君云集而至，咸以同仁为念，故敬邀共议，于出洋绿茶，每箱提捐十二文、红茶二十文，以佐常年经费，庶斯堂可永无匮缺之虞，而义举亦足以继前贤，为德岂鲜薄哉？故掇数言于首，以志缘起云。

　　道光二十四年甲辰嘉平中浣上海徽宁思恭堂司事公同谨识。

　　另据《道光三十年庚戌年十月公议增定章程》：

　　一议本堂茶捐，自道光二十三年通洋交易，两郡客商初抵沪城，杂费烦重，因集同人在于思恭堂议立章程，删减浮费，情愿提红茶捐每箱二十文、绿茶厘每箱十二文。关东茶于戊辰年复起，每件提钱十二文，以助堂中善举。迩年以来，茶业大盛，人数益众，堂中经费益加浩繁，务望贵商如数照捐，是荷是祷。

　　一议本堂收取茶厘，皆有徽宁思恭堂图章对同联票为凭，收钱发票，如无此票者，与堂无涉。

王庆成编著的《稀见清世史料并考释》中，收录有《敦利号"循环簿"——丝茶到货、出口记录》（1843—1844），其中就有：

> （道光二十四年）五月初三日到，安徽歙县茶商方瑞芬运来茶345箱，前贮怡馨栈，今移敦利栈；
>
> 九月二十一日到，安徽歙县茶商方瑞芬运来茶6箱，现贮敦利栈[①]。

上述两条资料，与前揭的《道光三十年庚戌年十月公议增定章程》恰可相互印证，反映了开埠之后徽州茶商的纷至沓来。

另外，从上述的同治十年《徽宁思恭堂征信录》所见会馆收入可见，除了茶捐外，房租占了近三分之一，这也是相当值得重视的现象。关于这一点，我们再看看当时的支出状况：

同治十年《徽宁思恭堂征信录》所见会馆支出

年代	项　　　　目	钱　　数	备　　注
同治七年十月起至十年八月止	武圣福德宴待先董上位朔望香烛余烛除过	662681 文	
	三元享祀	664627 文	
	完粮漕白（告示图甲册房年规）	233424 文	
	盘棺费（共191具）	1885440 文	
	施棺费（共135具）	1269000 文	

[①]　王庆成：《稀见清世史料并考释》，武汉出版社1998年版，第47页、第57页。

年代	项　　　　目	钱　　数	备　　注
同治七年十月起至十年八月止	施衣衾鞋帽石灰皮草纸漆口	440938 文	
	掩埋石灰石碑木签瘗抬扛力	382125 文	
	两郡锭会	275917 文	
	修理堂宇并修路石料工费添建厝屋5间	1044050 文	
	修葺各市记房	653433 文	
	置王姓十五铺大东门内楼房一所	4000 文	
	又中金并税契过户	669600 文	"又"指上述的"置王姓十五铺大东门内楼房一所"
	置周姓四铺城内武庙东衙内房一所	1300000 文	
	又中金并税契过户	235940 文	
	置余姓四八铺城内三牌楼房一所，并边屋三处，共上下廿三间	5100000 文	
	又中金并税契过户	853850 文	
	置朱姓十五铺大东门内楼房一所	2560000 文	
同治七年十月起至十年八月止	又中金并税契过户	446860 文	
	置七记十六铺大东门外市楼房一所（无中金）	15050250 文	
	还各顶首	1115000 文	
	杂项办物并请客酒筵	325241 文	
	程雨亭俸伙食并堂丁工食	372071 文	
	前刻征信录并伙食	242141 文	
	孙癯仙咸丰十一年借除收仍欠	52100 文	
	总　　　计	共用足钱26334688 文	收支两抵净存足钱3246474 文

从中可见，当时，用于慈善事业的开支并不占多数，占最大开支的是市房之投资，这显然是因为市房是除茶捐之外，会馆最大的收入，这牵涉到徽商对于房地产的经营，也与咸同兵燹刚刚结束有关。据《劝捐长生愿序》曰：

> ……吾徽宁两郡之有思恭堂也，起自乾隆甲戌，迄今百有余年，……忆自咸丰癸丑、庚申间，沪城两遭寇乱，房产多被焚毁，进款渐形短绌，堂宇半遭颓废，埋瘗更费巨资，幸诸同乡经商于此，乐善者众，解囊相助，媲美前人。后得茶捐乐输，相继而起，频年蓄积，日稍羡余，故置房产、修堂宇、添厝屋、买田亩、备什物，以及逐年施棺衾、厚掩埋、盘枢回籍、上山葬费，皆得一一如愿办理。虽然用出之经费既有常规，羁旅之贫寒更难悉数，而每年施棺、盘枢诸用款，惟房产、微捐之是赖……

据此可见，茶捐及房产的收益，一向是会馆资金的主要来源。而所谓微捐，是指徽州同乡的随缘乐助，如一文愿或长生愿等，从总体上看，此类资金的数目极为有限，故称"微捐"。

除了上述的几项来源外，在太仓，还有其他的一些来源。如《太仓新安怀梓堂第四次续刊征信录》中列有"公议借用祭祀厅规条"：

> 一本堂于辛亥年建筑祭祀厅，原为三节祭祀之所，倘有客籍来堂开吊道场等事，亦可通融商借，惟须向司员处说明

从徽州到江南：明清徽商与区域社会研究（修订版）

预缴租金方可借用。

一公议客籍借用祭祀厅，每壹正日计租洋四元，二正日租洋六元，三正日租洋八元，动用物件，本厅亦均齐备，不得再向他厅移动。

一本籍借用不在此例。

此处的"客籍"与"本籍"明显有别，区别的根据应当以是不是徽州人为标准。另据民国十年（1921年）岁首至二十一年（1932年）岁底收支总登表：

收客籍进堂费（连租特别间）小洋三角，大洋一千六百七十二元，钱三十一千八百九十一文。

从上可知，由于太仓徽商会馆经营的怀梓堂，已不仅仅是将殡葬当做一种慈善事业来从事，而是将之作为一种服务业——殡葬业来运营，从而为会馆积累了一些公产。这说明了新安怀梓堂除了面向徽州乡亲之外，还对社会开放，从事服务性的商业活动。

（2）徽州商业与徽商研究

不少征信录都有反映徽人在各埠所从事商业的内容。从征信录中，可以看出徽商在各地的实力。以上海为例，徽宁思恭堂由徽州府的歙、休、婺、黟、绩五县和宁国府商人轮流管理。兹将民国六年（1917年）徽宁思恭堂组织状况列表如下：

年代	名　目	人　　　数	备　　注
民国六年	司总	6	除祁门外的徽州5县和宁国府各1人
	两府司事总代表	1	
	洋庄茶商司事	5	
	两府司事	歙县（12），休宁（9），婺源（9），婺源茶帮司事（3），祁门（3），黟县（8），绩溪（9），宁国府（13）	
	木业司事	9	

　　从上述的组织状况来看，在上海的徽商以歙县和婺源实力最强，祁门最无实力。此外，其中还专门列有洋庄茶商司事和婺源茶帮司事，共计8名，可见茶商在会馆中的重要地位。

　　从思恭堂征信录来看，各县的行业重点颇不相同。如"光绪三十一年至三十三年止休邑长生愿芳名捐数"，排在前面的除了祥泰布号、福泰衣庄、宝泰质、升昶泰外，基本上都是典当铺：同昌典，源来典，滋泰典，乾昌典，萃昌典，乾元典，洼泰典，源泰典，安定典，元昌典，老永源典，泳源典，裕泰典，厚生典，协泰典，泰昌典，安济典①。这说明休宁以典当业著称，的确是名不虚传。"光绪三十一年至三十三年止婺邑长生愿捐数芳名"，捐款由"查二妙堂友记益生经手"，还有的是由"詹大有骏记经手"，"詹大友成记经收"，"二妙堂绍记查襄生经收"。这些，都说明婺源以墨商最为著名。"光绪三十一年起至三十三年止黟邑长生愿芳名数目"，由北公估局等经手。这是因为，上海

----

① 光绪三十四年第30刻《徽宁思恭堂征信录》，第86—86页。

　　　　　　　　　　　从徽州到江南：明清徽商与区域社会研究（修订版）

的公估局（分南北两局），由黟县黄陂人汪联淇创设，并世代承袭。上海公估局专门鉴定银元宝成色，信誉很高，上海金融业（包括一些外资银行）的银元，也由公估局鉴定，注明成色，始可在上海市场上流通①。因此，上海的黟商，由公估局的从业商人执其牛首。另外，"光绪三十一年起至三十三年止绩邑长生愿芳名数目"中，除了老汪裕泰、休城胡开文、屯镇胡开文、胡开文之外，有不少是徽馆业：醉白园，聚乐园，鼎丰园，九华园，畅乐园，大兴园，同乐园，聚和园，醉乐园，大醹楼，聚元楼，天乐园，鼎新楼，醉月楼，同庆园，醉芳园，聚新楼，大吉楼（昌记），大吉楼，得明楼，同庆园，大兴园（公记）。民国八年（1919年）《徽宁思恭堂征信录》中有"民国七年绩邑馆业长生愿捐洋数目芳名"。所谓馆业，也就是"徽馆"，是徽州面馆和菜馆的总称。从中可见，当时在上海的徽馆业情况。民国八年上海计有26家徽馆，参捐的从业人数多达481人②。

除了上海之外，徽商在江南各地的活动，亦可在相关各地的征信录中窥其一斑。例如，从《太仓新安怀梓堂征信录（续编）》中，我们可以看到当地城乡都分布着不少"徽店"（徽州人开设的店铺）。又如，兰溪《新安同善堂征信录》中提及"衣业""歙、绩大炮（花爆）业济善会各友"等，从中可见徽商与

① 民国《黟县四志》卷7《人物·尚义》，第84页。关于公估局的创始人，众说纷纭。黟县地方志编纂委员会编：《黟县志》（光明日报出版社1988年版）说是由黟县碧山人汪兰亭的祖辈开设。（第318页）而傅为群《老上海公估局》认为，道光三十年（1850年），汪兰亭首设公估局于上海北市租界内。（《档案与史学》2000年第3期）"兰亭"与"兰庭"，或为音近而讹。

② 参见王振忠：《清代、民国时期江浙一带的徽馆研究——以扬州、杭州和上海为例》一文。

当地农业、花爆业的关系。再如,《婺北清华高奢桥下街桥工程征信录》提及,当时汉口婺商慷慨解囊者,计有:

> 茶行:永泰茶行郎汝勤、齐静山,永泰茶行旭记,隆泰茶行吉记
>
> 茶叶店:齐同源、车和顺
>
> 纸号:合庆福
>
> 银庄、钱庄、钱号:太和银庄、汇通银庄、恒和银庄、同德银庄、同丰银庄、久和银庄、协昶银庄、致和钱庄、恒春钱庄、裕丰恒钱号、吉生祥钱号
>
> 墨店:詹彦文、詹正元、詹大有悦记、詹大有成记、詹斯美晟记(?)
>
> 不详:胡晋章、汪春荣

从中可见婺源人在汉口的经营,以墨、茶、钱庄三业为主,其中,仅著名的墨店就有五家。再以光绪二十四年(1898年)《重修万年桥征信录》为例,当时参与捐输的,在徽州本地的有府县城之渔梁、辣口、王宅村、杨树桥等处、潭石头、薛坑口、王村、柔岭下、汪龙坑、深渡、篁墩、南溪南、南源口、瞻淇、山阳坑、雄村、洪琴、溪蟠头、昌溪、七贤、洪村、岭里、义成村、绍村、小溪、黄备、琳村、箬岭坞、岩寺、竭田、郑村、祥里、北关、新洲、许村、塔山、蕃村、清流、霞峰、江村、呈坎、汪村、溶溪、长坞、东凤皇、潜庄、徐村、双溪、岗村、蜀口、飞布山、冯塘、上丰等处、塔山等处、沙源等处、富竭、宋村、

石门、叶村、杨村、休城、万安街、屯溪镇，在外埠的则有芜湖、运漕、和悦洲、苏州、上海、松江、扬州、清江、常熟、如皋、江西无［吴］城、杭州、衢州、兰溪、湖州、新市、塘湾、西塘、杜泽和汉口。至于具体的捐助金额，征信录中亦有统计：

地　　点	捐洋总数	地　　点	捐洋数
歙县城乡	3946 元 2 分 3 厘		
休屯	1744 元 3 角	屯溪	1627 元
		休城	80 元
		万安	37 元 3 角
外地	5017 元	芜湖	130 元
		运漕	34 元
		和悦洲	70 元
		苏州	120 元
		上海	1862 元
		松江	63 元
		扬州	297 元
		清江	171 元
		常熟	27 元
		如皋	32 元
		江西无［吴］城	81 元
		杭州	534 元
		衢州	325 元
		兰溪	318 元
		湖州	436 元
		新市	100 元
		塘湾	52 元
		西塘	20 元
		杜泽	77 元
		汉口	245 元

从征信录的捐款数，可见徽州市镇及外地的商业网络。传统上，歙县与扬州、汉口等地的关系原本最为密切，但在晚清的外地捐款中，扬州、汉口的捐款所占的比例极少。从中，可以显见盐业的衰落。相比之下，歙县与江南各地关系最为密切，其中尤以上海最甚，这反映了晚清时期歙县商业结构的调整和变化。从上表所见，上海与屯溪两地的捐款数额最多，这与晚清茶业的兴盛息息相关。

与上述相似，不少征信录都反映了侨寓地徽商的状况。民国九年（1920年）第一刻《新安思安堂征信录》列有"民国七年戊午至己未腊月旅休乐输特别捐名"，其中涉及屯溪、瑶溪、闵口、龙湾、五城、下溪口、梅林、隆阜、新屯、万安街、休城、上溪口、黟县、渔亭、徽州府、江西景德镇、江西贵溪县、东亭、兰溪、淳安、港口、茶园、严州、桐庐、富阳、无锡、新市、遂安。如前所述，新安思安堂为黟县商人所建，上述的征信录也反映了黟商活动的范围。景德镇是黟县徽商聚集的城市，因黟商众多，而有"黟县佬码头"之称。除此之外，在新安江沿岸的市镇，也活跃着众多的黟县商人。另外，唐栖、九江的徽州会馆，显然与茶商有关。而有的地方的会馆，则与典当关系密切。光绪二十一年（1895年）《太仓新安怀梓堂征信录（续编）》中有昌泰典、元成典、鼎成典、济平典、义泰典、西昌泰典、济泰典、源源典、济茂典、丰茂典、济典分典、鼎盛典，共12个徽典。这些典当业，绝大部分在民国二十二年（1933年）时仍然存在。宣统三年（1911年）南汇《思义堂征信录》中，出现了广源典、聚源典、益昌典、鼎丰典、洽和典、仁和典、仁发典、仁裕典、会隆典、元昌典、同顺典、永裕典、信隆典、同源典、同兴典、恒隆典、均和典、鼎生典、公益典、鼎源典、保源典、广泰典、义泰典、仁泰典、信泰典、协泰典、同升典、同昌典、信昌典、永裕典、元昌典、元源典、德和典、公升典、公安典、会隆典、永泰典、丰泰典和同泰典共 39 个徽典。而清末民初的松江《新安义园征信录》则先后出现了 38 个徽典，通常情况下多在 30 个出头。

年代 典当	光绪34	宣统1	宣统2	宣统3	民国1	民国2	民国3	民国4	民国5	民国6	民国7
源康典	O	O	O	O	O	O	O	O	O	O	O
协和典	O	O	O	O	O	O	O	O	O	O	O
鼎丰典	O	O	O	O	O	O			O	O	O
和济典	O	O	O	O	O	O	O	O	O	O	O
源泰典	O	O	O	O	O	O	O	O	O	O	O
同和典	O	O	O	O	O	O	O	O	O		O
全大典	O	O	O	O	O	O		O	O	O	O
福昌典	O	O	O	O	O	O	O	O		O	O
庆泰典	O	O	O	O	O	O	O	O	O		
恒和典	O	O	O	O	O	O	O	O	O	O	O
大德典	O	O	O	O	O	O	O	O	O	O	O
仁康典	O	O	O	O	O	O	O	O	O	O	O
恒益典	O	O	O	O	O	O	O	O	O	O	O
祥和典	O	O	O	O	O	O	O	O	O	O	O
峰大典	O	O	O	O	O	O	O	O	O	O	O
信元典	O	O	O	O	O	O	O	O	O	O	O

典当 \ 年代	光绪34	宣统1	宣统2	宣统3	民国1	民国2	民国3	民国4	民国5	民国6	民国7
恒升典	O	O	O	O	O	O	O	O	O	O	O
瑞和典	O	O	O	O	O	O	O	O	O	O	O
庆丰典	O	O	O	O	O	O					
大成典	O	O	O	O	O	O	O	O①	O	O	O
启新典	O	O	O	O	O	O	O	O	O	O	O
德余典	O										
信和典	O	O	O	O	O	O	O	O	O	O	O
益泰典	O	O	O	O	O	O	O	O	O	O	O
懋生典	O	O		O	O	O	O	O	O	O	O
公泰典	O	O	O	O	O	O	O	O	O	O	O
阜康典	O	O	O	O		O		O	O	O	O
懋兴典	O	O	O	O	O	O	O	O	O	O	O
阜成典	O	O	O					O	O	O	O
义泰典	O	O	O	O	O	O					
公和典	O	O	O	O	O	O	O	O	O	O	O
天和典	O										
大茂典	O										
公济典		O	O	O	O	O	O	O	O	O	O
庆余典		O	O	O	O	O	O	O	O	O	O
懋昌典		O	O	O	O	O	O	O	O	O	O
泰来典							O	O	O	O	
同康典										O	O

---

① "民国四年松郡新安崇义堂代赊局征信录"误作"大典成"。

从中可见，清末民国时期，松江典业发展平稳，基本上没有出现大起大落的情况。

除了反映徽州人群的总体活动外，征信录中还常常可以见到著名徽商与乡邦公共事业兴举的关系。譬如，《徽宁医治寄宿征信录》记载的宣统二至三年（1910—1911年）之乐输，就有黟县余鲁卿捐洋100元，婺源詹大有成记捐洋100元，婺源查二妙堂绍记捐洋50元。其中的余鲁卿即余之芹，是徽宁医治寄宿所的总理。民国六年（1917年）第37刻《徽宁思恭堂征信录》所载司总中也见有余之芹。余之芹出身于黟县的一个商人家庭，祖居黟县艾溪村。其父在上海大东门外王家嘴角仁昌源记布号中经商，太平天国时期，曾为渔亭镇公局董事，是当地著名的绅商。长兄余之莱，为附贡生，后随其业师、著名学者程鸿诏入李鸿章幕，职司奏折。后李鸿章"奉旨征回匪"，师生二人不肯随行，一同返回黟县。后来，余之莱又前往金利源旗昌洋行充当买办。至于余之芹，13岁前往江西习学杂货布业，15岁时到达上海，曾到浦东邬家桥油车坊习业，后改行学习京货布业，又到布号充任账房先生，复改典业钱房。至25岁，升为经理。后自创万康典、仁大典、祺昌质等。其家族中的不少人，也都在江南各地的典业等就职。后来，余之芹被典业推举为董事、总商会典质业代表会员，继而又由总商会会员举为会董。可见，余之芹是上海商界中的翘楚。他于民国十年（1921年）出版的《经历志略》，内分家世出身、徽州发匪乱时状况、善举公益、交际、杂记、时论和小言七个部分，具有极为重要的史料价值①。

除了余鲁卿外，上揭的"婺詹大有成记"、"婺查二妙堂绍记"，都是婺源的墨店名号。《徽宁医治寄宿征信录》一书所记的"病人进所总票处"，为詹大有骏记墨庄；"各县病人进所保票处"共七处，婺源的为查二妙友记墨庄。而"民国四年婺邑医治寄宿所长生愿芳名"所载，查二妙堂绍记捐洋10元，詹彦文捐洋2元，查蕴山捐洋1元。这些，均由查二妙堂绍记经收。此外，同治《思恭堂征信录》"同治八年分婺邑长生愿芳名钱数"，亦提及鲍乾元、詹大有、查二妙等②。综上所述，在上海活动的婺源墨商相当不少，仅查二妙就有"友记"和"绍记"，詹大有也有"成记"和"骏记"。另外，还见有詹彦文③和查蕴山。

同治《思恭堂征信录》中提及的徽州墨商，唯一例外的是鲍乾元，他是歙县人④。此外，《徽宁医治寄宿征信录》开列的捐款中，还有：胡开文（休城）捐洋4元，胡开文成记、老胡开文各捐洋2元，胡开文仁记捐洋1元。胡开文是著名的徽州墨店，创始人胡天注（1742—1808），为绩溪上庄人（与著名学者胡适同村）。其人少年时在休宁县城汪启茂墨店为徒，娶汪氏独生女为

---

① 关于《经历志略》一书，参见拙文《上海徽商余之芹的生平及其时代——近代徽州重要史料〈经历志略〉研究》，载《安徽史学》2013年第2期。
② 同治《思恭堂征信录》，第99页。
③ 关于詹彦文墨庄，详见王振忠：《晚清婺源墨商与墨业研究》，载《古代中国：传统与变革》，复旦大学出版社2005年版；《从谱牒史料谈徽州墨商的几个问题——以光绪戊戌环川〈璁公房修〉詹氏支谱〉为中心》，《安徽史学》2008年第1期。
④ 笔者收藏有民国十七年（1928年）三月之《鲍公子权遗像》，其中对鲍乾元的渊源兴衰及经营方式，有详细的记录。

　　　　　从徽州到江南：明清徽商与区域社会研究（修订版）

妻。乾隆三十年（1765年）承顶汪启茂墨店，后取徽州府孔庙之"天开文运"金匾中的两字，冠以姓氏，打出"胡开文墨庄"店号。后来，胡余德（1762—1845）子承父业，以"苍珮室"为专用商标，以休宁县城胡开文为总店，在徽州各县及安庆、芜湖、扬州、上海、武汉等地开设分店。根据《胡氏阄书》的规定，胡开文"分家不分店，分店不起桌，起桌要更名"。所谓分家不分店，是指休城的胡开文老店，历代均"单传"执业，这是为了保证墨店经营的可持续发展；"起桌"即制墨，分店不起桌，是指休城老胡开文墨店在各地虽然设了不少分店，但都始终只相当于休城老胡开文的门市部，只能经销老店生产的徽墨，不能自行制墨，这避免了无序竞争。起桌要更名，则是指若子孙设店起桌，店号要用胡开文，必须加上"某记"[1]。故而在上海的，就有胡开文（休城）、老胡开文、胡开文成记、胡开文仁记数家。

徽宁医治寄宿所除了像余鲁卿（之芹）那样的总理以外，还有协理和各县的任事员。各县任事员中，有休宁的汪宽也[2]，绩溪的路文彬。其中，汪宽也为布商，他是上海布业公所的总董[3]。而路文彬（1851—1932）则是上海徽菜馆的创始人之一，30岁后与人合作，在四马路开设聚乐园、聚宝园菜馆。1920年后，在上海24家主要徽菜馆投股，不少经理皆其得意门生[4]。另

---

[1] 关于这一点，张海鹏、王廷元主编的《徽商研究》第10章《徽商个案研究》中，有详细的分析。安徽人民出版社1995年版，第566—585页。

[2] 汪宽也亦见于光绪三十四年第30刻《徽宁思恭堂征信录》，第86页。

[3] 关于这一点，详见日本学者松浦章的《徽商汪宽也与上海棉布》，载《徽学》2000年卷，安徽大学出版社2001年版。

[4] 绩溪县地方志编纂委员会编：《绩溪县志》，黄山书社1998年版，第882页。

外，《徽宁医治寄宿征信录》"乙卯绩邑医治寄宿所长生愿洋数芳名"中，还见有汪裕泰捐洋6元，汪裕泰则是著名的茶商字号。

除了上海的徽宁思恭堂相关征信录外，其他的征信录，也提供了一些著名徽商的资料。譬如，杭州的《新安惟善堂征信录》提及的歙人余锦洲，开设有杭州著名的转运过塘行。余锦洲故后，以"余锦洲"冠名的转运过塘行，一直到民国时期仍在长期运营①。有的征信录提供的资料，一定程度上有助于厘清历史成案中的谜团。例如，《新安惟善堂征信录》光绪七年（1881年）《呈送议定章程禀》，末尾所列新安惟善堂董事名姓中有章辅堂。《唐栖新安怀仁堂征信录》所载"同治四年乙丑至光绪二年丙子十二载总共募捐数目"中，也列有章辅堂的名字。这位章辅堂，就是新发现的《南旋日记》中建议作者等走访胡雪岩芝园的绩溪人，这从一个侧面印证了稿本《南旋日记》的真实性②。《九江新安笃谊堂征信录》中，有一份《笃谊堂落成首士绘图粘契请县盖印词》，备列具禀的新安会馆绅董，其中就有蓝翎五品衔汪定贵③，此人即徽州黟县宏村承志堂的主人，这对于了解皖南古村落的人文内涵，具有一定的参考价值。

（3）其他

此外，各类征信录还提供了其他诸多方面的信息。例如，光绪三十四年（1908年）第三十刻《（徽宁）思恭堂征信录》中，

---

① 笔者手头有多张"浙杭余锦洲义记老行"的老船票。
② 参见：王振忠《稿本〈南旋日记〉与胡雪岩籍贯之争的再探讨》，载《徽州社会科学》2006年第4期。
③ 《九江新安笃谊堂征信录》，第19页。

保留有两份神（户）（大）阪三江公所及上海徽宁会馆旅榇交涉的相关文件。第一份是上海官方给徽宁会馆董事的谕文，该谕文根据驻日神户正理事官黎氏的文移，要求徽宁会馆接纳来自日本神户三江公所中华山庄的客商灵柩，其后附有神阪三江公所首事的公启。上述资料，是研究徽商与海外贸易的重要史料①。

又如，信客是活跃在全国各地与徽州本土之间的一类人②，《新安义园征信录》记载：

> 徽郡六邑商民寓松者不可胜数，殁而灵柩无力寄归者，羁留异地，惨如之何！今同人公议资贴盘柩之费，并贴在园下船及到徽上山诸费，如有无力归乡者，必须的确亲属央保到崇义堂报明，出立领费字据，并令信客出具承揽。

> 凡具报回徽之棺，登号注明姓名、住址、保家、亲属，信客出具收领承揽……③

在当时运棺返乡的活动中，信客负责将旅外徽人的棺材运回徽州。以下根据相关记载，列表如下：

---

① 参见王振忠《佚存日本的苏州徽商及相关问题研究》，载《徽州社会文化史探微——新发现的16至20世纪民间档案文书研究》，上海社会科学院出版社2002年版，第519—578页。
② 关于徽州信客，此前的研究，参见王振忠《徽商与清民国时期的信客与信局》，武汉大学中国传统文化与现代化研究中心主办《人文论丛》2001年卷，武汉大学出版社2002年版。
③ 《崇义堂公议规条》，见《新安义园征信录》，第11页。

县别	歙　　　县	黟县	婺源	绩溪	休宁	来源
光绪十年至宣统二年（1884—1910）	许华元（薛坑口、浦口、渔梁、小川）；吴子和（贺川）；庄利德（琅园口、薛坑口）；张金茂（深渡、琅园口、渔梁、浦口）；张文秀（琅园口、浦口、薛坑口、渔梁坝）；汪春山（深渡）；汪声光（蓝渡）；叶汉章（蓝渡）；王振棠（浦口）；方观友（琅园口）；张松林（薛坑口、浦口、瀹潭、绵潭、漳潭、琅园口、南源口）；凌汉卿（深渡）；姚启发（琅园口）；汪坤成（浦口）；胡尚成（薛坑口）；王元根（琅园口）；张日升（渔梁）；汪峻甫（渔梁）；张祥裕（琅园口、薛坑口、浦口）；胡翰章（深渡）；张彩堂（瀹潭、杨村、琅园口、深渡）	汪声光；余锦清；舒蕊香	汪汉明	汪友章；胡俊发；胡云芬（绩溪瑞川）；胡洪吉	吴子和（下溪口、龙湾）；胡天宝（上溪口）；叶汉章（上溪口）；汪峻甫（上溪口）；吴子和（屯溪）；程金发（屯溪）；余七金（太白思[司]）	《思义堂征信录》

　　上表中的人名为信客，括号中的地名是他们将棺柩送往徽州的地点。从中可见，自1884至1910年，为时不过26年，但仅活跃于上海南汇至歙县之间的信客就多达21人。

　　除此之外，征信录中还有不少脚夫的资料，对于研究下层民众的生活，亦颇具史料价值。

3. 余论

徽州民间文献数量极为庞大，笔者以为，分类整理民间文献是推进徽州研究和明清以来经济史和社会文化史研究的基础工作[①]。本文介绍了笔者所知、所见的征信录，并就阅读这些文献所得到的讯息，作了初步的分析。对于此项研究，今后仍有继续深入之必要。就资料而言，由于目前所见的征信录虽然已有一些，但历史时期形成的征信录的数量相当之多，以徽商编纂的征信录为例，有会馆的地方通常都有征信录，而各地徽商所编的征信录一般都是连续出版物（或一年一刊，或三年一刊，或五年一刊，或十年一刊），虽然其中有部分内容是每一刻征信录都反复登载的，但每一刻的征信录皆有其特别的价值。由于仍有不少征信录尚未看到，因此，除了期待在民间还会有新的发现之外，亦希望能在公藏机构中阅读到以往未见的相关征信录。另外，或许还应该将徽州的征信录与其他地区的相互比较，从而看出各地域商人及相关运作的区别与相互借鉴[②]。关于这一点，限于时间和学力，目前尚未能做更多的工作，将来应做进一步的努力。此处，仅就目前所知、所见的徽州征信录，略作申述。

从徽州征信录所见，19世纪以来，徽州善堂出现了区域性联

[①] 在这方面，笔者已作有《明清以来的徽州日记及其学术价值》，《传统中国研究集刊》第4辑，上海人民出版社2008年版。

[②] 譬如，明清以来，浙东与皖南同是高移民输出的地区，日本学者帆刈浩之《清末上海四明公所の运柩ネットワークの形成——近代中国社会における同乡结合について》（载《社会经济史学》第59卷第6期，1994年3月）、《近代上海における遗体处理问题と四明公所：同乡ギルドと中国の都市化》（《史學雜誌》第103卷第2期，1994年2月），对宁波商人的运棺网络及相关问题作了细致、深入的探讨，这与徽州可以相互比照发明。

合的倾向。例如，徽州一府六县在杭、嘉、湖及苏、松、常等地经营作客者为数甚多，而杭州因地处运河和新安江的交汇处，故而成为徽州旅榇归籍的总汇之地。《大清道光十八年五月二十八日为建惟善堂禀》：

> 凡我六县之人在杭、嘉、湖及江苏松、常诸郡邑服贾者不少，积有客故旅榇，总需附载到杭，暂停旬日，由上江运归故土，无力者难免积日累月，致多堆压。今仿照京都慈航善举之式，于旅榇到所时，查其姓氏、里居及报人姓名，登记年、月、日，柩上注明予限一年，听有后、有力者随时认明，领回原籍，以全孝思。或虽有后，无力孩稚，无所经营，询明属实，助其由杭到徽船只水脚之费，并于各邑口岸酌设暂柩之所，总名登善集，分别发送，以敦桑梓之谊[1]。
>
> 嘉禾、苏、松等郡邑各善集，将来载到旅榇，堂中专人代为照料，一切俱照杭郡之式，以归一致。倘信客收受水脚，到塘时，藉以货多船重，或水脚不敷，有意延搁者，不准透留，以杜巧饰。或实为风潮险阻，人货繁多，该信客邀同诚实保人，留存大钱二千文为质，到堂写定下次来杭，必定带去，不致延误。如期带者，原钱给还。倘逾半年不带，将质钱作为水脚，附便寄至登善集，标明某客失信，以致半途而废，戒其将来。[2]

---

① 《新安惟善堂征后刊信录》，第 1 页。
② 《新安惟善堂前刊征信录》，第 20 页。

范金民教授曾指出："惟善堂在杭州设总堂，在徽州各县设登善集，苏、松、常、嘉、湖各地的徽商棺柩都汇集到杭州江干，然后分送各县，或落葬杭州，旅榇从入殓、安厝到转运、落葬，徽商编织起了一张完整庞大而又细密的江南运棺网。"[1]虽然"总堂"之说，似为今人的概括，但此一结论符合历史事实。正是由于此种区域联合，故在杭州新安惟善堂中，有常州的"公堂息款"——也就是由常州新安会馆捐助钱本五百千文，存在新安惟善堂生息，按年凭折支取利钱五十千文，专为载送旅榇水脚之需[2]。

在长江沿线，也出现了类似的情况。九江《笃谊堂公议条规牌示》："本堂资送旅榇，所有六邑水陆各程船力、抬力，均照汉口笃谊堂成章，现附汉口信足带送，一切自听汉口堂董批给关照，本堂所刊各板，暂置不用。"这是因为由汉口沿长江东下，途经九江，才能回到徽州本土，故而形成了这种联合。

徽商慈善事业的区域性联动，至迟始于道光年间，但在太平天国以后，随着茶业的兴盛，又有了新的发展。《新安义园征信录》中的《新安六善堂募启》曰：

> 谨启者，松郡崇义堂、闵行慈善堂、嘉郡翳阴堂、塘栖怀仁堂，余杭同善堂，南浔遵义堂，皆新安公所也。吾郡

---

① 《清代徽州商帮的慈善设施》，载周绍泉、赵华富主编《1998年国际徽学学术讨论会论文集》，第117页。
② 《新安惟善堂前刊征信录》，第15—16页。

山多田少，不士则贾，商于外者什居六七，或不幸病故他乡，殓无赀，殡无所，有赖诸善堂设厝安寄助赀回籍，如乏领带者，则置地掩埋，一切举行已久，均从妥善。自咸丰十年发匪滋扰，各堂宇殡房焚毁倾颓，不堪寄样。方今四海升平，商贾辐辏，司事亟行劝捐，重兴旧址，业经鸠工，次第办理，但经费浩繁，公项支绌，于是谨布吾徽各茶字号诸乡台翁洞鉴，兹集六处善堂，合而为一，名曰新安六善堂，编立联单收票，每箱其提捐钱十二文，以资善举，仅就申地司事黄信义号、吴肇泰号同江君明德经收分派，伏望我同乡君子，桑梓情殷，好施乐助，俾垂永远，功德无量，此启。①

可见，松江、闵行、嘉兴、塘栖、余杭和南浔六处新安公所所办的善堂，合组为新安六善堂。其具体的负责人有如下表：

上海经劝	松江司事	嘉兴司事	闵行司事	塘栖司事	余杭司事	南浔司事
汪元治、黄大铺、吴肇泰、汪菊亭、邵春茂、江明德	黄大铺、程砚耘、程斐君、章殿安	江德城、冯近之、江明德	程秋圃、孙数峰、朱彩章	吴立成、程云溪、洪民彝	周雨帆、程云溪、汪正和	韩辅廷、方正廷、谢心如、韩载扬

其中的"江明德"，尤其值得关注。其人既是"上海经劝"中的一员，又是嘉兴司事之一，后来在同治九年（1870年）接

---

① 《新安义园征信录》，第24页。

办松江崇义堂事务时，又是负责劝办茶捐的成员[1]。可见，他的茶叶贸易至少涉及上海、松江和嘉兴三地。商业网络与慈善事业网络相互关联，江明德起了重要的统合作用。新安六善堂的出现，显然与晚清茶商之兴盛密切相关。光绪二十九年（1903年）九江笃谊堂《新安阖郡劝抽茶箱捐及一文愿启》"特劝茶商按箱乐助"，其劝捐条款规定："每箱抽捐曹平二五银五厘。"由前所述可见，茶捐是太平天国以后一些徽州会馆的最主要资金来源之一，从征信录来看，茶业在晚清民国时期的徽州慈善事业中，占据着重要的地位[2]。

此外，1951年《徽宁思恭堂征信录》之发现，其学术意颇为重大，这从一个侧面说明徽州商人的凝聚力一直持续到建国之初。

（二）稿本《南旋日记》与胡雪岩籍贯之争

我不是一个喜欢凑热闹的人，对于世面上的热点问题一向并不十分敏感。关于胡雪岩的籍贯之争，学界内外的争论向来颇为激烈。对此，十数年来我的介入纯属偶然，而且，前后发表的两

---

[1] 同治九年（1870年）接办松江崇义堂事务者：董事：黄大铺，程如达，程明勋，章殿安；经手劝捐：章柏芳，吴子逸，汪筠斋，王长寅；劝办茶捐：邵春茂，江明德。

[2] 日本学者重田德以民国《婺源县志》为主要素材，指出：晚清民国，就全体徽商的活动而言，茶业的比重增大，使得婺源商人在徽商中的地位有所上升。（见氏著：《清代徽州商人之一面》，载刘淼辑译《徽州社会经济史研究译文集》，黄山书社1988年版，第446页）

篇小文加起来，统共不超过 3000 字。我以为，从学术研究的角度来看，胡雪岩籍贯之争原本是个再小不过的问题，倘若不是一些人罔顾历史事实，以拌嘴式的意气用事代替真正的学术探讨，写 3000 字乃至更少的文字本来就足以解决这个问题。

事情还得从 2006 年年初讲起，根据新发现的清代徽州稿本《南旋日记》，我在《文汇报》"笔会"上发表《胡雪岩籍贯之争当可尘埃落定》一文（2006 年 1 月 16 日），文旁左上方配有日记的一页书影。之所以取这样的题目，本来以为，第一手的新史料之发现，胡雪岩的籍贯之争问题已然解决，从此可以不必再费口舌争论了。殊不料，杭州历史博物馆的高念华研究员近日提出一个惊人的疑问——"《南旋日记》真的是清代人所写的吗？'近年来，为提高一个地区的知名度，各地大打名人牌，希望能以名人效应带动经济效应，胡雪岩也成为争夺的焦点。我对《南旋日记》作了初步的内容鉴定，作者很可能不是清代人，而是一个对古建筑完全不了解的现代人。'"杭州的报导进而提出："《南旋日记》的真实性还有待商榷，要证明《南旋日记》的真伪，恐怕要到北京、上海的古籍权威机构，请专家在技术、墨迹和纸张等方面进行鉴别，事情才有可能水落石出。"（新华社浙江网引 2006 年 3 月 6 日《每日商报》）

高先生的质疑及相关报道让我着实吃惊不小，这涉及对于历史文献和历史事实的基本态度——难道是有什么人在伪造历史文献？还是究竟有什么人罔顾历史事实，故意发表不负责任的惊人之语？兹事体大！看来，学术问题再小，态度都必须认真。这的确是个不得不予辩明的问题。

从徽州到江南：明清徽商与区域社会研究（修订版）

1. 现籍与祖籍——"杭州人"与"徽州人"的争吵

红顶商人胡光墉字雪岩，为清同治、光绪时人，曾在浙江巡抚王有龄幕中办理粮械事，同治初年因故受左宗棠赏识，命其总理粮台，夤缘际会而富甲天下。左宗棠西征之际，胡雪岩殚思竭虑为其筹措军饷，新疆军事结束后，左氏特别为其请功，破格赏穿黄马褂。胡氏商业全盛时期，所开的阜康钱庄和胡庆余堂药铺遍及杭、沪数地，为世人所艳称。后因经营湖丝出口，与外商竞争失败破产，被革职治罪，忧惧而死。

胡雪岩长年活跃于杭州，关于其人源出何处，向来就有两种说法：一种说法是其人原籍徽州绩溪胡里（即今湖里村），后迁往杭州。历史学家陈旭麓、方诗铭、魏建猷先生主编的《中国近代史词典》（上海辞书出版社，1982年10月版）甚至径直写道："胡光墉（1823—1885），安徽绩溪人。"与此同时，也有一种看法认为，胡雪岩应当是杭州人。这种争论由来已久，不过，在2005年却再次掀起波澜，引发了媒体的极大关注。2005年9月2日，高念华先生首先在《中国文物报》上发表《胡雪岩籍贯浙江杭州人》一文；接着，安徽省绩溪县宅坦村村长胡维平先生发表《对〈胡雪岩籍贯浙江杭州人〉的几点辨析》（《中国文物报》11月25日），对此提出反驳；2005年12月16日，高念华、张倩、段虹三人再次在《中国文物报》上发表《评析：误认胡雪岩为绩溪人的例证》，重申了此前的观点。胡维平主要利用徽州乡土史料，尤其是胡雪岩后裔的口碑资料来证明胡氏的祖籍。而高念华为了说明胡雪岩是杭州人，举出了六条证据：

（1）日本铜钟与"钱塘弟子胡光墉敬助"题名；

（2）胡雪岩自撰的"王坟碑"称自己为"里人"；

（3）《杭州府志》记载胡雪岩为杭州人；

（4）左宗棠、李鸿章、阎敬铭的奏折中称胡雪岩为浙江人；

（5）与胡雪岩同时代人的记录称胡为"杭人"；

（6）陈蝶仙称胡雪岩"世居浙江"。

上揭的六大证据胡子眉毛一把抓地在论证胡雪岩是杭州人，即使全都靠得住，充其量也只能说明胡雪岩长年生活在杭州或现籍为杭州，却无法断定胡雪岩的祖籍究竟源自何处。而在事实上，上述的几条证据并不完全符合逻辑：以第1条为例，清乾隆时代前往日本经商的一些商人往往自称是"吴趋（亦即苏州）"人，在自署籍贯时也常常写作"吴趋某氏"，但其中的许多人实际上却是地地道道的徽商，只是活跃于苏州或从苏州出发而已[1]；再如其他5条，同样也可以找到类似的例子。譬如，一些方志、文集和奏折记载乾隆时代的大盐商江春（鹤亭）是扬州仪征人，为扬州盐商，但江春作为著名的徽商却也是学术界所公认的常识。这些，都牵涉到徽州人之现籍和祖籍的问题。

明清以来，徽州是个高移民输出的地区，徽商的如日中天以及徽州文化之繁盛，使得不少徽州移民对于桑梓故里，有着异乎寻常的自豪感和强烈的认同感。清代著名学者汪中之子、扬州人汪喜孙在宋《罗愿〈新安志〉跋尾》一文中指出："吾家先世居歙西古唐，高祖快士先生始迁江都，喜孙少孤，不获闻先世佚

---

① 关于这一点，参见拙文《〈唐土门簿〉与〈海洋来往活套〉——佚存日本的苏州徽商资料及相关问题研究》，载《江淮论坛》1999年第2期、第3期、第4期。

事，每遇人自歙来者，必敬问家乡风俗及遗闻佚说，听之忘寝食矣。"显然，不少徽州人后裔均孜孜以家乡为念。在这种背景下，祖籍与现籍一样受到徽州人的高度重视。民国时人许承尧在《歙事闲谭》中，摘录了北京歙县会馆中的题名榜，其中专门注明那些进士的现籍所在，而这些进士，其祖籍无一例外皆出自徽州。关于这一点，旅美学者何炳棣教授在他的名著《明清社会史论》中也曾指出："徽州府、县方志的编纂者做了大量工作，将官方注籍徽州获取功名者和寄籍他府考中进士的人加以区分——这是因为徽州是一个移民异常之多的地区。但是其他许多方志却没有作这种重要的专门性区分。"可见，对于祖籍和现籍的关注，是明清徽州一府六县极为显著的特色。对于一般的徽州人而言，祖籍与现籍具有同等重要的意义。

揆诸实际，高、胡双方争论的焦点在于，一方说的是现籍，一方说的是祖籍。不明白这一个关键，"杭州人"和"徽州人"的争吵便会无休无止，即使争吵一万年也未必会有结论。

2. 祖籍认同感和乡土意识：祖籍认定的关键

十多年前，笔者在《读书》月刊上发表过学术散文《斜阳残照徽州梦》(1994年第9期)，后来，因黄山市的一位作家对我提及的《儒林外史》中两名徽州文人之籍贯问题存有疑义，我遂撰写了一篇不到500字的小文《胡雪岩及二牛"籍贯"》，其中谈到明清徽商祖籍和现籍的问题，首度涉及胡雪岩的籍贯之争。当时我指出，在谈及中国人的"籍贯"时，首先应区分究竟指的是祖籍还是现籍：

……说（胡）光墉为徽州绩溪人不误，为杭州人亦不误，何故？一祖籍，一现籍耳。根据明清政府的规定，凡在侨寓地拥有田地、坟墓二十年以上者，即可申请入籍当地。故而徽州人所到之处，纷纷求田问舍，以争取尽快土著化。……（不少侨寓异地的徽州）人的现籍虽非新安，但在自我感觉上却认为自己还是徽州人①。

　　在我看来，说胡雪岩是杭州人还是徽州人都没有错，关键在于说话人从什么角度去理解。对此，有人曾提出疑问——既然有祖籍和现籍之分，那么，迁居多少年（或多少代）后还可以算是祖籍？多少年（代）后又可以不算了呢？否则，岂不是人人的祖籍都可以上溯到中原？上溯到华夏先祖？

　　这个问题问得的确很好！其实，关于祖籍，这不是一个可以纯粹用多少年或多少代来计算的问题，而关键在于当事人及其后裔的祖籍认同感及其乡土意识。所谓祖籍认同感，是指他们是否强烈认同于迁出地的桑梓故里。而乡土意识则表现为他们是否与迁出地保持着一定的联系，在侨寓地是否有同乡之间的密切来往，他们在日常生活中是否保存着迁出地的风俗习惯，以及侨寓地社会其他人群对这批人的看法，等等。

　　安徽绩溪胡氏有四个不同的分支，即龙川胡氏、金紫胡氏、明经胡氏（李改胡）和遵义胡氏。胡雪岩的一支属于绩溪胡里的

---

① 《读书》1996 年第 5 期。

　　　　从徽州到江南：明清徽商与区域社会研究（修订版）

明经胡氏，对于胡里这一祖籍地，迁居杭州的胡雪岩有着明显而强烈的认同。这从当时发生的一场官司诉讼中可以清楚地看出：胡里邻村，为周、王二姓所居，名中王村，村中之庙称中王庙，庙内原塑九相公、玄坛和土地神像。在庙前有胡姓祖墓，距离庙门二十余丈。为此，周、王二姓与胡氏纠纷不断。咸丰七年（1857年）因王善庆造屋结讼，后蒙中人调解，庙神各照契税管业。光绪八年（1882年）王姓重塑九相公等像，但胡姓提出，"中王"是胡姓祖先在宋朝的封号，而不是普通的地名，以此彰显胡氏的产权；而王氏则认为"庙以村名，村有王姓，故名中王村，亦名中王庙"。双方为此闹得不可开交。在这场耗时近十年的官司中，胡里人利用胡雪岩的名势，与上庄胡氏（包括胡适先生的族叔公胡贞照、四叔胡介如等人）一起，与王姓展开了旷日持久的诉讼。绩溪县湖里村民间保存有一册《仝王姓交涉公事》抄本，就是这场官司中控辩双方诉讼状词的真实记录。其中光绪九年（1883年）十一月十三日生员王含贞等禀词称：

> ……胡文鸁、胡位中纠率势豪胡运昌、胡贞照、胡玠等，假生村名，冒伊祖封号，捏称伊祖延政公宋封中王，肆行混争，并毁神像，复串通江西补用道胡光墉越控抚宪，谎捏诬控……

同年同月二十八日，王含贞上控徽州府的禀词中，称胡雪岩为"富绅胡光墉"。而在翌年二月十八日的禀词中，则提及：

《仝王姓交涉公事》抄本书影

……江西候补道胡光镛迁杭已久，原籍族谱有虚有实。省、府、县志照谱入，墉未查知。祖宗是否封王，必有信史可考，墉未查知。阳宅阴基，民间争讼，总以国课为重，墓碑家乘不足为凭，例有一定，墉未查知。庙敬九相公，非独身周、王二姓，凡近生村十里二堂各乡居民人等，无不到庙敬香，人口如碑，可传可质，墉皆未及查明，惟据胡位中等面，遽即上渎抚宪，札饬县主讯断……

这是胡里胡氏的对立面王含贞之控词，他指责胡姓族谱"有虚有实"，"虚"的部分是指双方争讼的焦点，亦即胡姓自称中王庙系因胡氏祖先宋时被封中王而得名。从中可见，远在杭州的胡雪岩深深地卷入了绩溪胡里的这场纠纷。而王姓则很明确地指出——胡光镛（雪岩）系从胡里迁往杭州，胡里正是胡雪岩的"原籍"所在。从这一点也可以看出，胡雪岩对于绩溪胡里有着强烈的祖籍认同，否则，他何以需要在绩溪中王庙的诉讼纠纷中出头越控？

除了胡雪岩本人外，其后裔也有强烈的祖籍认同。2004年10月28日，胡雪岩曾孙胡文莹曾亲笔写下《关于胡雪岩籍贯的一点说明》："我叫胡文莹，是胡雪岩的嫡曾孙，我父亲叫胡渭卿，母亲叫章芝仙，都是安徽绩溪人。"这些，也同样可以作为胡雪岩祖籍徽州绩溪的佐证。

更为重要的是，早在胡雪岩事业如日中天之际，到访胡雪岩芝园的徽州人，就已经证实他的祖籍出自徽州绩溪。

3. 稿本《南旋日记》——胡雪岩同时代的证言

去年，我在皖南收集到一册徽州文书稿本《南旋日记》，其中有一段有关胡雪岩在杭州所建园林的记载，这是考证胡雪岩祖籍徽州绩溪最为过硬的第一手资料。据此，我在《文汇报》"笔会"上发表了《胡雪岩籍贯之争当可尘埃落定》一文，该文首先引证了《南旋日记》的记载：

（乙亥十月）初六日，……章君谈及胡氏花园，餐罢，即嘱韶五兄偕余及禹翁、矩兄、其兄进城往游。园名芝园，主人名光镛，字雪岩。未至门，见石板阔而且洁，大有吾乡景象。至门，韶五叩问阍者：胡姓师爷可在内？阍者答以在家，并指点其住处。旋至大厅，<u>胡君出见，是绩溪人，为雪岩侄辈</u>，人甚朴诚，坐谈片刻，即嘱价带游芝园。其大厅上悬御赐"勉善承荣"扁［匾］额，进大厅后数武，见

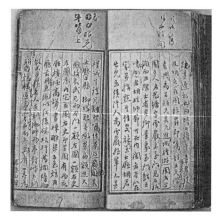

稿本《南旋日记》书影

两（石）门，一额左图，一额右史，左图为内宅花园，右史即芝园，有两花厅，楼极高耸，画栋雕梁，五色炫目，厅前有鱼池，以红丝磁琅玕为栏，旁砌假山，中嵌名人石刻，池畔两亭对峙，木刻楹联书法甚佳。过亭穿石而上，另有一亭，为宸翰亭，较之厅上之楼尤为高耸，凭栏而望，满城屋宇如在井底，城隍山、西湖皆望可尽。惜楼过高，且过于雕琢，近乎洋人格局，而弹琴、下棋及吟诗、作画之室，俱付阙如，据云用去朱提百万方克藏事，以予观之，实觉俗不可耐，不堪久留。良以园主（乃市井中人），胸中邱壑，故布置未能适当耳。欲作一诗以形其景，姑俟之异日⋯⋯

该段描述，是有关胡雪岩在杭州所建芝园的珍贵史料。对于上述的这段记载，我接着分析：

"乙亥"即清光绪元年（1875年），其时，正值胡雪岩的事业如日中天。芝园建于同治十一年（1872年），其得名据说是为了纪念胡雪岩的父亲胡芝田。从《南旋日记》中的文字来看，日记作者与盐业有着密切的关系。文中提及，管园的胡姓师爷为胡雪岩的侄辈，"是绩溪人"，仅此一点，即可反映胡雪岩的生平来历。作者走进芝园，"见石板阔而且洁，大有吾乡景象"，所谓吾乡景象，当指明清以来徽州城郭乡村中常见的大石板路面，这种特色迄今仍体现在徽州的街衢巷陌间。另外，园内建筑"过于雕琢，近乎洋人格局"，可见，这个耗资百万两的芝园，应是融合了徽派与西式元素构建的江南园林建筑。

文章刊出后，《文汇报》"笔会"即收到高先生的争鸣文章。高先生大文的前面部分此前已发表在《中国文物报》上了，没有什么新鲜的内容。他所驳斥的一些观点，也都是针对绩溪县胡维平的，与我毫无关系。但其中针对我的小部分，却对拙文的论证过程作了避重就轻的曲解。因该文后来未被《文汇报》采用，在此我不便征引，这里只引用他在其他地方正式发表的看法：

> 新焦点在王振忠的文章中，认为胡雪岩是安徽人的新证据就是——胡雪岩故居里的芝园铺着"阔而且洁"的石板，乃是徽派建筑。对于这一点，长期从事古建筑和传统建筑研究的高念华认为，王的观点是错误的，胡雪岩故居是杭州传统建筑及部分西欧装修结合的晚清建筑，并非徽派建筑。(新

华社浙江网引 2006 年 3 月 6 日《每日商报》)

上述的观点与他投寄《文汇报》的争鸣文章一脉相承，如果没有读过我的原文，不明就里的读者以为我的论证逻辑是"石板—徽派建筑—祖籍"，而在事实上，这完全是故意曲解我的论证过程。《胡雪岩籍贯之争当可尘埃落定》一文发表后，《文摘报》曾摘引观点：

> 王振忠在 1 月 16 日《文汇报》上说，晚清红顶商人胡雪岩，因其常年活跃于浙江杭州，学界向来有不少人否定他的祖籍来自徽州绩溪。然近读新发现的徽州文书稿本《南旋日记》，内有一段有关胡雪岩在杭州所建园的记载，提及管园的胡姓师爷为胡雪岩的侄辈，是"绩溪人"，由此可断定，胡雪岩祖籍为安徽绩溪已毋庸置疑。(《文摘报》1 月 22 日）

从这段文摘中可见，如果不是刻意曲解，任何明眼人都可以清楚看出，在我的考证中，《南旋日记》提及的胡姓师爷为"绩溪人"才是立论的重点，建筑则并不是重点。因此，高先生认为我以徽派建筑来断定胡雪岩的籍贯，根本不是事实，完全是他避重就轻的故意曲解。

不过，既然高先生对"古建筑"颇有偏好，在此，我也很愿意与他讨论一下古建筑的问题。

高先生有一个根深蒂固的看法——他以为：即使是外地人到杭州，也只会入乡随俗，按照杭州的"传统建筑"建造园林和房

杭州芝园

子。事实上，这种见解完全是错误的。著名的建筑学家陈从周先生就曾说过"少时见杭城建筑，其构架有不类浙中者"，其中尤其是以湖南会馆最为典型，这与太平天国之后在浙江活动的湘军有密切的关系，故此，"建筑犹湘中做法也"。（见《浙江今存湘式建筑》及《杭州之会馆》二文）可见，在杭州，外地人根据家乡风格修建聚落，并非罕见的例子（其实，这在全国各地都不乏其例）。陈从周先生是杭州人，他从小就听长者说过许多胡庆余堂的旧闻。他说："胡（雪岩）为安徽绩溪县人，徽州府所属产药，采购亦方便，其名渐驾叶种德堂之上矣"。在《梓室余墨》一书中，陈从周曾多次述及徽州风俗习惯对杭州城市的影响。而在事实上，外出的徽州人在侨寓地构建徽派建筑，这在明清时代司空见惯，"徽式新屋"甚至一度风靡全国各地。今湖北汉口的紫阳书院（徽州会馆），就是从徽州请来工匠建造的徽派建筑；

今江苏扬州南河下，明清时期"乡音歙语兼秦语"，有不少徽商聚居，他们在当地建造了诸多园亭住宅，颇具徽派色彩，让人强烈地感受到皖南的乡土气息，以致"奉宸苑忆旧时乡"。这样的例子还有许多，毋庸赘述。

《南旋日记》的作者走进芝园，"见石板阔而且洁，大有吾乡景象"，对此，我之所以解读为"所谓吾乡景象，当指明清以来徽州城郭乡村中常见的大石板路面"，是因为民国《歙县志》曾指出：徽州歙县等地"道路皆以石成之，虽穷乡僻壤，入山小径，靡不石也。"这种城乡景观，在徽州人所到的聚居经商之处也随处可见。如扬州、淮安河下一带的徽商聚居处，也都表现出类似的景观。而就杭州而言，从徽州沿新安江而下，便到了杭州，钱塘江滨有"徽州塘"，便是徽商登岸之所。据明万历《杭州府志》记载：杭州的南北二山，原本是杭州居民坟墓集中的地区，成化以后，大约在弘治、正德年间，徽商纷纷"在此图葬"，"冒籍占产"。1936年，陈训慈在《歙县金石志序》中指出："康、乾之间，徽歙人南迁吾浙者数百家，至今严、杭、绍兴沿江诸邑，其后裔聚居犹蕃。"现存于国内外各收藏单位的浙江余杭《鲍氏宗谱》、汪氏《重修迁杭支代表》《杭州汪氏振绮堂小宗谱》《平阳汪氏九十一世支谱》、杭州《汪氏小宗谱》《汪氏振绮堂宗谱》《平阳汪氏迁杭支谱》、歙县《新州叶氏家乘》和《戴氏迁杭族谱》等，均反映了徽商迁居杭州及其周边地区的事实。在这种背景下，杭州城市所受徽州风俗文化的影响亦极深，皖南山水对于杭州更有着重要的影响，对此，建筑学家陈从周先生指出：

明中叶以后述皖南山水之诗文，绘皖南山水之画图，流风所被，盛于江南，至若徽属之人移居杭州、苏州、扬州三地者为数特多，皆宦游经商于其间，建造园林，模山范水，辄动乡情，致移皖南之山水，置异乡之庭园。（《江南园林叠石所本乃皖南山水》）

因此，在侨寓地，徽商修建徽派建筑或在江南园林建筑中吸收部分徽派元素，这是司空见惯的事情。就胡雪岩的芝园而言，我从来没有说过芝园完全是徽派建筑，但在《胡雪岩籍贯之争当可尘埃落定》一文中，我根据《南旋日记》中清人的描述，判定胡雪岩的芝园"应是融合了徽派与西式元素构建的江南园林建筑"，这一基本判断并没有任何问题。

其实，问题的关键还不在于芝园的建筑风格如何，而是《南旋日记》提及管园的胡姓师爷"是绩溪人，为雪岩侄辈"。这一点，才是此次讨论的关键。此前，高先生反复强调——胡雪岩是安徽人的说法始于20世纪40年代：

现在所有用来证明胡雪岩是安徽人的资料，全都是凭推断和猜测的，既没有实物依据，又没有确切的文字记载。把这些误传的口碑当成铁的证据，这在学术研究、考证等工作上是忌讳的。

而稿本《南旋日记》提供的新资料证明——胡雪岩是绩溪人的说法早在清光绪年间（也就是胡雪岩同时代）就已存在。这一新的确切证据无疑击中了高先生的要害，让他完全无法自圆其说，故此，他干脆断然否认《南旋日记》的真实性，声称：

> 我对《南旋日记》作了初步的内容鉴定，作者很可能不是清代人，而是一个对古建筑完全不了解的现代人。

我不清楚高先生如何对拙藏的《南旋日记》"作了初步的内容鉴定"？他只见过《文汇报》上的一页书影，究竟是什么能让他得出作者"很可能不是清代人"，而是对高先生专长的"古建筑"完全不了解的"现代人"？这些，我百思不得其解。不过，高先生这种对于历史文献的态度让人颇感滑稽——按照这种逻辑，凡是看到与自己观点相左的证据，岂不是都可以闭着眼睛一口咬定说那是假的？那么，朗朗乾坤之下究竟还有什么严肃的学术考证？

不过，高先生不负责任的猜疑倒是提醒我们——究竟是清代人看不懂现代的"古建筑"？还是当代的"古建专家"无法理解（甚至读不懂）清代的历史文献？

4. 历史文献的真伪之辩

笔者主要从事历史地理及明清以来社会文化史研究，近十数年来尤其专注于"徽学"，自 20 世纪 90 年代开始，以一己之力，在皖南陆续收集到数千册的徽州文书抄本、稿本，其中不乏珍稀的历史文献。对于徽州历史文献，以我粗浅的知识积累，大概还有一点起码的判断能力。在皖南，单张的契约（尤其是明朝万历至清初的契约）容或会有赝品，但我还从来没有发现现代人有能力无中生有地臆造出一部明清时代十数万字的文言历史文献——这其实是显而易见的常识。

稿本《南旋日记》是我在安徽歙县收集到的珍稀文献，我当然非常清楚这部稿本的真伪。《南旋日记》计有 2 册，第一册日记墨迹书写于朱丝栏簿册上，每页 7 行，封面题作"南旋日记 上"；第二册封面已佚，日记原文书写于"寿詈山馆"的朱丝栏簿册上，每页 8 行，首页即"南旋日记"，书名下题作"寿轩居□（士？）"，可能是作者的自号。该册除《南旋日记》之外，还抄录了"往扬日记"、"（接）癸未南旋日记"和"辛巳往扬日记"等。第二册的开头这样写道：

> 乙亥九月二十七日，晴，午后偕胡禹□（引者按：□表示缺字，下同）、胡矩臣茂才、竹林上船，船泊徐凝门外，送至河干者七人：何君受□、吴君琬如、汪君义山、宋君子□、胡君绍梁、鲍君晓农、许甥有章。有句云：何吴汪鲍多情甚，握手殷勤送上船。是日顺风解缆后，晡刻即到三汊河，舟行甚速……

"乙亥"也就是清光绪元年（1875 年），文中提及的何、吴、汪、宋、胡、鲍、许等人，我未暇查考，但上述诸姓基本上都是徽州的著姓则断无疑义。而作者上船的徐凝门又叫徐宁门，为清代扬州新城的七个城门之一，此处为扬州中河下和南河下的分界。在清代，从新城钞关东沿内城脚至东关为河下街（分为上河下、中河下和南河下），是著名的盐商社区，为徽州人鳞集麇居之处。作者一行人从徐凝门上船，沿大运河南下，到无锡时，"至锡、金盐公栈，……与宗人秀庭聚谈片刻，栈内同事甚多，兼卖零盐，与两淮盐栈迥异"。可见，作者对于两淮盐栈相当熟悉，故对无锡、金匮盐公栈与两淮盐栈的区别瞭若指掌。另外，据《南旋日记》所载，作者的起点是扬州的徐凝门，终点则是徽州歙县北乡的许村，这里与胡雪岩的祖籍地——邻县的绩溪胡里村相距不远，自明代以来便是盐商辈出之地。根据这些，我在《胡雪岩籍贯之争当可尘埃落定》一文中判定"日记作者与盐业有着密切的关系"。

十月初五日，日记作者到达杭州，对此，《南旋日记》的记载如下：

> 初五日，阴，微晴。六点钟开船，十点半钟至杭州，泊孙老娘船行后门，随将行李等件，由行叫担，挑至凤山门外豫隆茶行。余与禹翁叔侄并禹翁价步行约数里，即见西湖诸山带笑相迎。进武林门，已一点钟矣。街甚阔，然极冷落，惟镇海楼一带街市招牌金碧辉耀，如铺锦焉。两点半钟，出凤山门。三点钟，至豫隆行，夜宿行内，楼上执事章辅堂，人极朴实，款接甚殷。章，绩溪人，与禹翁有葭莩亲。

可见，日记作者到达杭州后，即住在凤山门外的豫隆茶行。茶行的执事章辅堂为徽州绩溪人，他与日记作者同行的禹翁是亲戚。而这位"人极朴实"的绩溪人，也正是十月初六日提及胡氏花园、建议日记作者等人前往胡雪岩芝园参观的那位"章君"。

日记作者显然得到绩溪人章辅堂的介绍，才得以进入同乡胡雪岩的芝园游览。因此，这一段记载在内容上没有任何疑义。在这种背景下，日记提及的胡雪岩侄辈——胡姓师爷"是绩溪人"，显然可以征信。根据这一同时代人的证言，胡雪岩出自徽州绩溪，自属毋庸置疑。

行文至此，我不禁想到建筑学家陈从周先生的两句话："鉴定古物须结合文献""考证研究不可轻下结论"。想来，这应当是作为建筑大师的有感而发。高先生的"古建筑"造诣如何我不太清楚，但他对历史文献的处理一向极其轻率却显而易见。前文提及的绩溪县民间保存的《仝王姓交涉公事》抄本，数年前我就曾仔细阅读过该抄本的复印件，这份诉讼案卷详细记了清光绪年间胡氏为位于中王村头的祖庙归属所打的官司，其中曾提及"胡光墉迁杭已久"，完全可以作为胡雪岩祖籍绩溪的旁证。不过，由于《仝王姓交涉公事》中存在一些俗体字，与现代的简体字相同，高先生等人在《中国文物报》上批驳胡维平的见解时，仅仅就根据这一点，轻率地否定了那份历史文献的真实性。事实上，现代简体字的确定并非完全向壁虚构，毫无渊源，其中的不少本身就是采用民间相沿已久的俗体字，与现代简体字相同或相近的俗体字在不少民间文献及实物中早已出现，而在明清徽州文书中更是屡见不鲜。高先生等人的观点，完全是缺乏文献常识的表现。（关于这一点，此前杭州浙江大学古籍研究所的一位博士生，就以古代的简体字为研究课题，写了一篇博士学位论文，并已通过答辩。高先生等倘能就近向他请教，或许就不会如此轻率。）

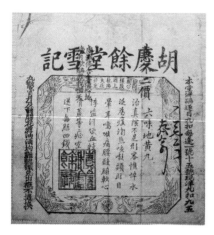

"胡庆余堂雪记"仿单

5. 余论

需要再次强调的是，胡雪岩的籍贯之争本来是个极小的学术问题，原本二三千字的小文即可解决的小问题，结果却不得不写更长的文字，浪费了报刊更多的版面以及读者更多的时间，这是我始料未及的。

其实，祖籍徽州，现籍杭州，这样的学术结论丝毫无损于绩溪与杭州这两个历史悠久的文化名城——新安江的血脉贯通，促成了明清以来人群的流动和地域文化的交融，这本是明清社会文化史研究方面的通识。有容乃大，或许这才是人们超脱狭隘地方利益所应有的胸襟，也是我们解决胡雪岩籍贯之争本应具备的理性态度。

附识：

（1）本文成稿后，偶读安徽省博物馆及黄山市黄山学院图书馆收藏的一些徽州文献，发现那位建议《南旋日记》作者等走访胡雪岩芝园的绩溪人章辅堂之事迹：其一，光绪戊寅年（1878年）初刊的《唐栖新安怀仁堂征信录》（黄山学院藏），所载"同治四年乙丑至光绪二年丙子十二载总共募捐数目"中，列有章辅堂的名字，他曾捐洋一元。（页20上）唐栖亦即杭州附近的塘栖，据近代黟县典当商余之芹的《经历志略》，胡雪岩在当地开在典当铺。其二，安徽省博物馆所藏杭州《新安惟善堂征信录》中，有光绪七年（1881年）《呈送议定章程禀》，末尾所列的新安惟善堂董事名姓中亦有章辅堂。这些，都可从一个侧面印证稿本《南旋日记》中的记载。

（2）杭州的"胡雪岩故居"是由高先生负责修复的，但其中究竟有多少保存了昔日胡氏豪宅的旧貌实在不得而知。别的暂且不说，"故居"中有一块匾叫"勉善成荣"，这与《南旋日记》作者看到的那块"勉善承荣"匾不同，到底哪一块是正确的？今查《李文忠公奏稿》，李鸿章在《林维源母请匾额片》中指出："同治十二年四月间，经陕甘督臣左宗棠奏请，……赏给胡光墉之母'勉善承荣'匾额一面，钦遵转行在案。"看到这样的原始文献，我不禁为当代的古建专家捏一把汗——胡雪岩及其同时代的人倘若有幸再度步入芝园，看到眼前的"古建筑"以及文字错讹、半通不通的"御赐匾额"究竟作何反应？是哑然失笑？还是哭笑不得？届时，恐怕被嘲笑的就不是"市井中人"的"胸中邱壑"了！

（3）古建专家根据陈蝶仙小说《胡雪岩外传》等对杭州"胡雪岩故居"的修复，存在着诸多的问题，随着稿本《南旋日记》的发现，以及其中对芝园的详细记载，大有重新检讨之必要。此处限于篇幅不再展开，倘有需要，笔者将另行讨论。

三、徽人作品中的江南社会文化

（一）《太平欢乐图》的创作及其传承脉络

《太平欢乐图》是清代乾隆时代的一部图文图书，目前存世的版本不止一种，最为常见的是晚清光绪十四年（1888年）积山书局的石印本，此一版本，1969年和1996年北京中国书店均曾翻印出版，故而流传最广。此外，还见有两种完整的彩绘本：一种跋于道光八年（1828年），该书于2003年由学林出版社出版；另一种则是上海图书馆收藏的"乐闲临本"①，初跋于道光十八年（1838年）。

数年前，笔者曾通过对该书源流的梳理，基本厘清了作者的出身背景及全书的顺序脉络，并透过解读书中图幅反映的社会文化风俗，较为细致地展现了盛清时代江南的日常生活图景。当时

---

① 关于该书的确切名称，感谢丁小石先生的指教，见氏撰《"乐闲馆本"还是"乐闲临本"？》，载《东方早报·上海书评》2015年3月1日。

的研究，主要是对比光绪石印本与道光八年彩绘本的相关内容而作^①。此后，笔者又获睹上海图书馆收藏的"乐闲临本"，并陆续找到与之相关的不少背景资料，遂续作此文以供进一步的讨论。

1. 三个徽州人的杰作

乾隆四十五年（1780 年），清高宗第五次南巡，浙江画家方薰（兰坻）将《太平欢乐图》册，通过曾任刑部主事的金德舆进呈内廷，结果受到了乾隆皇帝的嘉奖。

关于该书的缘起，石印本前有光绪十四年（1888 年）钱塘吴淦的序文，其中提及——《太平欢乐图》系由金德舆让方兰坻画的，共一百幅，画旁附有说明，这些说明出自赵味辛、朱春桥等人之手，最后由鲍以文将之题为"太平欢乐"。

方兰坻即方薰，亦号兰士（生于乾隆元年，卒于嘉庆四年），浙江石门人，祖籍来自徽州。据余霖所纂《梅里备志》记载，方

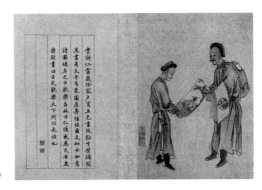

乐闲临本《太平欢乐图》

① 王振忠：《太平欢乐图——盛清画家笔下的日常生活图景》(上、下)，《读书》2006 年第 11 期、第 12 期；参见拙著《千山夕阳：王振忠论明清社会与文化》，广西师范大学出版社 2009 年版，第 196—241 页。

薰字兰坻，一字懒儒，号樗庵，先世自徽州歙县迁往石门。其父方梅畀，也擅长诗画创作，自号"白岳山樵"。"白岳"即徽州休宁的道教名山齐云山，这是方氏不忘祖籍地缘的一种自我标识。方薰"生而敏慧"，十五岁就跟随父亲游历三吴、两浙，后来侨寓浙江嘉兴一带。父亲去世后，他先后在桐乡程氏、金氏以及濮院濮珊园家为客。濮院是明清时期江南的五大名镇之一，而濮珊园则是濮院当地著名的收藏家，其人"好法书名画，不惜厚价购得之，摩挲终日不倦。友人以书画相质，辨真伪不爽苗发。石门方兰坻先生与公契合，过梅泾，下榻草堂中，论诗读画，相视莫逆"。方薰曾为濮珊园画有《松阴晏坐小像》，诸名士题咏甚多。而方薰的另一位主人金氏，也就是桐乡金德舆家。据载，方薰初至金家时，德舆尚为翩翩少年。因其母虔奉佛教，遂留方薰在家写经，并为之图绘佛像。及至金德舆成人之后，他对绘事亦颇擅长，癖嗜书画，收购了嘉兴著名藏书家项元汴庋藏的名迹，让作为食客的方薰悉心摹仿，于是，后者得以"朝夕点染，山水人物，草虫花鸟，悉臻其胜"。

在乾隆时代，方薰因其绘画技艺而蜚声远近。不过，他在与弟子论画时特别强调："学博者理深，诗工者趣永。"在他看来，绘画不只是一门技艺，它的意境还与个人的文化修养密切相关。光绪《石门县志·艺文》中，列有方薰的《静居遗稿》4卷、《词》2卷、《诗话》2卷和《画论》1卷，在对作者的介绍中指出："方兰士山水花卉，得宋元人之秘法。工诗，极清厚，在大历十子间。"该书的《遗文》中，还收录了洪亮吉的《跋方布衣薰所作〈春水居〉长卷后》。这位同为侨寓徽商后裔的著名学者，对方薰之画艺给予了高度的评价。当时人认为，方薰"诗画人品皆卓绝"，其人"善绘花草"，"山水结构精微，风度闲逸，花鸟草虫佳妙"，世传有《方兰坻花卉卷》。另外，方薰的"和人咏物诸作，亦极工妙"，所作《菜笋赞》《黄芽菜赞》等，对日常生活中的蔬中雅馔，描摹得相当生动。据说，当时海内著名画家屈指可数，而像方薰这样兼擅众长者更属凤毛麟角，故而声名日重，常常有人以千金前来礼聘，但都为方薰的主家金德舆所谢绝。后来，著名学者阮元视学浙中，慕其名声，招聘方薰前往，后者只得前去杭州，待了一年以后返归故里，不久便得病去世，卒年六十四岁。

清代画家蒋宝龄在《墨林今话》卷5中，列有方薰的一个小传，其中提及：方氏"生平多病，又因凿齿半人，遂绝意科举，以画隐耳。"这是说方薰为人多病，身体残疾，无法参加科举考试，故而只能在绘画上精益求精。大概是除了画艺之外身无长物，方薰在经济颇为拮据，直到中年以后才入赘梅里王氏，后来僦屋居住在桐华馆附近，与主人金德舆似乎有着相当牢固的人身依附关系。或许是长期寄人篱下，方薰显得颇为敏感，对于日常生活的观察亦相当细致入微。例如，他曾作有《踏塘车》诗：

去年踏塘车，田中赤裂飞黄沙。
今年踏塘车，田中晃泱多鱼虾。
去年一旱三五月，今年风雨横交加。
踏车一日，雨落一尺。
水深转车足无力，雨中踏车愁偪仄。

昨日前日不得息，今日已暮仍乏食。

雨不止，车不休。田中水，禾没头。

眼中泪，车上流。子鬻去，妻难留。

妻难留，道旁哭。来日何人共车轴？

踏塘车，声辘辘。

关于踏塘车，根据清人钱泳《履园丛话》等书的描述，在江南各地的使用极为普遍。当时，每逢旱魃肆虐，农民就用多辆水车将大河之水戽入支河，以便灌溉。浙江石门地处杭嘉湖平原，以踏塘车灌溉民田或排涝抗灾的做法相当盛行。方薰别署"御儿乡农"（崇德古称御儿，亦作语儿），结合上述的诗作来看，此一自号的确是名副其实——方薰熟谙民间疾苦，他在内心深处颇能贴近普通民众的日常生活。由此推想，《太平欢乐图》对民间日常生活的生动展示，恐怕并非偶然的巧合。对此，清嘉道年间陶樑的《红豆树馆书画记》卷7，有《国朝方兰士合景小册》，其中提及："……比部于纯皇帝南巡，曾进《太平欢乐图说》凡一百余页，兰士为之作图。向日杭城市易，卖鸡者多越人，卖布者多湖人，皆能曲肖其神。"《太平欢乐图》一图一说，故亦有《太平欢乐图说》之称。文中的"比部"，亦即食客方薰的主家金德舆，此人曾做过刑部主事，所以被雅称为"比部"。

关于金德舆，清人王昶《蒲褐山房诗话》中有一小传：

（金德舆）字云庄，号鄂岩，桐乡人，监生，官刑部主事，有《桐华馆吟稿》。

云庄能诗善画，累世所藏法书名迹及宋刻书甚富。南巡时，择善本以进，有文绮之赐。又藏岳鄂玉铜爵，一时能诗者作歌以咏之。入赀为刑部主事，不久乞病归。所居桐华馆，擅图书花木之胜，与蒋君元龙、方君薰等流连文酒，四方名士过桐乡者，必造请盘桓而后去，扫门投辖，初无倦意。

此后，光绪《桐乡县志》也提及：金德舆七岁即能赋诗，为人嗜好读书，考求金石图史，收藏名人翰墨，兼工书画。乾隆四十五年（1780年）南巡，因奉献《太平欢乐图》册、宋板《礼记》等书，蒙恩赏给缎匹。后来宦游京师，喜结纳当世贤士大夫，率以风雅相高，数年告归，筑桐华馆于邑中，延致四方名流，极谈宴唱酬之乐。

根据上揭诸书的记载，金氏家境殷富，且"入赀为刑部主事"，故而似可推知其人应出身于商人世家，他的刑部主事也是由捐纳而来。关于这一点，可以得到其他史料的印证。事实上，与方薰一样，金德舆亦与徽州有着密切的关系。金氏祖籍徽州休宁七桥，与徽州的许多家族一样，在明清时代纷纷迁往长江三角洲各地，他们以雄厚的财力，购藏异书，与文人墨客投缟赠纻。仅在嘉兴一带活动的金氏家族成员，就有金檀、金弘勋等人，这些人都是著名的藏书家。金德舆是金檀的从孙，家有桐华馆，所藏法书名迹及宋刻本甚富。当时，金德舆与赵怀玉、方薰、鲍廷博等人经常在一起合作校书，并与苏州一带的侨寓徽商藏书家程氏等过从甚密。

鲍廷博字以文，号渌饮，祖籍歙县西乡长塘村，以父祖经商于浙江而寄寓杭州，后迁居桐乡县杨树湾。他好古博雅，喜购秘籍，为清代前期著名的藏书家，编有《知不足斋丛书》。方薰的论书画数种，即刊入鲍氏的《知不足斋丛书》。乾隆三十八年（1773年），鲍廷博嘱其子士恭将家藏宋元刊本、名家抄校本凡六百余种，进献四库全书馆以备采择，此举受到乾隆皇帝的嘉奖，获赐《古今图书集成》一部。鲍氏与金德舆过从甚密，据光绪《桐乡县志》记载，金德舆"与知不足斋老人鲍渌饮善。一日，渌饮过访共饮，方谈笑间，掷杯于地，呼之已逝矣"。这段记载反映了二人关系之莫逆，可谓一醉方休的生死之交。鲍廷博与方薰亦有相当多的交往，方薰的一些画作上，也见有鲍氏的和诗。

综上所见，上述三人均系徽州出身：金德舆祖籍休宁，画家方薰祖籍歙县，是金德舆招养的门人，而徽商鲍廷博也出自歙县，他是金德舆的好友。《太平欢乐图》一书从选题策划至题名，再到最终供奉宸赏，是他们三人共同的杰作。此外，朱春桥即朱方蔼，为朱彝尊的族孙，其人系金德舆的舅舅；而赵怀玉（味辛）则是金德舆的姐夫。另外，在上述的五人中，核心人物是金德舆和鲍廷博。鲍廷博为著名的收藏家，兹不赘论。金德舆之桐华馆，也是文人墨客时常聚会的场所。前文提及，金德舆耽于书画金石，收藏有嘉兴项氏的诸多旧藏，当时，过往桐乡者，往往会在桐华馆内盘桓数日，故桐华馆之名，在江南的文人圈内声名显赫。清人俞蛟在《梦厂杂著》卷7《读画闲评》中指出：

方薰字兰如，家檇李之石门，因自号御儿乡农，貌朴野如山僧，性高逸，狷介自守。工诗古文，善书，尤长于画，凡人物山水花鸟草虫，靡不臻妙。桐乡金云庄西曹有墨林之好，收藏极富，闻兰如名，致简招之，出古贤名迹以示，真赝品藻无讹，因属为摹仿，以试鉴赏家目力，脱手无不乱真，西曹心折，而兰如六法亦从此益进矣。

　　这一段记载颇为耐人寻味——金德舆长期招养方薰，他所展示的丰富的古董收藏，对方薰画艺之精进产生了重要的影响。与此同时，作为艺术赞助人，金德舆也让方薰摹仿古贤名迹，而后者的仿品居然可以达到以假乱真的程度。至于此种摹仿究竟只是偶一为之，还是批量生产，因记载语焉不详我们无从得知。不过，嘉庆时人黄凯钧即曾指出："郡城皆金阁各种笺纸，印板山水、人物、花果、翎毛，亦出方君之手，习绘事者咸珍为粉本。""皆金阁"应是当时在嘉兴府城开设的一个文化用品商店，出售有各种笺纸，以及山水、人物、花果、翎毛的印板，其中最为著名的如"折枝花鸟图板"，为不少文人墨客所津津乐道。例如，著名金石学家翁方纲即曾指出："尼山书院募修之文，弟于岁初在省城已敬撰就，其时因大册纸粗，未能写入，直至出巡，于考棚内觅得皆金阁小笺数块，始为敬作寸内小楷，寄回省城，裱入大册。"现存的翁方纲致陆恭手札，就是书写在皆金阁制笺上的，内有"山静居图，皆金阁造"的轮形印记。另外，《成亲王临绛帖卷》中也提到："春雪连日，寒不出户，笔墨积润，适得嘉兴皆金阁新制笺，漫临绛帖数段，虽不写山阴乡侯帖，甚盼时晴也。己酉二月廿七日皇十一子戏识。"可见，皆金阁的笺纸，极受文人、官僚乃至皇室宗亲的喜爱。当时，皆金阁的商品因其相当精美，且具档次，故而在江南的一些地方，甚至还出现了皆金阁文化商品的仿制品。例如，徽州歙县岩寺某氏，就"钩摹小华山中卉，仿研皆金阁样笺"，这里的"小华"是指岩寺北面的黄山，此人"摹僧雪庄所画黄山奇卉图，仿嘉兴皆金阁样，锓木研笺"。潘吉星先生在《中国造纸史》中曾提及，北京故宫博物馆所藏乾隆年制研花彩色粉蜡笺，研有复杂的人物故事图案，包括萧翼赚《兰亭》《赤壁赋》、卢仝烹茶、葛巾漉酒等故事图案，纸左下角压出"山静居画，皆金阁造图"印记。其中的"山静居"，亦即方薰的斋名。此一印记标明图案设计出自著名画家之手，再由皆金阁研造。由此可见，方薰已深深地卷入了当时的文化商品之运作。这一点，也让人联想到：方薰侨寓的桐乡一带，与当时的对外贸易港口——平湖县乍浦镇同属于嘉兴府，且相距不远。而从鲍廷博诸人与海外贸易（特别是对日长崎贸易）的密切关系来看，我们还不能不怀疑，当时的确有不少类似于方薰这样的高手，通过制造各种名家的仿品，随着海外贸易流入日本、朝鲜各国。

2.《太平欢乐图》之传承脉络

《太平欢乐图》为乾隆时代的图文图书，一图一说，故亦题作《太平欢乐图说》或《太平欢乐图册》。据说，方薰原创的《太平欢乐图》画册进呈内廷后，曾留了一套副本在金德舆处。因这套画册得到乾隆帝的褒奖而名扬天下，故而金德舆保存的副本也为世人所瞩目，周遭的人们争相借阅。根据石印本序文，光

《太平欢乐图》

绪十四年（1888年）刊印的《太平欢乐图》，是潘振镛（雅声）、潘振节（叔和）兄弟二人根据方薰的《太平欢乐图》副本，以石印的方式刊行。光绪十四年七月二十一日（1888年8月28日）的《申报》上，有《太平欢乐图》一书的广告：

> 图为桐乡金鄂岩比部倩方兰坻先生所绘，乾隆五次南巡，进呈〇〇〇御览，蒙〇〇〇恩赏给缎匹。图凡百叶，叶各有说，笔墨精良，疏证明确，固不待言。今得副本，付诸石印，衬订一本，码洋六角，即日出书。凡申、杭、苏、闽、京、津、川、汉各书坊均有发售，如欲趸购，上海向积山书局钱东桥、潘雅声，杭州向高银巷口亦西斋书庄潘叔和面议。

潘振镛字雅声，又署亚笙，嘉兴濮院人，善画人物仕女，代表作有《十二金钗图》等作品。他与其弟潘振节，同为嘉兴鸳湖派画家的代表人物之一。晚清民国时期，兄弟二人曾先后活跃于杭州、上海等地。

笔者认为，从内容上看，光绪石印本最接近《太平欢乐图》的原貌。该版首幅为《吉祥如意万年青》，这是对康熙帝歌功颂德的内容，故而排在了首幅。在对先皇的嵩呼遥祝之后，接着的九十九幅依照岁时节序渐次展开。此种脉络顺序，与乾隆以后出现的不少民俗著作（如《清嘉录》等）颇为类似。据此，我们可以按时序串起一长幅完整的城乡生活画卷。

《太平欢乐图》的副本，后来有相当不少的摹本。画家蒋宝龄在《墨林今话》卷 4 中提及，进呈的《太平欢乐图》最早是方薰为金太夫人所代绘，图幅的内容"悉系两浙风物，各缀小跋，考订极详。顷见石西谷临本，因并记之"。石西谷即归安（今浙江湖州）人石渠，是清代中叶的画家。可惜他的这个临本，我们今天已无缘得见。

目前，除了光绪石印本之外，另见有两种《太平欢乐图》的完整彩绘本[①]。其中的一种跋称：

> 《太平欢乐图》，方樗庵先生所作也。其画后小记，系赵味辛司马、李敬堂大令相与往复辨析，一一考之图经，稽之

① 另，2008 年嘉兴博物馆从民间收集到《太平欢乐图》，据说亦是董棨的摹本，但仅 36 幅（另有其子董耀的跋语），见于能《太平欢乐图：二百年的传奇》，《南湖晚报》2011 年 5 月 23 日。

舆地，不敢稍参臆见，故无蹲陋之议也。其正本于己亥春仲，为金云庄比部呈供内廷。丁卯初夏、季冬，湘船濮丈假陈丈所藏副本，嘱家君临摹全册，并命燿录小记于后，缘跋其所由来云。

道光八年岁在著雍困敦陬月秀水董燿谨识。

　　该跋对《太平欢乐图》册的说明部分，作了极高的评价，认为这些说明言之有据，相当严谨。其中提到的两个参与者，一位是赵味辛（亦即赵怀玉），此人为乾隆朝钦赐举人，后官至青州同知，是当世的名士，《乾嘉诗坛点将录》就誉之为"铁笛仙"。而另一位李敬堂也是嘉兴人，曾在湖北当过县令。这与光绪石印本序的说法稍有不同，后者说《太平欢乐图》的说明部分，出自赵味辛和朱春桥之手。朱春桥"宿学能文，兼擅绘事"，乾隆二十七年（1762年）春，清高宗第三次南巡，他以所画花卉图进呈，受到皇帝的赏赐，并为远近所艳羡。朱春桥为金德舆的舅舅，后者于乾隆第五次南巡时上呈《太平欢乐图》，应当也是袭其娘舅之故智。另外，此跋还对道光八年（1828年）本之由来作了说明。其中提到的"湘船濮丈"亦即濮院人濮承钧，此人字湘船，曾与同里文人合辑有《濮川所闻记》6卷续编2卷。民国时期夏辛铭所编的《濮院志·寓贤》中，收有方薰及其弟子杨培立的小传。在后者的小传中，提及濮承钧之生平事迹：濮氏"多藏书，多蓄名人书画金石文字，喜培立精鉴别，培立亦乐得资闻见，遂家于梅泾。画不多作，喜临摹古人，得其用意处，不规规形似……"看来，杨培立与方薰当年客于金家的情形颇相类似。

前揭跋文中的"丁卯"，也就是嘉庆十二年（1807年），这是说嘉兴画家董棨根据方薰《太平欢乐图》的副本，临摹了一册《太平欢乐图》。此即上海学林出版社2003年10月出版的《太平欢乐图》，书中也包括一百幅的彩色图片，题作"清董棨绘、许志浩编"。关于董棨，光绪《嘉兴府志》曰：

> 董棨字乐闲，自号梅泾老农，画受石门方薰指授，山水人物花鸟草虫，各称精妙。尤喜写蔬果，点染生新，书法颜、褚，兼爱祝允明行草。暮年构嘉会堂，濡毫吮墨，著有《画学钩元》。得其传者，诸生陈铣号莲汀，苍劲秀逸，著名濮川。

董棨为方薰的另一弟子，也是嘉兴著名的画家，《虚斋名画录》《爱日吟庐书画录》等书中，多有其人对书画的鉴定。前引彩绘本跋中的"陈丈"，应即此处的陈铣。此人也是嘉兴人，《墨林今话》称之"好古精鉴，善书法"。他是董棨的弟子，《太平欢乐图》的副本即由其人所收藏。另外，《爱日吟庐书画续录》卷7中有《清陈铣行书尺牍册》，内有一信，提及董乐闲画有《五伦图》，岁暮之际，陈铣为之向朋友（买家）讨要润笔，由此可见两人之间的关系。

除了道光八年本之外，目前所见的另一种本子，即上海图书馆收藏的乐闲临本《太平欢乐图》。该书有两个跋，其一曰：

> 《太平欢乐图》，方樗庵太夫子作也，每页缀以小记，分

注名物，乃赵味辛司马、李敬堂大令相与博采群书，悉以校订，颇无间。然其正本于乾隆己亥春仲为金云庄比部进呈乙览，而藏其副本于家，继归于绿天书舫陈氏，藏之有年，后忽为吴回取去。于是樗庵太夫子副本、真迹，不可复睹矣。家君向有临本，藏于松月寮濮氏暨禾郡陆氏，今致祥别驾假陆氏藏本，属家君摹全册，燿录小记，以仿前规，书竟，因跋数语，以志其始末云。

道光戊戌夏五月秀水董燿。

道光戊戌即道光十八年（1838 年）。此一跋文与前揭之跋有两点不同：一是时间上要晚十年，二是内容上更为详细。该跋特别是对方薰副本以及临本的流传，有着更为细致的描述。陈铣作有《三友图》，其上的款识有："道光己酉秋日莲汀铣写于绿天书舫"，可见，此处的"绿天书舫陈氏"即陈铣，也就是道光八年本跋中的"陈丈"。另外，该跋还指出，董棨的临本不止一种，而该册则据其中的一种临本再度临摹。因此，该书是方薰副本的临本之再临本。

此外，这一彩绘本还有另外一跋，曰：

此图为秀水董乐闲棨临方樗庵本。乐闲居邑之梅泾，号梅泾老农，又号石农，善花卉翎毛，师法方氏，中岁变以己意，其运笔点色，意态繁缛，而笔致清脱，众史弗及。山水人物，俱见工力。其子耀［燿］，号枯匏，又号小农，诸生，善诗工楷，山水法倪、黄，颇有意致，尝自镌一印，曰

"陶诗欧字倪黄画"，其自负诚不凡矣！图共百页，精心临摹，形神毕肖，各页有枯匏楷书小记，自首至尾，均极工整秀丽，乔梓合作，洵为难得！可见太平之世文士墨客潜心书画，累月经年，方克成此。今值文化衰颓之日，书画碑板无人问津，余以乡先贤之遗作，堪为我邑之文献，廉价得之，方私心窃喜，而人咸哂之，谓是可为充饥之物欤？余笑诺之。至图中所绘肩挑负贩之形形色色，余幼时尚得见之，今观全册，历历如在目前，以视今之肩贩者之情况，迥不相同，尤不胜今昔之感尔。

庚寅元旦，后学陶山陶昌善呵冻识，时年七十有一。

根据《两浙輶轩续录》《墨林今话》等书的记载，董燿字小农，号枯匏，其人博览群籍，旁及内典，工端楷。代表性作品之一，是在贝多叶上写经十余种，细如蝇头，极为精致。而此跋的作者陶昌善（1879—1950）也是嘉兴人，工书画，富收藏，收藏北魏墓志拓片尤多。庚寅为1950年，也就是陶昌善在世的最后一年。在此，陶昌善指出，该图说是董棨、董燿父子珠联璧合的作品，相当珍贵难得。只是自己生不逢时，虽然廉价得此珍品，但却为旁人所哂笑，这让这位民国时代著名的书画收藏家不禁百感交集……

综上所述，好几位经手的嘉兴人是将《太平欢乐图》看作是乡邦文献，故从其创作到各种摹本的出现以及流传，都与嘉兴人密切相关。道光八年彩绘本与道光十八年彩绘本因同出一源，故其一百幅在内容上完全相同，只是排列的顺序偶有差异而已。相较光绪石印本的脉络，两种彩绘本完全不同，可能是在辗转流传、摹写以及重新装裱的过程中发生了严重的错乱，从而打乱了其原先的排列顺序。这种情况或许由来已久，嘉庆年间嘉善人黄凯钧即曾指出：

> 桐乡方兰坻先生薰能诗善画，在同邑金比部鹤年家盘桓最久。尝绘《升平欢乐图》百幅，纵仅尺，横稍减，皆作小经纪卖买肩挑而手提者。首幅书贾，次及纸鸢、春灯、筐篚、蚕箔、蛮檐、荆篮一切器用，至担上四时蔬果，无一不备，殿以几上结子万年青一盆。人皆国朝冠服，左右各小楷，载众物原始。比部装潢进呈，有副本装五册，每册二十页。令嗣协堂出示，予始获见。其写人物笔工而逸，设色淡雅，情状逼真，非他人所能及也……（《遣睡杂言》卷5《升平欢乐》）

由此可见，《太平欢乐图》亦名《升平欢乐图》，原本为100幅，分装5册，每册20页。黄凯钧所见到的这个副本，首幅是"书贾"，这显然就是指光绪石印本的第41幅（即学林本的"归安卖书人"）。推测这应当是第3册中的第1张，但黄氏误以为这是第1册中的第1张，故有此说。这说明，当时借阅的人已对全书之脉络不甚了了。

我曾仔细比较过三种版本，发现道光八年版、十八年版与光绪石印本有着很大的差别。除了排列顺序完全不同之外，前两种与后一种版本的100幅图中，都各有一张未见于另一种版本。石印本的第 45 图，是有关嘉兴净相寺檇李的画图，就未见于道光八年版和十八年版。后二者为了凑足 100 幅，却多出了一幅（亦即道光八年版的第 85 幅《卖柴爿》和十八年版的第 87 幅《樵薪为业》，该图未见于光绪石印本）。何以出现这种情况？确切的原因不得而知，推测是因为董棨当时未得《太平欢乐图》的全本，少了那张嘉兴净相寺檇李的画幅，故而只好摹仿原书的风格，临时加了一幅《卖柴爿》。此外，道光八年版和十八年版是董棨根据方薰的《太平欢乐图》副本临摹及再临摹而成，因此，在构图和画法上均与光绪石印本有着明显的差异，最突出的一点是《太平欢乐图》作为图文图书，其说明文字在光绪石印本中是书于画的旁边，而两种彩绘本均是文图分列，一幅图配上单独的一张文字说明。此外，各种版本中的有些图幅，在画法上也有一些细微的差别①。大致说来，以两种彩绘本来看，道光八年版有的图幅显得较为粗糙，缺乏活力。而道光十八年版在某些方面更为认真一些，并改正了先前的一些错误。

3. 从"合家"到"天下"

从对光绪石印本 100 幅图的排列顺序之分析来看②，光绪石印本为方薰《太平欢乐图》的副本，实际上更接近其本来面目。而从《太平欢乐图》的传承脉络来看，道光八年彩绘本只是方薰《太平欢乐图》副本的摹本，而十八年彩绘本则是摹本的再临本。当然，尽管如此，该两种因系彩色绘图，较之石印本显然更为传神，自有其独特的观赏价值。

---

①② 关于这一点，详见拙文《太平欢乐图——盛清画家笔下的日常生活图景》。

透过《太平欢乐图》，我们直观地感受到乾隆时代杭嘉湖地区民众的日常生活气息。值得注意的是，《太平欢乐图》一书始终强调"太平"二字。光绪石印本第1幅的万年青，其寓意就是"本朝亿万年太平一统之征"；第2幅浙江闾阎间元旦吹箫击鼓，所吹之箫叫太平箫，所击之鼓叫太平鼓；第3幅元宵灯市中，街巷彩棚所悬的各色花灯上写的字，也是"天下太平"；第10幅《太平纸鸢》，浙江人在芳草如茵、菜花满地的春天时节，群儿外出郭外聚放风筝，风筝之上也写着"太平春景"四字，以使"名合嘉征"；第100幅说除夕时人们在墙壁、窗户上张贴五色画纸，其中就有《太平有象图》，这与开篇的"本朝亿万年太平一统之征"首尾遥相契合。

当然，太平盛世的繁华绮丽毕竟难掩社会极度悬殊的贫富分化。《太平欢乐图》是金德舆献给乾隆皇帝的，他在《呈〈太平欢乐图〉原奏》中说得似乎颇为辩证——看到百姓的欢乐，就知道天下的太平，而看到天下的太平，又足以反映百姓的欢乐。他说自己看到乾隆时代风调雨顺、国泰民安，"仓廪实而财用饶，士歌于塾，农忭于野，商贾欢讴于衢路，万汇繁滋，四民欢业，熙皞之象"，也就是社会欣欣向荣、非常兴盛的样子，这些，都是他亲眼看到的，所以请人画了《太平欢乐图》进呈给皇帝。易言之，金氏为了表现民安岁乐的圣朝佳话，找人画了令人怡情悦目的100幅图。所谓仓廪实而知礼节，其内在的涵义是指——只有当社会达到一定的富裕程度时，人们才会想到动用礼俗的力量来规范社会，平成天地，治国化民。由此，《太平欢乐图》引经据典，探源竟委，证以盛清时代杭嘉湖各地的市语衢谣，形象地

翟继昌《太平欢乐图》

反映了长夏余冬灯宵月夕的劳作和生活，勾勒出靡丽纷华的生命景观。

光绪石印本的最后一幅《除夕欢乐图》，说明文字这样写道："浙江当岁除，家户买五色画纸粘于壁牖间，其画有《太平有象图》《眉寿福禄图》及《和合如意》诸图，总名之曰《欢乐》。"所谓《欢乐》，应当也叫《欢乐图》，这本是江南一带颇为流行的风俗节物。关于这一点，嘉、道年间吴县人顾禄编纂的《清嘉录》也提及，每年除夕，人们在门厅之楣，或贴"欢乐图"。这些图都是从杭州买来的，"以五色为一堂，剪楮堆绢，为人物故事，皆取谶于欢乐，以迎祥祉"。此种风俗在江南由来已久，根据万历《杭州府志》的记载，这些欢乐图，也叫《合家欢乐图》。对此，清乾隆时代两淮盐运使卢见曾在一首《题伊振公协镇〈合家欢乐图〉》诗中写道："……夫妇齐眉姬窈窕，犀角儿郎锦襁褓，掌珠牙牙通慧早，何处更觅连城宝，将军即此足娱老。"从对画幅内容的描摹来看，《合家欢乐图》实际上也就类似于全家

《合家欢乐图》，日本早稻田大学图书馆藏

福的图像。关于《合家欢乐图》，日本早稻田大学图书馆就收藏
有一幅晚近的中国年画，画面上的男女均盛装艳服，吹拉弹唱，
上题"合家欢乐"四字，这或许就是昔日江南民众于除夕之夜张
贴的《合家欢乐图》。由此看来，《太平欢乐图》就是在民间日常
节庆中的《合家欢乐图》的启发下，将《欢乐图》从"合家"推
广到"天下"……

《太平欢乐图》除了有诸多摹本之外，还出现了一些模仿之
作。例如，嘉庆年间翟继昌亦作有《太平欢乐图》，其中之一题
作："翟琴峰拟内阁《太平欢乐图》廿四桢。"翟继昌号琴峰，
也是浙江嘉兴人，当时侨居吴门，他所拟的"内阁《太平欢乐
图》"，应当就是指方薰所画、由金德舆进呈内廷的《太平欢乐
图》。不过，从画幅内容上看，所欲展现的却是中国境内少数民
族的日常生活，其中心思想显然也是企图营造出一种举国同庆、
咏歌太平的气氛，从中亦可得见方薰《太平欢乐图》之影响。

（二）徽州末代秀才的生活世界

1. 章回体自传《我之小史》

徽商章回体自传小说《我之小史》的发现，说来纯属偶然。数年前拙著《徽州社会文化史探微——新发现的16—20世纪民间档案文书研究》①出版后，我送了一册给在婺源认识的一位詹姓老人。没有料到，当他看到书前的彩色插页后竟惊呼："哦！原来这就是著名的'徽州文书'，我们乡下也有……"当时，我并没有太在意。但过后不久，老人就给我带来两厚册泛黄的抄本，令人惊喜——我意外发现，这是一部未刊的小说，也是迄今所知徽州历史上唯一的一部由徽商撰写的小说！

新发现的这部章回体自传小说计有未刊抄稿本二种，作者叫詹鸣铎（1883—1931），光绪三十一年（1905年）考中生员，因稍后清廷即下废除科举之诏，故迄今在婺源当地，人们还尊称他为"末代秀才"。詹氏是婺源庐坑人，庐坑位于婺源东北乡，又名龙川，是婺源詹姓的始迁地，从隋代迄今已有1400年的历史。早在宋代，庐坑詹氏人物就已闻名于世。明代以来，族中更出现了几位簪缨士人。与此同时，族人外出务工经商者日渐增多，其足迹亦遍及全国各地。中国近代铁路专家詹天佑的祖籍即出自庐

---

① 上海社会科学院出版社2002年版。

　　　　　　　　从徽州到江南：明清徽商与区域社会研究（修订版）

詹鸣铎像

坑，他是前往广东从事洋庄贸易的徽州茶商之后裔。在明清时代，徽商外出贸易经营的大批利润被源源不断地汇回庐坑，刺激了当地社会文化的繁荣。

詹鸣铎出身于婺源木商世家，其人阅历相当丰富：曾当过塾师、中过秀才，到过杭州、上海等地经商、游历，流连花街柳巷，出入新式学堂，并以乡绅的身份在桑梓故里邻族间排忧解难，参与晚清徽州乡间的地方自治。自己又在婺源县城开设振记百货店，因不善经营，亏空甚多……。除《我之小史》外，詹鸣铎还著有《冰壶吟草》二卷（有清宣统元年婺源紫阳书院排印本）行世，另有未刊的《振先杂稿》及日记若干册。

《我之小史》全书共25回，内容从作者出生的清光绪九年（1883年）一直写到民国十四年（1925年），逐年记录一个徽商家庭的社会生活。类似于此长达40余年、多达20余万字的连续记录，在以往的徽州文献中尚属首次发现。小说生动地展示了婺东北一个僻远山乡的世世代代朝夕旦暮：如第11回中抄录有詹鸣铎与父亲的鱼雁往还，对婺源民间的拈阄分家作了详细的讨论；续编第 1 回，描述了徽州诉讼纠纷中，民间族谱、契据及鱼鳞图册所起的作用；第 6 回，詹鸣铎等人为阻止九姓世仆中张姓"混考武童"引发的官司，从中可见晚清徽州佃仆制度的传承与嬗变；第 19 回中，庐坑詹氏与西山下余姓的械斗，则反映了婺东北地域社会中的族姓关系；……其中，有不少远较此前学界对乡土实态的了解更为细致、详尽。

通过摹形绘状，牧竖村童，远商孤客，裙布荆钗，……许多普通而平凡的小人物，在詹鸣铎笔下被刻画得有声有色。特别是那些并非琼闺秀女的徽州妇女，在日常的经济活动和社会生活中显得格外活跃。在徽州民间，作为调解民事纠纷的基层组织，文会与宗祠扮演着重要的角色。而妇女参与祠中议事，充任文会斯文及乡约——"女乡约"①，这在以往似未见诸文献记载，甚至令人颇有几分"骇异"之感。而乡间女人的开塾教徒，青年女子之为报父仇而刺杀仇人，等等，亦为此前闻见所未及。这些，都将让我们对以往所认为的程朱理学束缚下妇女在徽州社会中的角色定位，提供了一个重新思考的机会。另外，詹氏为婺源木商巨子，詹鸣铎和他弟弟以及家族中的许多人都是收蓄童养媳为妻，不仅如此，他还将刚出世的亲生女儿也送去充当童养媳，这些例子说明，送养及收蓄童养媳，已积淀而为徽州当地的一种民俗，应是以"俭啬"著称的徽州人对于生活的一种"理性反应"，它与男人外出经商、女人提供家内主要劳力的徽州社会生活密切相

---

① 詹鸣铎：《我之小史》第 2 回《娶养媳过门成小耦，医秃头附伴赴沱川》、第 13 回《办白治公禀立区，为人命分头到县》。

关，而与嫁娶双方的经济地位并无直接的关系。

　　在明清徽州的一府六县中，作为紫阳故里，婺源文风昌盛，充当塾师是当地读书人传统的职业之一。作者的父亲及周遭的不少人，都有处馆舌耕的阅历。而詹鸣铎本人髫龄入塾就学，成人后又先后多次开塾授徒。对于私塾生活，他有着诸多切身的体会。在《我之小史》中，詹氏讲述了庐坑附近一所学堂里的佚闻趣事：

　　　　且山岗坞有学堂，先生偶有事他去，有长毛哩（按：指成同兵燹时的太平军）遗失的钢刀，学生取以为戏，演《斩包冕》，忽报先生来了，那学生一时不觉，把钢刀放下，竟把"包冕"的头真个铡下来。这个祸事传到如今，闻者都为咋舌。经学生为儿嬉戏，大都一片天机，有一二年长的胆子大些，所做的事，尤为出人意外。闻有某生以字纸篓画作人面形，套在头上，夜伏于楼梯头，一生登楼见之，大惊滚下。又有某生褪下裤子，委人画一人面形在屁股上，夜伏暗处，使人见之作惊。又有某生戏撰祭文，教小学生做哭祭先生的怪剧。有允宽先生，当日教法最严，学生见之，无人不畏。夏季先生怕热，裤脚扯到膝头，竟有某生打赌，去摸他的阳货，某生玩［顽］皮，底椿先生笞臀，竟去实行那事，你道奇而不奇？有日先生吃小茄子，道："这个时新货颇早！"一小学生不解事，报道："他们偷来的！"先生恐怕学生们难以为情，骂道："休乱讲！"……[1]

────────────

[1]　詹鸣铎:《我之小史》第7回《同扣考羞归故里，痛落第哭往杭州》。

在詹鸣铎笔下，红白细嫩七长八短的学堂幼童顽劣厮闹沸反盈天，种种情事点缀渲染，而世态人情则隐耀其间……

成人之后，詹鸣铎历经科场磨炼，屡战屡败屡败屡战，直至23岁才考中秀才。作为阅历中人，他对于科举制度下徽州的士习民风，八股取士中的奔竞钻营、怀挟文字、关节枪替，以及应试者的心曲隐微，等等，都有入木三分的刻画。譬如，清人吴敬梓的《儒林外史》，曾提及安庆府考时一位童生，"推着出恭，走到察院土墙眼前，把土墙挖个洞，伸手要到外头去接文章"。想来，挖洞作弊的情形，在清代的各级科考中均颇为普遍。在徽州，婺源县试中也经常有人钻穴窬墙："其时坐两廊的，大半打墙洞，外面有人捉刀，传送进来。……且邑试打墙洞，相沿旧俗，习为故常。那墙壁亦不坚固，一挖即破"①。著名乡绅江峰青的长子江孟符，就因打墙洞露馅而被考场护勇当庭羞辱。詹鸣铎先后七次到徽州府的首县——歙县参加府试，"徽郡风俗，凡考客入城，人家子女，都寄居亲戚，其房屋则租与考客暂居，街上多摆摊生意，各种投机事业，纷至沓来"②。可见，每届府试，城里人都要将房间腾出，供考生暂住，各色人等也鳞集麇至，做起考生的生意。有的徽州家族，为了鼓励子弟科考，祠堂内规定，凡是能应府试者即可收租。所以有的人参加科举考试，只是来歙县摆摆架势，着重的是经济上的利益，而不是科举上的成功。

---

① 詹鸣铎：《我之小史》第5回《从业师再投邑试，事祖母重到杭州》。
② 詹鸣铎：《我之小史》第4回《回家来频年肄业，受室后屡次求名》。

光绪三十一年（1905年），詹鸣铎终于考中生员。《我之小史》详细状摹了当时的全过程，如写发榜时士子的心态，刻画得细致入微：

约二刻，又闻远为房内呼道："炮响了，出正案了！"那个时候，确是生死关头，焉得而不急？于是我乃速携雨伞逃去。至府门前，一面生的人向我道："有的！有的！"现在想起，此人心意一来为人兆意，二来劝人宽心，此人确是好人！当下我追到榜底，此时大雨纷纷，观者如堵。立后边的人，说前边的雨伞遮目，竟把撕破。看榜的人，竟无一不心慌，无一不着急。我那个时候，大有仰之弥高、钻之弥坚之象。只听得我先生在人丛中告诉他人道："我学生已进府学第一了。"我大喜。又闻先生道："系休宁的。"我大惊，忽上前看，我仍未见。闻二弟大呼："还好，还好，还有，还高。"急问何处，弟以雨伞指教，我遂见，约在十几名。审视明白，于人丛中退出，遇虹关汝华问及，答道："榜上还有，人已苦死！"汝华道："自今恭喜，夫复何苦！"遇清华胡任问之，我答道："吾适见约在十几名，请复代细看。"任乃登高而望之，下来向我道："第十五。"我此时如醉如痴，口中暗暗称："挂匾挂匾，散卷散卷。"盖我祖母有节孝匾，父亲要候入泮，代为悬挂，乃不得意，以此属望我。我平日勉承父志，盼望已久。且看见他人所刊试草，有名有字，有父兄朋友的批评，私慕殊切，未知何日邯郸学步，如愿以偿，今日如此，实获我心，故二语之出，殆流露于不自觉。……当下我连忙写信回家报捷，我坐几畔，犹然寒噤，执笔不成一字，乃托先生代柬。至饭后，神清心定，闲步宕到儒学处，见新进文童名字，已抄贴于墙，前十名拨府，后三十七名为县学，故我在第十五名者，为县学第五名……①

看榜时的意乱情迷，乍知高中之际的如痴如醉，稍后按捺不住的兴奋激动，以及此后的慢腾斯礼志得意满……，科场考试之于一介书生的性命交关，极其写照传神。

对于许多读书人而言，1906 年无疑是天塌地陷的大限之年。自当年起，朝廷废除了科举考试中最主要的乡试和会试，不过，为了满足大批旧学生员对功名的渴求，仍然举行了优贡和拔贡的考试。优贡源于明代的选贡，清制每隔三五年，根据省份大小，由学政考选生员进入国子监就读，优贡经廷试后可按知县、教职分别任用。至于拔贡，则原本是每 6 年或 12 年一次，由各省学政考选品学兼优的生员保送入监。这些人经朝考合格，也同样可以择优分等授予京官、知县或教职等。1909 年的最后一次优贡、拔贡，不啻为千余年科举制度的临去秋波，成了那些皓首穷经者青云得路的最后一根救命稻草。在这种背景下，应试者自然是趋之若鹜。詹鸣铎也不例外，在安庆考拔贡交卷后，他看到一位来自宿松县的老人，竟然与儿孙三代同考，"有人问他：你们儿子、孙子帮你的忙么？他说：他们还没有做好。那人道：那么你老人家帮他的忙？答道：我也不帮"。詹鸣铎认为这个老人家的态度

---

① 詹鸣铎：《我之小史》第 8 回《做新爹甲辰得子，游洋水人已成名》。

颇为有趣,但其人以耄耋之年仍来考贡,应是"名心不死"的缘故。接着,詹氏触类旁及,又讲起婺源一姓施的科场经历——那位偃蹇不第、久困场屋的老生宿儒已年逾花甲,但仍一而再再而三地参加童子试。有一年考试,坐在詹鸣铎背后,"一面写字,一面瞌睡,不防一笔走去,致把那卷涂坏,乃自怨自艾,谓:人到下午来,全无精神了!"科举制度彻底废除后,大批读书人涌向新式学堂。当时,人们视体育运动为文明新风,各地学堂普遍兴办运动会,"广辟体操场,人比虾蟆跳足走,群如狮子抢球忙",于是,这位命塞运乖的老人亦随大流进入师范传习所,发白齿落的他,竟也与年轻人一起时髦地习练起武术和体操,"别人跳,他也跳,以致跌坏了脚"[1],成了时人言谈中的笑柄。

2. 鼎革之际的传统乡村

詹鸣铎生于光绪九年(1883年),卒于1931年。这一时期,正是中国社会发生急剧变化的时期,武昌首义,摇撼着残阳西颓余光下的满清江山,其时,詹鸣铎年届而立,亲历了世运递嬗的鼎革之变:

> 那个时候,各省陆续失守,皆是内讧,非由外患。各省督抚,大都被拘,惟山西某全家殉节,不可多得。至于各府州县,闻风而倒,不费丝毫的力。有的直入公署,居然冒充,或奉驴都督命令,或奉马都督命令,着速交印。官府索看公事,他就袋中摸出一炸弹,向他道:"你们要看公事,

---

① 詹鸣铎:《我之小史》第14回《赴景镇再及浔阳,由长江直抵安庆》。

就是这个!"官府无法,只得将印交出。据说有些炸弹不是真的,系用泥丸敷以油漆,此种赝货确有点子滑稽,那个时候不怒而威,取州县官实如反掌耳①。

其时,各地官府如风中之烛,朝暮难保。据詹鸣铎说,他家开在杭州的生记木行中有位伙计,失业之后也乘乱到一个地方,"查了一二天的县印子"。在他看来,此类荒唐情事,与三国时期张飞占古城乱世颇相仿佛。

辛亥革命发生后,詹鸣铎的家乡——婺源也宣告独立。前清县令魏正鸿身处其境,恍若地坼山崩中独守残庵,一灯如豆,四壁虫吟,这让他倍感恐惧,极想逃之夭夭。不过,一些威权赫奕的婺源乡绅出于地方利益为之撑腰,竭力维持政局,以确保地域社会的平稳过渡。当然,觊觎政权者仍然不乏其人。一日,有位余某走入公署,冒充革命党,逼迫魏氏交出官印。风声鹤唳之下,魏正鸿只得留他在署从长计议。翌日,毕恭毕敬地将之请入婺源县的紫阳书院,并延请城里的众绅士共同集议。其间,诚请余某登台演讲,结果却上演了一场闹剧:

> 他立上讲台,呐呐然如不能出诸其口。
> 湘伯大怒道:"我江西来,甚么革命公事都看见过,从未见这种混账的革命,好替我滚出去,还算你乖!"
> 那姓余的即时滚出,滚到得胜馆来,垂头丧气。时我家

---

① 詹鸣铎:《我之小史》第18回《接杭电匍匐奔丧,办民团守望相助》。

锦屏叔公与人结讼，正住在得胜馆，看见这个姓余的，乃向他道："我看你委实不像革命党。你这件长衫是鱼肚白的，却穿得半白半黑了，革命党讲究剪辫子的，你后边还有拖拖物，你这个革命自己想想看像而不像？"那姓余的听见这话，恍然大悟，马上走到薙头店剪去三千烦恼丝，并破钞了二百余文，到中德西买了一顶洋帽子，高视阔步的口称上省领兵去，他暗中却走回家。时家中剪辫之风尚未盛行，他的娘亲、妻子看见他弄得这个样子，对他大哭……①

文中处变不惊的"湘伯"，也就是江峰青（湘岚），系詹鸣铎的姻娅之戚，他曾任江西审判厅丞，是"官于朝，绅于乡"的典型，此时则成了维持婺源地方政局于不坠的中流砥柱。

这段刻画与鲁迅《风波》及《阿Q正传》中的描写颇相类似。对于辛亥革命，一般民众往往是以《三国演义》中学到的知识来加以评判。鲁迅小说《风波》中，茂源酒店的主人赵七爷——那位方圆三十里以内唯一出色人物兼学问家，辛亥革命以后，便把辫子盘在顶上，"像道士一般，常常叹息说：倘若赵子龙在世，天下便不会乱到这地步了"，"张大帅就是燕人张翼德的后代，他一支丈八蛇矛，就有万夫不当之勇，谁能抵挡他？"看来，《我之小史》将辛亥革命时期的政权更迭看成是张飞踞古城乱世，并非偶然的例子。

当时，剪辫之风尚未盛行，但剪辫是革除陋俗、维护共和的

---

① 詹鸣铎：《我之小史》第18回《接杭电匍匐奔丧，办民团守望相助》。

象征,《阿Q正传》中假洋鬼子进了洋学堂,到东洋半年之后回到家里,"腿也直了,辫子也不见了,他的母亲大哭了十几场,他的老婆跳了三回井",与此处余某的情形颇为接近——有没有剪辫,也就成了是否革命党的标志之一。

根据中国的传统,改朝换代之后的第一件事便是要改正朔、易服色,辛亥革命亦不例外。改正朔也就是改变历法,中华民国成立之后,下共和之令,改行阳历,不过,乡间狃于积习,仍循旧历过年,所谓阴阳合历,"你过你的年,我过我的年"。至于易服色,主要就是"祛除虏俗,以壮观瞻"的剪辫之举。当时,各省纷纷剪辫,有的剪成像和尚那样的光头,有的则是茶瓶盖的样子。革命军在路上碰到不愿剪辫之人,就用马刀强行剪发,为此甚至有误伤人命者。有关当局见民智不开,就捉得一二有辫的"顽固乡愚",打了板子,穿以红辫线,背贴"满奴"二字,罚其洒扫街道以示羞辱,一时间颇见成效,从此剪辫者日益增多。

当时,在杭州从商的二弟詹耀先,返乡时已剪去辫子,他告诉詹鸣铎剪辫为大势所趋。见过世面的后者听罢,很快就起来响应剪辫风潮。作为发起人,詹鸣铎在家乡庐坑组织了一个"文明剪辫大会",以开风气。选定三月初二为会期,先撰《文明剪辫大会广告》文一道,张贴于墙。届时,到会者颇众:

> 是日鸣锣开道,鼓吹火爆,冠冕堂皇,用二人前执灯笼,我手捧果盒,善儿提爵杯,连仝一群人等上去,到绿树祠,大开中门,颇为热闹。当下我仝大众敬天地,拜祖宗,一律剪去辫了,我换戴大帽,蒙德风庆贺加冠,乃归而饮宴

婺源庐坑村

于立本堂，亦云乐矣！①

　　绿树祠是婺东北各地詹氏的统宗祠，善儿为詹鸣铎的长子，而德风则是庐坑村中的詹氏族人。在这里，新时代的"文明剪辫"，与古老的宗族仪式被奇妙地结合在一起。

　　作为一名乡绅，詹鸣铎有着相当的号召力，他自称："在下一个书生，寒窗苦读，平日对于族内虚怀若谷，原未尝以乡绅自居。乃自乙巳至今（己酉）五载，村人每求行状，请题红，我亦屡为之。若夫乡邻有斗，约族众调和，我亦忝居其末。投词告理，亦每到我家来。"② "乙巳"亦即光绪三十一年（1905年），当时詹鸣铎中了秀才；"己酉"也就是宣统元年（1909年）。文中的"行状"亦称行述，是记叙死者世系、籍贯、生卒年月和品行

① 　詹鸣铎：《我之小史》第19回《悬横额别饶静趣，剪辫子鼓吹文明》。
② 　詹鸣铎：《我之小史》第13回《办自治公禀立区，为人命分头到县》。

事迹的文字；而"题红"也就是题主，徽州民间办丧事时请人将死者衔名、生卒时间及子女配偶等书写于牌位上，以便长期奉祭。木主正面的"主"字，通常暂且写成"王"字，以待日后举行点主仪式时补上一笔。在乡土社会，唯有那些德高望重的人物，才有资格为乡民撰写行状和题写神主——可见，自从詹鸣铎考中生员，便在乡间的公共事务中担负起重要的职责。而一旦社会发生变动，类似于他这样的乡绅，也起着表率乡里的作用。以剪辫为例，《我之小史》第19回说：

> ……我的为人平日规行矩步，不越范围，村内人最相信的。我若说辫子这东西不可剪，村内人就不剪了；我若说辫子这东西定要剪，村内人就都肯剪了。所以我发起这事，他就以为适逢其会，极端赞成，从此以来，果然风行一时，信从者众，村内大小老幼皆知辫之宜剪，……而且未曾到会的人，亦皆私自剪之，统计村内剪辫的可有什之七八，所有未剪的不过一二之老顽固及少数之野蛮人。

不过，詹鸣铎之剪辫完全是趋附时尚的率性之举，而对于剪辫的意义所在，他的理解似仍颇为懵懂：

> 且说我当日剪了辫子之后，回到家中，蒙堂上祖母慈谕嘉贺，道以后青云直上，我乃大喜，愿此后头衔改换，出色当行，可以荣妻，可以荫子，可以封诰及泉壤，可以为宗族交游光宠，文章事业，彪炳当时，学问功名，表扬后世，不

致如前此之三十岁虚掷韶光，空抛驹隙，庶不负生平之所期许焉 [1]。

可见，民国以后，年届而立的詹鸣铎虽然剪去了脑后的拖拖物，但他作为前清的生员，思想仍然没有多少变化，满脑子想的还是荣妻荫子的那一套。

在传统中国，士乃四民之首、一方表率，"民之信官，不如信绅"——这是一般民众的社会心理，也是乡绅存在的广泛社会基础。尤其是在天高皇帝远的僻远山陬，对知识的垄断，赋予了乡绅以社会权威和文化典范的特殊身份。绅权，也就成了皇权（政权）的自然延伸和重要补充。江峰青以及詹鸣铎本人，都可以作为徽州乡绅阶层的代表，他们在晚清民国时期的表现，也就成了人们窥知传统向现代社会转型时期之乡绅心态、角色的典型例子。

3. 末代秀才眼中的新事物

詹鸣铎曾多次游历上海，对于十里洋场称羡不置。在《我之小史》第 15、16 两回中，作者将目光投向上海的法政讲习所、徽宁会馆、沪上的休闲娱乐（如影戏、滩簧、饮食、浴室、花园、东洋戏法、文明游戏园、出品会和运动会）以及都市风情等诸多方面，游展所经，追写铺叙。透过对扰扰尘寰间欢娱嗜欲的状摹，折射出詹鸣铎这个末代秀才旧眼光中的新事物。

民国以来，小说的写作与阅读风靡沪上，尤其是尚武、言情

---

[1]　詹鸣铎：《我之小史》第 19 回《悬横额别饶静趣，剪辫子鼓吹文明》。

诸作更是受人追捧。所谓"文人浪笔学虞初，武侠情魔载五车。诲盗诲淫干底事，有时权作教科书"——这首竹枝词所描摹的，正是当日情形的真实写照。在1924年《上海店员联合会成立大会特刊》上，发表有署名为"新吾"的《小说与商人》一文：

　　我们——店员——在店里有空的时候，不是瞎谈天，乱批评人，就是出去作无益的消遣了；再不然，只有拿钱去买淫秽的——自以为新的——小说来看；在一般没思想的人说起来，这是一种消遣罢了，没大关碍的；其实我们的脑筋为此而逐渐昏迷，我们的人格，为此而无形的堕落。

　　……近几年的小说就更糟了，除几部嫖经小说外，真正的小说是没有的。《九尾龟》，《海上繁华梦》两部要算出色极了；次之李涵秋老先生的"所谓社会小说"如《广陵潮》，《战地莺花录》，《魅镜》，……还有什么《礼拜六》，《红杂志》，《心声》……等书，时髦得再版二版……无书可应，甚至于要预定才能买书。

　　这些小说，真害人不浅呀！看完《九尾龟》，脑中就想去嫖妓；看完其余所谓名家著作，内容不是某某爱某某，就是姨太太，公子，少爷，姊姊〔姐姐〕，妹妹等的淫史，肉麻的描写出来；使我们天天胡思乱想，"做了公子，少爷，才配得讨好的女子；做有情人，才得要献媚于所爱慕的女子之前。"于是乎我们就弄得一点无正思，麻木不仁，除了专门研究吊膀子为唯一的技能不算，甚至于实行不道德的事！也绝不觉得是不应该了。

......

　　上述这些言论，不仅可以反映市面上流行的通俗消遣之作，而且还可看出小说、杂志内容对社会风气（特别是对商人阶层）的影响。《上海店员联合会成立大会特刊》发行于1924年，与詹鸣铎撰写小说的年代（《我之小史》序于1927年）差相同时。而且，其中提及的《红杂志》是鸳鸯蝴蝶派的刊物，创刊于1922年8月，至1924年7月改名《红玫瑰》，至1932年1月又出版了八年，这也恰是詹鸣铎喜欢阅读、并曾投稿的一本杂志。

　　作为从僻远乡陬步入繁华上海滩的"文学青年"，詹鸣铎颇有发表文章及成名的欲望，他多次撰稿投寄当时的《红杂志》，并有作品发表于该刊的第32期和第46期。其中之一为《千难万难一打》：

　　　　前清时代，读书应试，千千万万，要想状元，千难万难；

　　　　近年以来，争买彩票，千千万万，要想头奖，千难万难；

　　　　妇人女子，吃斋念佛，千千万万，要想登仙，千难万难；

　　　　长三堂子，报效劝酒，千千万万，要想真情，千难万难；

　　　　贿买议员，到处运动，千千万万，要想当选，千难万难；

远东运动，各出风头，千千万万，要想优胜，千难万难；

各处土匪，掳人勒赎，千千万万，要想剿灭，千难万难；

各省官府，争权夺利，千千万万，要想统一，千难万难；

兵即是匪，匪即是兵，千千万万，要想裁撤，千难万难；

不肖奸商，私贩日货，千千万万，要想抵制，千难万难；

寒酸措大，两袖清风，千千万万，要想致富，千难万难；

读《红杂志》，争相投稿，千千万万，要想披露，千难万难①。

在上揭的游戏笔墨中，浮沉浊世的詹鸣铎随意生发，若嘲若讽，对于晚清民国纷纭乱象之揭露绘声摹色，各得其妙。"读《红杂志》，争相投稿，千千万万，要想披露，千难万难"，或许是精诚所至，金石为开，《红杂志》的那位主笔似乎不曾"目迷五色"，故而能"放出眼光"刊发他的打油诗，这也从一个侧面反映了詹鸣铎激切入世的创作热忱，而《我之小史》一书的撰写，可能也与他的这种创作阅历及发表欲望有关。

明清以来，小说颇受世人喜爱，商人自不例外，一些徽商

---

① 詹鸣铎著:《振先杂稿》卷6。

对于志怪言情之作爱不释手。清代徽歙商人江绍莲的《聊斋志异摘抄》（抄本），工工整整地抄录了蒲松龄著作中的精彩段落；在道咸年间，婺源木商江南春喜读《聊斋》，并模仿前者，作有《静寄轩见闻随笔》；1921 年前后在汉口活动的婺源茶商汪素峰，平素也酷嗜小说家言，《玉梨魂》中的柔情蜜意就让他痴迷无限……

至于詹鸣铎，从他的个人文集《振先杂稿》来看，其人对于小说戏曲亦相当留意。光绪二十九年（1903 年），他曾仔细研读过《西厢记》《三国演义》和《东周列国志》等，作有《书〈西厢〉后》《批评〈三国演义〉》和《批评〈东周列国全志〉》等，对貂蝉、曹操、祢衡、刘备、周瑜和张飞等小说人物，都曾赋诗评论。当时浙江发生了杨乃武与小白菜案，詹鸣铎亦颇为关心："按小白菜即豆腐西施事，详《杨乃武全集》，现在仍在，据传住余杭城外某庵为尼，年已六十余矣……。"他曾集传奇句，写有《小白菜》诗：

> 好恶因缘总在天，（《幽闺记》）含羞忍泪向人前，（《琵琶记》）赏心乐事谁家院，（《牡丹亭》）日午当空塔影圆。（《西厢》）

> 伯劳东去燕西飞，（《西厢记》）仙草仙花尽可依，（《红楼梦传奇》）为说汉宫人未老，（《明珠记》）从今莩债染缁衣。（《玉簪记》）①

---

① 詹鸣铎：《振先杂稿》卷 1。

显然，詹鸣铎对于传奇小说颇为熟稔。从小说细针密缕般的写法来看，《我之小史》除了受明清以来徽商自传的影响之外，还与当时流行的鸳鸯蝴蝶派小说之影响密切相关。鸳鸯蝴蝶派的代表刊物《红杂志》上，曾登载"上海小说专修学校招生及章程"，从中可见，在当时的上海，不仅小说流行，而且还开办了专门的学校传授写作技巧。无独有偶，詹鸣铎后来也在婺源乡间的私塾中教授学生撰写小说，这从他的日记中可以略窥一二："八月九号，上午令诸生作小说"；"八月十一号，上午令诸生作小说"；"八月十二号，上午令诸生作小说"；……[①] 这些记录，明显不是一种偶然的巧合。至于《我之小史》一名，可能是模仿自杭州作家陈蝶仙（天虚我生）的《他之小史》。据美国哈佛大学韩南教授的研究，《他之小史》分六期发表于1914年至1915年的《女子世界》，1917年中华图书馆出版的《礼拜六》杂志上，曾刊登该书的一则广告。而《礼拜六》也与《红杂志》一样，同属于鸳鸯蝴蝶派的小说范畴。

　　有鉴于此，除了史学研究上的意义外，《我之小史》的发现，也为二十世纪鸳鸯蝴蝶派小说提供了一个新的文本，从中颇可窥见鸳鸯蝴蝶派小说对于商人阶层的影响。

　　4. 小说与"信史"

　　明清以来，"徽州朝奉"的形象曾在三言二拍等小说中频繁出现，但那只是小说家笔下脸谱化了的徽商，而《我之小史》则

---

① 詹鸣铎日记，稿本。

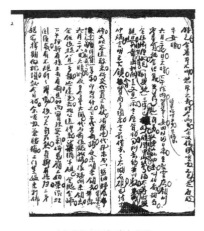

《振先杂稿》 　　　　　　　　　　《詹鸣铎日记》稿本书影

是徽商作为主体自述的家世及个人阅历。詹鸣铎寄情纸笔，自叙家世，传之后代。该书事随人生，人随事见，极摹人情世态，备写悲欢离合，使得《我之小史》成为目前所知唯一的一部由徽商创作、反映徽州商人阶层家庭生活的小说。

　　一般说来，小说为正史之余，难免有吞刀吐火冬雷夏冰般的谲诡幻怪荒渺无稽。不过，《我之小史》最显著的特点则在于它的纪实性。在书中，作者一再声称自己所述皆为"信史"，而从庐坑《詹氏宗谱》、光绪《婺源县志》以及同时收集到的《振先杂稿》《詹鸣铎日记》来看，《我之小史》之所述的确均为真实情节。小说的一些故事细节，甚至直接节录自其人的文集或日记，书中提及的诸多人物及事迹，也都是真人真事。如晚清民国时期徽州的一些著名文化人——光绪《婺源县乡土志》的编者董钟琪、佛学家婺源江湾人江谦（易园）、《歙事闲谭》的作者许承尧以及民国《婺源县志》的总纂江峰青，这些都是晚清民国徽州历史上鼎鼎有名的人物。由此看来，《我之小史》的确是作者真实的自传，可以作为信史加以征引。

而在另一方面，《我之小史》又是一部带有鲜明地域文化色彩的徽州乡土小说。作者的叙事文笔颇为流畅，书中时见庄言危论、谑浪诙谐。就像鲁迅笔下的《故乡》《社戏》《祝福》《孔乙己》和《阿 Q 正传》等名篇佳构一样，它叙写了一地人群的日常生活状态，刻画出当地独特的乡土情愁。由于该书是以章回体小说的形式出现，面向的读者主要是普通民众，较之通常所见枯燥无味的史料记载，全书通俗易懂，显然更有助于人们理解晚清民国社会的纷纭世态。特别是囿于史料的限制，以往人们对于县以下农村社会的生活实态所知甚少，对于晚清民国时期徽州社会的了解更是相当有限，而《我之小史》提供的连续记录，恰好为此段历史缺环提供了大量翔实、丰富的史料。它不仅大大丰富了我们对于传统社会向现代转型过程的理解，而且，也可以修正以往学界对于民间社会的固定看法。从这个意义上来说，该书的发现、整理和利用，可以说是近年来徽州民间文献发掘过程中最令人振奋的重要收获之一，必将引起多学科的广泛重视。

后　记

人人尽说江南好，游人只合江南老。

春水碧于天，画船听雨眠。

……

在传统中国，"江南"是个特殊的符号，它不仅是地理概念，而且还具有丰富的经济内涵和纷繁多样的文化想象。

揆诸史实，世人对于"江南"的地理认知，伴随着时代之变迁而不断地发生变化。即使是就明清时代而言，史学界历来亦有着诸多不同的看法。对此，李伯重先生曾做过归纳，他指出："江南地区大则囊括苏皖南部、浙江全省乃至江西大部，小则仅有太湖东部平原之一角。界乎其中者，则有苏松常镇或苏松嘉湖四府说、苏松杭嘉湖五府说、苏松常杭嘉湖六府说、苏松常镇杭嘉湖七府说、苏松常镇宁杭嘉湖八府说、苏松常镇宁杭嘉湖徽九府说、苏松常镇杭嘉湖甬绍十府，等等，不一而足。"在他看来，作为一个经济区域的江南地区，"其合理范围应是今苏南、浙北，包括明清的苏、松、常、镇、宁、杭、嘉、湖八府以及由苏州府划出的太仓州。这个范围，与本来意义上的长江三角洲地区大致相若"①。此一观点，在江南社会经济史研究中得到了较为广泛的认同。

此后，虽然仍有一些讨论"江南"地域范围的论著，各人的看法亦不尽相同。不过，大致说来，"江南"的核心地带是指以苏州为中心的太湖平原地区，这一点应是没有什么疑义的。正是基于此一认识，本书将"皖南"的徽州与太湖水系所及之"江南"相对而言。从这个意义上看，在明清时代，徽商是江南区域的外来者。围绕着明清徽商与江南区域社会，本书共收入 12 篇论文，这些论文先后分别刊载于国内的学术期刊上。在此，有必要按书中章节的顺序作一简要的交代：

1.《清代江南徽州典当商的经营文化：哈佛燕京图书馆所藏典当秘籍四种研究》②，载《中国学术》第 25 辑，商务印书馆 2009 年版；

2.《上海徽商余之芹的生平及其时代——近代徽州重要史料

---

① 李伯重：《简论"江南地区"的界定》，《中国社会经济史研究》1991 年第 1 期。

② 此文系应彭刚教授之约，于 2004 年 7 月投寄《中国学术》，并随即被该刊编辑部接受。当年 9 月，笔者曾以此文参加"器物与记忆：近世江南文化"（上海社会科学院历史研究所、台湾"中研院"明清研究会、台湾"中央大学"文学院、杭州师范学院近代史研究所主办）学术研讨会。会后，该文被置于台湾某网站。此后，国内一些论著多有大段照抄拙文内容者（如 2007 年出版的《山西典商研究》、《中国典当史》等）。因《中国学术》第 25 辑延期出版，拙文直到 2009 年 10 月方才正式刊出。在此，有必要郑重声明：此文为本人的原创性作品，文中引证的哈佛燕京图书馆之多种文献，为本人于 2003—2004 年担任哈佛燕京学社访问学者期间所发掘及首度使用，其中征引的徽州文书则为笔者私人收藏，亦系首度发表。关于这一点，请参见《有关〈清代江南徽州典当商的经营文化〉一文的声明》（载《中国学术》第 26 辑，商务印书馆 2010 年版，第 357 页）。

〈经历志略〉研究》，载《安徽史学》2013年第2期；

3.《清代藏书家汪启淑的商业经营与社会生活——对几份新见契约文书的解读》，刊《学术月刊》2019年第1期；

4.《晚清民国时期江南城镇中的徽州木商——以徽商章回体自传小说〈我之小史〉为例》，载上海社会科学院主编《传统中国研究集刊》第2辑，上海人民出版社2006年版；

5.《清代〈布经〉抄本五种之综合性研究——兼论徽商西贾与明清时代商书的编纂》，载《江南社会历史评论》第11辑，商务印书馆2017年版；

6.《清代、民国时期江浙一带的徽馆研究——以扬州、杭州和上海为例》，载熊秉真、熊月之主编《明清以来江南社会与文化论集》，上海社会科学院出版社2004年版，第128—152页。日文版刊于日本《都市史研究年报》第19辑《传统都市论》专辑，山川出版社2012年版；

7.《明清文献中"徽商"一词的初步考察》，载《历史研究》2006年第1期；

8.《"徽州朝奉"的俗语学考证》，载《中国社会经济史研究》1996年第4期；

9.《清、民国时期徽州征信录及其史料价值》，载《江南与中外交流》第3辑，复旦大学出版社2009年版；

10.《稿本〈南旋日记〉与胡雪岩籍贯之争的再探讨》，载《徽州社会科学》2006年第4期；

11.《〈太平欢乐图〉的创作及其传承脉络》，载《江南社会历史评论》第5期，商务印书馆2013年版；

12.《从徽州到江南：末代秀才的生活世界》,《读书》"日出而作"专栏，2006 年第 8 期、第 9 期。

上述 12 篇论文，最早的一篇作于二十多年前，最晚的一篇则完成于近期。有鉴于此，在收入本书时，除了对标题和内容作一些技术上的处理之外，并未有太多的改动。有的论文在发表之后，又陆续看到不少新的文献史料。例如，有关徽州征信录方面，2016 年，李琳琦、梁仁志整理、出版了《徽商会馆公所征信录汇编》(人民出版社)，王日根、薛鹏志主编的《中国会馆志资料集成》(厦门大学出版社) 也得以出版，这些资料汇编都提供了部分新的史料。与此同时，最近八九年我在皖南持续不断的实地调查中，也经眼过一些新的徽州征信录。鉴于此类文献为数较多，内容亦颇为丰富，故而并没有增补到十年前完成的那篇论文中，而只能留待于今后的进一步研究了。

王振忠

2018 年 12 月

图书在版编目(CIP)数据

从徽州到江南:明清徽商与区域社会研究/王振忠
著. —修订本. —上海:上海人民出版社,2023
(王振忠著作集)
ISBN 978 - 7 - 208 - 18461 - 9

Ⅰ.①从…　Ⅱ.①王…　Ⅲ.①徽商-研究-明清时代
②区域社会学-社会发展史-研究-徽州地区-明清时代
Ⅳ.①F729 ②C912.8

中国国家版本馆 CIP 数据核字(2023)第 164348 号

责任编辑　马瑞瑞　杨　清
封扉设计　人马艺术设计·储平

王振忠著作集

从徽州到江南:明清徽商与区域社会研究(修订版)
王振忠　著

出　　版	上海人 民出版社	
	(201101　上海市闵行区号景路 159 弄 C 座)	
发　　行	上海人民出版社发行中心	
印　　刷	上海中华印刷有限公司	
开　　本	890×1240　1/32	
印　　张	13.5	
插　　页	7	
字　　数	285,000	
版　　次	2023 年 9 月第 1 版	
印　　次	2023 年 9 月第 1 次印刷	
ISBN 978 - 7 - 208 - 18461 - 9/K · 3310		
定　　价	85.00 元	